游戏天性

为什么爱玩的孩子更聪明

Einstein Never Used
Flash Cards

How Our Children Really Learn—and
Why They Need to Play More and Memorize Less

凯西·赫什-帕塞克（Kathy Hirsh-Pasek）
[美] 罗伯塔·米尼克·格林科夫（Roberta Michnick Golinkoff） 著
迪亚娜·埃耶（Diane Eyer）
鲁佳珺 周玲琪 译

机械工业出版社
CHINA MACHINE PRESS

图书在版编目（CIP）数据

游戏天性：为什么爱玩的孩子更聪明 /（美）凯西·赫什-帕塞克，（美）罗伯塔·米尼克·格林科夫，（美）迪亚娜·埃耶著；鲁佳珺，周玲琪译 . -- 北京：机械工业出版社，2021.5（2024.4 重印）

书名原文：Einstein Never Used Flash Cards: How Our Children Really Learn—and Why They Need to Play More and Memorize Less

ISBN 978-7-111-67974-5

Ⅰ. ①游… Ⅱ. ①凯… ②罗… ③迪… ④鲁… ⑤周… Ⅲ. ①儿童教育 Ⅳ. ① G61

中国版本图书馆 CIP 数据核字（2021）第 078095 号

北京市版权局著作权合同登记　图字：01-2020-1528 号。

Kathy Hirsh-Pasek, Roberta Michnick Golinkoff, and Diane Eyer. Einstein Never Used Flash Cards: How Our Children Really Learn—and Why They Need to Play More and Memorize Less.

ISBN: 9781594860688

Copyright © 2003 by Kathy Hirsh-Pasek, Ph.D. and Roberta Michnick Golinkoff, Ph.D.

Simplified Chinese Translation Copyright © 2021 by China Machine Press. Published by agreement with Lowenstein Associates, Inc., through The Grayhawk Agency Ltd. This edition is authorized for sale in the Chinese mainland (excluding Hong Kong SAR, Macao SAR and Taiwan).

No part of this book may be reproduced or transmitted in any form or by any means, electronic or mechanical, including photocopying, recording or any information storage and retrieval system, without permission, in writing, from the publisher.

All rights reserved.

本书中文简体字版由 Lowenstein Associates, Inc. 通过光磊国际版权经纪有限公司授权机械工业出版社在中国大陆地区（不包括香港、澳门特别行政区及台湾地区）独家出版发行。未经出版者书面许可，不得以任何方式抄袭、复制或节录本书中的任何部分。

游戏天性：为什么爱玩的孩子更聪明

出版发行：机械工业出版社（北京市西城区百万庄大街 22 号　邮政编码：100037）

责任编辑：胡晓阳　向睿洋　　　　　　　责任校对：殷　虹

印　　刷：固安县铭成印刷有限公司　　　版　　次：2024 年 4 月第 1 版第 4 次印刷

开　　本：170mm×230mm　1/16　　　　 印　　张：20.25　插　页：1

书　　号：ISBN 978-7-111-67974-5　　　 定　　价：79.00 元

客服电话：（010）88361066　68326294

版权所有·侵权必究
封底无防伪标均为盗版

Einstein Never Used Flash Cards 赞誉

2003年美国"美好生活图书奖"最佳心理学类图书

凯西·赫什-帕塞克博士是儿童心理与认知发展领域的泰斗,她参与指导设计的乐高玩具影响了全世界无数儿童。本书以大量科学研究为依据,揭示了玩耍对儿童的重要性。玩耍不仅是儿童学习的方式,也是他们内在的需求。顺应儿童的这一天性,他们会成长得更健康、更幸福也更成功;压制这一天性,不仅会让他们的成长过程失去许多乐趣,更会阻碍他们的智力和心理发展,也给亲子关系平添了许多不必要的冲突。对于普遍焦虑的中国父母来说,这是一本非常及时、令人信服的好书。

——赵昱鲲
清华大学积极心理学研究中心办公室主任

人类婴儿从一出生就表现出超强的学习能力,他们对物理世界、人类社会,以及语言、数量等各个方面都有很强的感知和探索能力。本书是长期进行儿童早期研究的国际顶尖发展心理学家多年研究的结晶。更可贵的是,本书以通俗生动的语言和事例讲述儿童的学习方式和规律,同时始终伴以如何育儿的专业指导和建议。有幸拿起这本书的父母将会重获欣赏和认识孩子的眼光，养育更加科学、自信。

——孟祥芝

哈佛大学心理学系博士后

北京大学心理与认知科学学院副教授

在人类漫长的历史中，孩子在与大自然交互时掌握了世界的运行规律，在成人的日常照料下发展出了流利的口头语言，在与小伙伴们的嬉戏与交往中学到了种种人际规则。而近年来，我们却热衷于用各种人为的方式去改变孩子这种自然的学习方式。这本书用科学严谨的心理学研究告诉我们，我们使用的那些方式并没有让孩子的学习效果变得更好，而只有符合人类进化规律的学习方式，才真正有效。

——胡清芬

北京师范大学心理学部教授

作为两个孩子的妈妈，我观察到：孩子在玩耍的时候总是那么开心和聪慧，仿佛身上带着光，充满了能量。我一直不明白为什么，而《游戏天性》这本书恰好告诉了我们这种本能感觉背后的科学道理。阅读此书，你就会明白为什么孩子那么爱玩，他们是如何通过玩耍认识自己和世界的。你还可以和孩子一起做书中提供的小游戏，以此来评估孩子的能力发展水平。对你和孩子而言，越早读这本书越好！

——郝景芳

"童行学院"创始人

第 74 届世界科幻大会"雨果奖"得主

高效地学习无疑是儿童成长的必要任务。大量的研究总结出了影响儿童学习效率的四个关键元素：活跃性、参与性、意义性与社交性。那么什么样的学习形式同时具备这四个元素呢？答案是游戏。这也许就是大自然把游戏设置为儿童天性的原因吧。在《游戏天性》一书中，作者不只给出了"玩耍＝学习"的结论，更通过详细拆解孩子的日常玩耍，让我们恍然大悟：原来这些貌似毫无意义的活动，藏有如此深刻的学习内涵。

——李岩

游戏力工作室创始人

《游戏力》中文译者

教育焦虑之下，父母都希望孩子能尽早起跑，急切地让孩子从小多学多记，但往往忘了——学是成长的结果，而不是成长的目的。玩，是孩子的语言，是孩子无比自然、高效、深入、愉悦的学习方式！除了"为孩子好"，父母还可以"帮孩子好"，其中最重要的工具就是玩。非常欣喜，这本经典心理学图书能来到中国，希望每个父母都能用更好的方式陪伴孩子在"玩"中长大！

——郭俞杉（晴天妈妈）

亲职帮创始人

《玩法养育》《隔代养育》作者

游戏是孩子最早掌握的学习方式。你很难见到有哪种学习方式如此"饱满"：有趣、有体验、有挑战、有收获。但太多家长过度强调童年期那些"一看就是学习的学习"，却忽视了这种最能让知识进入孩子大脑的学习方式。如果要学会尊重孩子那充满童趣的学习习惯，本书不可错过。

——叶壮

心理学者

《边游戏，边成长》作者

很多父母和儿童护理工作者因为育儿产业复杂的局面而高度紧张，这本书将为他们带来耳目一新之感。本书作者凭借敏锐的科学眼光,以轻松的笔触分析了我们在培养孩子方面已知和未知的知识。

——史蒂芬·平克(Steven Pinker)
哈佛大学心理学教授
《语言本能》(*The Language Instinct*)作者

这本书可谓精品!近来我们频繁看到、听到关于儿童发展的过于夸张的说法,作者对此进行了及时的纠正,可谓雪中送炭。这是一本家长、教育者和政策制定者的必读书。

——罗斯·帕克(Ross D. Parke)
加州大学河滨分校家庭研究中心主任
《废品爸爸》(*Throwaway Dads*)作者

不要把钱浪费在教你的孩子如何阅读、书写和进行加法运算的识字卡、高科技玩具和电脑程序上。这本书中的建议能帮助你的孩子成长为一个快乐、健康、聪明的人,这是教育玩具店里的任何东西都做不到的。这本书是一部杰作,为当代父母敲响了警钟。

——劳伦斯·斯滕伯格(Laurence Steinberg)
美国天普大学杰出心理学教授
《你和你的青少年期孩子》(*You and Your Adolescent*)作者

这是一本优秀的通俗读物。现代家长面临巨大压力,他们生活在信息大爆炸的时代,大量信息唾手可得。但是,哪些信息是他们可以依赖的呢?本书提供了一份指南,将证据与炒作区分开来,以通俗易懂的笔调准确描述了关于儿童发展和育儿的科学发现。这本书号召父母"相信自己",说明要最大限度地发挥潜力,孩子们需要的是尽情玩乐,而不是辨读识字卡片。家长们不管身处何地,都能通过阅读这本书获得他们急需的帮助。这本书可谓是及时雨，让人爱不释手。

——安德鲁·梅尔佐夫（Andrew N. Meltzoff）
华盛顿大学心智、大脑与学习中心主任
《孩子如何学习》（*The Scientist in the Crib*）作者之一

回顾数十年的儿童发展研究，作者对媒体报道的加速儿童学习的效果提出异议，并建议让孩子自己去培养好奇心（就像爱因斯坦和其他智识精英一样），而不是"填鸭式教学"。这本书将帮助家长更好地理解各个重要的发展领域——数学、阅读、言语交流、科学、自我意识和社交技能，并且掌握帮助孩子学习、成长的科学方法。强烈推荐！

——《图书馆杂志》（*Library Journal*）

家长若是遵照书中所讲，就一定会获得有价值的信息，最终减轻自己和孩子身上的压力，创造平衡美好的生活。

——《出版人周刊》（*Publishers Weekly*）

多亏了这本《游戏天性》，那些为孩子"神奇的"0～3岁学习窗口期而焦虑的母亲们终于可以松口气了。这是一本实用的育儿经，两位主要作者是两位母亲，她们的另一重身份是发展心理学家。她们戳穿了被过度炒作的教育神话，告诉你为什么让孩子放松和找回孩子的童年是培养孩子心智的最佳方式。

——《育儿杂志》（*Parenting*）

推荐序一　Einstein Never Used Flash Cards

放下"武器",开始玩吧

如今,我们在育儿时掌握了太多"武器",这些"武器"多半来自身边的育儿群或关注的育儿"大V"。各种新奇理论、育儿工具、母婴商品,层出不穷,令人眼花缭乱。在一次又一次育儿群的闲聊中,在一个又一个育儿"大V"的"洗脑"中,我们掌握的育儿"武器"越来越多。我们似乎无所不晓,无所不能。

然而,与此同时,我们的育儿焦虑也日益增加,"鸡娃"越来越盛行。什么是"鸡娃"?简单来讲,就是从小给娃"打鸡血",让娃成为升学竞争中的优胜者。家长从怀孕期便开始胎教;孩子从出生后就开始接受早教;三岁后开始接受英语启蒙,外加各类语文、数学与艺术启蒙;进入小学,各种补习班更是占满了孩子的整个周末。

在"鸡娃"的家长眼中,育儿就是一场战争,一步先,才会步步先;一步落后,就会抱憾终生。而那些育儿"武器",就是能够让我们赢得这场战争的关键。

育儿，真的是一场战争吗？不，育儿并非一场战争，它既不是你与自己孩子的战争，也不是你与其他家长的战争，更不是你的孩子与其他孩子的战争。

育儿，真的需要什么"武器"吗？不，你可以放下一切"武器"。你唯一需要了解的是儿童发展领域的科学知识，明白孩子发育的规律。

什么是儿童发展？它是西方蓬勃兴起的一个重要研究领域，主要探讨0~18岁孩子的身心发展，包括认知发展、语言发展、情绪与社交发展、运动发展，等等。儿童发展是一个非常庞大的研究领域，也是目前心理学领域最受瞩目的一个研究领域，研究名家层出不穷。

与其花费心力了解如何使用那些道听途说、难以证伪的育儿理论来育儿，不如认认真真掌握儿童发展科学的规律。

本书综述了成百上千位儿童发展科学家的研究成果。如果将这些成果总结为一句你最应该记住的话，那么它是什么？

游戏之于孩子就像汽油之于汽车。

正如本书所言，我们大大低估了游戏对于孩子的重要性。孩子在上学前的游戏就是学习。例如，关于孩子数学能力的培养，你可以翻到本书第3章，看一看如何玩数字游戏；关于语言能力的培养，你可以翻到第4章，找到如何通过手语、婴儿语等方式玩语言游戏。同样，在第7、8章你可以找到与认知和社会情绪有关的游戏，在第9章你可以找到与运动有关的游戏。

作为家长，看到游戏，你的第一反应或许是：我该到哪里去买这些玩具？我该让孩子到哪里去上这门课？

这种下意识反应是错误的。真正有帮助的游戏可能并不需要你付费，反而是简单、有趣的玩耍。本书提及的大部分游戏都是这样的。

关于如何让孩子玩得更好，你需要知道以下四个要点。

（1）开放式的游戏远比非开放式游戏好

第 9 章介绍的研究告诉我们，开放式游戏更能够培养孩子的智力，使孩子的创造力源源不断。正如作者在书中所说："解决发散性问题需要更多创造性思维，因为没有唯一正确的答案。"

目前市面上能够买到的游戏大多数都属于非开放式游戏，都是有正确答案的，这会潜移默化地固化孩子的思维，这样的游戏并不好。

（2）实物游戏远比电子游戏好

我升级当爸爸之后的第一件事就是把家里的电视机扔掉了。无论市面上如何鼓吹孩子看电视以及玩电子游戏的益处，事实上，在儿童发展早期，孩子接触电视和电子游戏越少越好。人的大脑是经过几千万年的进化而形成的，过早地接触进化晚期的产品，会让我们错过进化赋予我们的力量。

那么在早期，给孩子看什么样的视频更好呢？给孩子看重复的、慢速的视频更好。正如本书作者所说，"孩子喜欢重复，他们能在缓慢且重复的内容中学到东西——每次都能获得新知识，并乐于找到可预见的模式"。不妨想象一下，你给孩子买了一个视频，它只是不断重复，你可能以为商家欺骗了你，但其实孩子的学习非常需要重复。过于追求新鲜的刺激并非好事。

（3）真人参与的游戏更好

在儿童早期，有一个重要的能力是心理理论能力。提高心理理论能力的一个方法，就是让孩子和别人玩假装游戏。另一个提高心理理论能力的方法是父母与孩子在家里谈论感受的时候，多涉及一些心理状态语。什么是"心理状态语"？就是"我要""我想""你以为这是什么""你知道这是什么吗"，等等。

（4）"润物细无声"的游戏更好

有时并不需要刻意游戏，"润物细无声"往往能达到更好的效果。比如当你和孩子在外面一起走路时，你可以和孩子故意歪歪斜斜地走路，他的好奇心瞬间会被唤起，他会模仿你，从而锻炼身体平衡性。再比如，你可以和孩子玩一个小游戏——在和孩子一起看动画片之前，和孩子商量一下今天看几集，是一集还是两集，这样孩子的数感就能得到发展。

人生就是一场游戏。孩子从小就用过家家、玩土、戏水的游戏来表征这个世界，这种强大的能力是动物和机器人都无法比拟的。我们大人往往低估了游戏对于孩子的重要性。游戏是孩子体验生活、建构世界、创造意义的重要手段，在早期甚至是唯一的手段。

现在，让我们放下那些所谓的育儿"武器"，不妨打开这本书，开始和孩子一起玩吧。

阳志平

安人心智集团董事长

"心智工具箱"公众号作者

推荐序二　Einstein Never Used Flash Cards

亲爱的家长们：

　　作为一个在中国养孩子的母亲，我与你们有着共同的育儿焦虑。我们都希望成为好家长，也非常愿意为孩子未来的幸福、成功付出时间与金钱。但这还不够：即使我们愿意付出这些，我们也仍然不确定具体该做什么。因此，我们开始求助于他人，倾听一个个专家的建议。但最后，我们并没有因此对育儿充满信心，反而会因为没有满足"成为一名好家长"的所有要求而感到压力很大。如果你以为这本书只是另一本告诉你需要做更多的育儿书，那么你一定会收到一个惊喜。实际上，这本书会告诉你：少做点。

　　你可能会提出疑问：少做点还怎么成为一名好家长呢？作为一名发展科学家，我向你保证：你完全可以少做点！实际上，不是我们"可以"，而是我们"应该"。为什么呢？因为如果我们想让孩子幸福、成功，那么最终他们需要依靠自己，而不是父母。幸福的大人不是因为实现了所有家长的期望才感到幸福。其实，事实往往相反：我们看到更多的情况是，人们因为无法满足家长的期望而不开心、抑郁或过度焦虑，因为他们并不知道自己的人生目标。家长插手太多，反而会伤害孩子。你是否会觉得"家长做更多并不意味着孩子就有更好的未来"这个观点有些奇怪？这本书会告诉你，是时候反思、改变和重新定位了。

我从事对孩子思维的研究多年，要说我从中学到了什么，那就是孩子拥有惊人的学习能力。每次我和小孩子一起做实验，不管孩子是一岁还是五岁，他们思考和应对环境的方式总是让我印象深刻。作为家长，我们常常因为太过关注孩子"不能做什么"，而忽略了孩子"可以做什么"。这本书能让你对此有所反思：它会科学又有趣地向你解释，当小孩子们学习数字、语言或其他东西时，他们的脑袋里在发生些什么。这本书甚至会告诉你一些你可以在家做的有趣实验——你很可能会被孩子的思维震惊到。意识到孩子强大的学习能力很有用，这样我们就可以反思，并且抑制自己想要每时每刻教孩子的冲动。如果我们能关注孩子的强项，而不只是弱项，我们就可以做更少，让孩子做更多，发展更多。作为家长，我们应该像如来佛一样，知道孙悟空有弱点，却也相信他的能力，相信他会在去往西天的途中逐渐成长。

我4岁的孩子的作品，他说是如来佛！

以上的话听起来都很棒，但会不会有点不切实际？我们怎么在做更少的同时，确保孩子能在学校里表现出色呢？要做到这一点，我们家长需要求助于科学依据，而不是常识或直觉。学习科学领域已经有了很多关于"人们怎么学习"的研究，科学已经证明了确实有些学习方法效果较好，而另一些效果较差，甚至会损害学习。作为家长，你是不是很想知道哪些学习方法更有益呢？答案都在这本书里！书中包含了许多严谨的科学实验证据，旨在让我们明白，玩耍其实是很好的学习方式。科学证据（而不仅是常识）证明了孩子对从玩耍中学习更感兴趣，无论是学数字、认识动植物，还是学习关于人类的新知识。学习是吸收新知识的过程，无论学习什么，学习者对新知识的兴趣都是至关重要的。除此之外，正如书里详细介绍的，孩子们还能更好地记住他们从玩耍中学到的知识。对学习有兴趣和积极性的孩子能更好地记住他们学到的知识，也自然会在学校表现出色。通过在玩耍中学习，孩子们能养成良好的学习习惯，为学校学习打下坚实的基础！

我们力求在育儿中"做更好"的同时，更应该知道"做更少"的科学方法（因为做太多会损害孩子的学习能力）。而这本书，能帮助我们家长在做更少的同时，让孩子收获更多。

斯特拉·克里斯蒂（Stella Christie）
清华大学脑与智能实验室首席研究员
清华大学心理学系长聘副教授
清华大学脑与智能实验室儿童认知研究中心创始人

Einstein Never Used Flash Cards　前言

现如今，家长和教育工作者都疲惫不堪，这不足为奇。在如何培养和教育下一代这个问题上，我们都深陷在一场文化假设的旋风中。周围人总是告诉我们"越快越好"，我们必须逼孩子加快学习的步伐；人们总说，我们必须让孩子的每一分每一秒都过得有意义，孩子就像空房间，而成年人扮演着室内设计师的角色，必须尽责地把房间装饰得富丽堂皇。然而，儿童发展专家研究了儿童成长与学习的方式，发现有关儿童及其学习方式的流行文化假设与研究结果完全不符。这本书从科学的视角描述了儿童成长的历程，旨在为匆忙的孩子、急于求成的家长和操之过急的老师提供一剂良药。

我们写这本书动机的源头要追溯到20世纪80年代中期，那时塔夫茨大学的戴维·埃尔金德（David Elkind）教授在费城为他的经典著作《还孩子幸福童年：揠苗助长的危机》（*The Hurried Child*）做宣传。早在"脑的十年"⊖之前，埃尔金德教授就已经抓住了育儿观念问题的核心。当时，家长们被告知要把孩子的大脑开发提上日程。埃尔金德教授担心孩子会变得成人化：他们开始

⊖ 指1990～2000年，得名于美国"脑的十年"计划。——译者注

身穿名牌服装，参加一系列成人活动改编的学龄前儿童活动，包括计算机课、烹饪课、足球联赛，等等。埃尔金德教授发出警示之时，互联网时代还没有到来，父母还不能仅通过点两下鼠标就轻而易举地找到育儿经。我（本书作者之一凯西）当时是哈弗福德学院的助理教授，正在对"揠苗助长"这一现象进行研究。埃尔金德教授来演讲时，我很荣幸地担任了演讲的主持人。那时我有两个孩子：4岁的乔希和2岁的班奇。当时，虽然我知道埃尔金德教授的理论是正确的：家长下班后要多陪伴孩子，享受和他们玩乐的时光，但我也能感受到那些望子成龙、望女成凤的父母的痛苦。每次我朋友告诉我他们又给孩子报了艺术班或是足球训练班，我都不禁担心自己的孩子会不会在奔向成功的"赛跑"中落后。

作为一名发展心理学家，我知道埃尔金德教授关于现代家长及孩子所面临的困境的观点是正确的。然而，当身边家长纷纷给孩子报班时，我仍需要时刻提醒自己，努力抵制诱惑，不加入他们的行列，坚持以儿童发展理论作为指导，让孩子尽情玩耍。16年后，我的大儿子和二儿子（现在我有三个儿子）都考进了自己心仪的大学，对此，我很是欣慰。他们聪明活泼，富有创造力。

埃尔金德教授做那次演讲时，我（本书作者之一罗伯塔）在特拉华大学任教，也是两个孩子的母亲。乔迪（现在叫乔丹）那时9岁，艾莉森5岁。还记得乔迪曾去参加一个私立学校的面试，我因为没有教他阅读而紧张自责。但是他那时候才4岁！尽管我是发展心理学家，似乎应该育儿有方，但大众育儿文化显然还是影响了我。我之所以能抵抗"诱惑"，是因为我知道揠苗助长往往会适得其反，培养出厌学的孩子。当然，我们并不是只坐在家里混日子，我们也会匀出一些时间给音乐兴趣班，但我坚决不会让孩子学习额外课程，不会剥夺他们宝贵的游戏时间。

有人曾邀请我的孩子们去参加一个乡村俱乐部的交际舞课程，我拒绝了，但是说"不"并不容易。那份精美的请柬上还有浮雕图案呢！而且我许多朋友的孩子都参加了这个课程。不过，后来我从两个孩子（如今他们一个20岁，一个24岁）那儿得知，他们格外珍惜那段在家里以及和同龄人玩耍的时光。最近，我的女儿害羞地告诉我，她在孩提时代，很喜欢玩一种手指游戏，即想象自己的手指是一个家庭，每根手指都有相应的角色。儿子则格外钟爱我家厨房旁的一个闲置楼梯间，因为那是玩捉迷藏的极佳场所。他们都还记得，他们曾在一个家用器具的快递包装盒里玩耍，并将其改造成了自己的秘密基地。他们没有上过舞蹈课程，没有在小小年纪就学习如何恰到好处地与异性进行互动。但他们损失了什么吗？他们是否因此错失良机？是否因为没有掌握狐步舞或方形步而在社交中受挫？我不这样认为。我的儿子毕业于常春藤盟校。目前，他参与了"为美国而教"(Teach for America)项目，已经开始为社会做贡献。我的女儿目前在一所很好的大学就读，课余时间在一家性暴力受害者援助中心当志愿者。我的子女都是关爱他人、快乐又聪明的孩子。

我们告诉你这些，是想让你知道，即使是受过儿童发展领域的专业训练的我们，在面对自己孩子的教育问题时，仍会感到困惑。我们告诉你这些，是想让你知道，当你敢于跟随自己的内心，对那些其他孩子都在参加的课余活动说"不"时，你并不孤单。我们告诉你这些，是想让你的孩子长大后回首往昔时，同样会告诉你，他们与亲朋好友相处的那段时光是多么重要，是那些经历让他们的成长充满快乐。

为什么写这本书

本书旨在与家长、教育从业者及政策制定者分享有关儿童发展值得注意的知识和经验。在过去的40年里，针对婴幼儿的科学研究呈现出前所未有的迅猛发展。能与全世界的科研人员一起见证这场科学革命，我们感到万分荣幸。作为科学家，我们都有25年以上的科学训练和研究经验；作为家长，我们诚挚地希望能够帮助孩子和其他家长找回快乐的生活。我们希望帮助你了解孩子的发展之路，这样你就能够基于科学事实做出明智的选择，然后将所学知识运用到家庭、课堂以及教育政策中去。

很多有关儿童发展研究的媒体报道所包含的科学事实寥寥无几。新闻报道和广告大肆渲染玩具对儿童大脑发育的益处，还把婴幼儿吹捧成数学天才。在本书中，我们将澄清事实。我们勾勒出了孩子真正的学习模式，帮助你把科研成果应用于实际生活。例如，书中包含很多"最佳教育时机"和"发现孩子的能力"版块。我们将帮助你抵挡努力培养小天才的诱惑，进而培养出幸福、健康、聪慧的孩子。

我们是谁

凯西·赫什-帕塞克在宾夕法尼亚大学获得博士学位，目前是天普大学教授兼婴儿实验室主任。罗伯塔·米尼克·格林科夫在康奈尔大学获得博士学位，目前在特拉华大学主持婴幼儿语言研究项目。我们都是获得国际公认的学者，从20世纪80年代开始就一起从事研究工作。我们是彼此最好的倾听者和育儿顾问，我们还共同撰写和编辑了10本书，在专业期刊上发表了80多篇论文。我们与业内同人一起，探索人类发展的秘密。

我们曾在儿童发展领域的国际学术会议上从多个角度分享了我们的观点。我们的研究经费来自社会，我们希望能回馈社会，与家长和专业人士分享我们的研究成果。我们一起研究孩子怎样学习语言（这是孩子3岁就能完成的"神秘壮举"），也许因为我们对这一主题的热情富有感染力，我们之前出版的书《宝宝是如何说话的》(*How Babies Talk*) 已经被翻译成四种语言。

如前所述，我们理解那些受苦受累的父母，他们一直在努力和时间赛跑。我们自己在培养孩子的过程中也面临着巨大的压力。有时，我们也会犯过度规划的错误，每次承担犯错后果的都是我们自己。为什么呢？因为我们的孩子变得脾气暴躁、身心俱疲、压力过大。育儿从来都是一项艰巨的工作，相比起来，上班可能反而让我们感到轻松。我们的孩子从未使用过识字卡，但他们都从小就学会了如厕，知道怎样读写，也热爱学习。

我们还邀请了在天普大学任教的心理学家迪亚娜·埃耶博士共同撰写本书，她是知名的育儿书作者。她的著作《母亲的内疚》（*Motherguilt*）和《母婴联结》（*Mother-Infant Bonding*）获得了《纽约时报》的高度评价。迪亚娜给予我们的帮助至关重要，她帮助我们整理我们想与读者分享的资料，确保本书始终具有可读性并引人入胜。

不仅是警告

埃尔金德教授和很多人都发出了警告，许多专家都谈到也写到过，在如今快节奏的社会中，家长和孩子都面临着过度的压力。这本书不仅发出了警告，还进一步为人们提供了良药。通过检视书中提到的科学家在智力发展和社会性发展方面收集到的证据，你会理解为什么玩耍等同于学习。读完本书，相信你会以一种全新又令人振奋的视角看待自己的孩子，更深入地了解他们的能力以及他们真正的需求。

这不是一本典型的育儿书。它不会告诉你什么时候给宝宝拍嗝、什么时候开始如厕训练，或怎样管教学龄前儿童。但是，这本书将为你提供力量，为你和家庭创造更平衡的生活。未经媒体炒作和专业营销，本书所有内容都直接来自实验室。充分地理解儿童发展专家真正想传达的信息，你将能更好地以批判的眼光阅读和评判媒体的相关报道。最重要的是，你将更有信心地在教养下一代的路上向前迈进。

目录 Einstein Never Used Flash Cards

赞 誉
推荐序一
推荐序二
前 言

第 1 章 当代父母的困境 | 1

匆匆忙忙的童年 | 2
追逐更快、更好、更多的社会 | 3
培养优秀孩子的竞赛是如何开始的 | 5
崇尚成就，丢失童年 | 7
培养聪明孩子更好的方法 | 11
积极反思、抵制诱惑、重新定位 | 13
你会在本书中发现什么 | 14

第 2 章 孩子的大脑：学习如何发生 | 17

被谬见包围的善意父母 | 19
"塑造聪明大脑"炒作的起源 | 21
你真正需要了解的大脑基本知识 | 23
大脑未必越大越好 | 25
"丰富的环境"和大脑发育 | 27
头三年和关键期理论 | 31

第 3 章　与数字玩耍：孩子怎样学习数量概念 | 39

两项研究的不同结果 | 40

数字敏感性并不等同于数学 | 42

数与量 | 43

计数 | 44

孩子对计数真正了解多少 | 46

计数原则的习得 | 49

数轴 | 53

计数和比大小 | 54

研究结果对孩子意味着什么 | 55

第 4 章　语言：咿咿呀呀的力量 | 61

推进对话 | 62

宝宝如何学会说话 | 68

语言乐团 | 77

赋予语言乐团意义（第二年） | 77

语言乐团的语法部分 | 80

更复杂的句子（第三、四年） | 82

孩子开始学习语言乐团里的语用部分（第四年） | 85

话匣子和闷葫芦 | 88

家长的角色是语言搭档 | 90

第 5 章　读写能力：字里行间的意义 | 100

你所听说的阅读学习 | 101

学习阅读真正的关键 | 103

阅读的基石 | 105

阅读之旅 | 113

读写能力培养中家长的责任 | 124

第 6 章　欢迎来到乌比冈湖：解析智力　| 130

强调智商的误区　| 132
到底什么是智商　| 133
什么是"天赋异禀"　| 134
利用智商　| 136
婴幼儿也有智商　| 137
家长应该怎样促进孩子智力发育　| 138
皮亚杰、快餐店和孩子的学习方式　| 141
从拨浪鼓到物理学的渐进　| 143
孩子对所处世界的变化了解多少　| 145
推理的萌芽　| 148
给予孩子一点帮助　| 149
混淆智力与成绩的危险　| 151

第 7 章　我是谁：自我认知的发展　| 157

孩子如何发展自我认知　| 158
学龄前儿童失真的自我认知　| 159
更为平衡的自我认知　| 161
生理自我　| 162
社会/情绪自我　| 169
智力自我：溢美之词的危害　| 179
再议谬见　| 182

第 8 章　很高兴认识你：孩子的社交智力是怎样发展的　| 187

社交技能入门　| 188
社交学习的同心圆　| 189
认识他人的身体　| 190
认识他人的情绪　| 191
认识他人的想法　| 201
对他人的认识　| 207

第 9 章　玩耍：学习的圣地 | 213

玩耍的意义是什么 | 214
父母何时加入游戏 | 216
玩耍的基本概念 | 218
为什么缺少玩耍是有害的 | 221
为什么玩耍在 21 世纪尤为重要 | 222
孩子是怎样玩耍的 | 224
玩玩具有利于智力发展吗 | 228
趋同与发散性游戏 | 231
假装游戏和语言发展 | 233
孩子何时能够遵守游戏规则 | 246
运动游戏的好处 | 246

第 10 章　优质育儿的新方法 | 253

问题出在哪里 | 255
社会中的四种育儿谬见 | 256
致父母的四项原则 | 260
平衡是关键 | 266
全新育儿箴言 | 268
将四项原则运用于家庭教育 | 269
将四项原则运用于学前教育 | 271
将四项原则运用于社会实践 | 275
把童年还给孩子 | 275

致谢 | 277

注释 | 280

Einstein Never Used Flash Cards

第 1 章

当代父母的困境

某个周六的早晨,怀有 6 个月身孕的费利西亚在朋友的陪伴下,到购物中心为即将出生的孩子买婴儿用品。结果,她却实实在在地上了一堂"现代育儿入门课"。

这堂"课"始于一家挂着彩色招牌的商店,这家商店看起来很适合作为她购物的起点。事实上,"正确的起点"就是这家店的名字。费利西亚和朋友走进这家店,心想"这正是宝宝需要的"。但当她们离开时,她已经不知道自己想要什么了。

费利西亚很快就发现,诸如尿布包、婴儿车和汽车安全座椅这些传统的婴儿护理"必需品"已经不能满足她的需求了,她需要购买的物品比这要多得多。她是否需要买正面画着图案、反面写着单词、号称向宝宝传授新知识最佳方式的识字卡呢?如果要买识字卡,哪种品牌的卡片更有效呢——是"小小杜立特"(Baby Dolittle)动物识别卡,还是"韦氏宝宝"(Baby Webster)词汇卡呢?[1] 她的朋友作为过来人,纷纷推荐自家宝宝的最爱。

"我家杰里米 18 个月大就认识了所有的动物。"安娜骄傲地说。

"我家爱丽丝更喜欢词汇卡,她 17 个月大时就能说一些比较难的词语了。"艾丽卡也忍不住炫耀。

费利西亚在识字卡上做出了选择,但她又开始纠结该买哪一类录像带。一些录像带声称对语言、音乐、文学和艺术进行了独特的介绍,但她宝宝需要的是"小小爱因斯坦""小小莎士比亚"还是"小小梵高"呢?[2] 还是三种都需要?为开发 6～36 个月宝宝的左脑和右脑而设计的"聪明宝贝"(Brainy Baby)视频又如何呢?

这些产品都宣称能促进宝宝发育并暗示你:如果现在不买,后果将不堪设想。有的早教中心号称能给宝宝提供"智力优势,让宝宝在学业和职场中都能出类拔萃"。为人父母,不就应该尽可能地让孩子有更多的优势吗?

费利西亚走出婴儿用品商店,开始神经紧张,自信受挫。等她跨进一家书店时,她更加局促不安了。

费利西亚的丈夫史蒂夫让她选购几本育儿书。他希望自己能够学习育儿方面的知识,这样他就能在抚养孩子时出一份力,做一个尽职尽责的新手爸爸。

一进书店,她就直奔育儿专区,随手拿起一本《胎教》(Prenatal Parenting),这本书宣称提供了各种胎教建议,甚至有一章标题是"成为大脑建筑师"。[3] 费利西亚把书塞回书架,轻轻扶额,感觉有些头疼。

胎教?建筑大脑?这是初为父母者需要知道的吗?孩子还没出生,费利西亚就发现自己对于孩子智力开发的问题越来越焦虑了。

匆匆忙忙的童年

费利西亚现在明白了,把孩子培养成班上最聪慧的孩子这场竞赛,甚至比幼教课程开始得更早,现在这场竞赛在准妈妈的子宫里就已经开始了。

杂志上的文章呼吁准父母们在孕期锻炼身体，并断言这样做可以提高宝宝的智力。另一篇文章又敦促父母购买外语光盘播放给未出生的孩子听。如果有一种胎教可以使用光纤导管给还在子宫内孕育的胎儿播放教育课程，相信很多家长都会对此趋之若鹜。幸运的是，我们还没疯狂到那个地步，至少现在还没有。

这些孩子出生后，家长就会催促孩子尽快学习成人才会的技能。家长督促他们更快地掌握阅读技能，更快地做加减法，甚至掌握一些晦涩难懂的知识，比如认出早已去世的作曲家。他们可能多年后才需要用到这些知识（甚至可能永远用不到）。

在这些望子成龙的家长的支持下，育儿产业蒸蒸日上。一项调查表明，65%的家长认为识字卡对于开发2岁孩子的智力很有帮助。超过1/3的家长认为，给婴儿听莫扎特音乐有利于大脑发育。[4]

显而易见，家长对玩具公司的广告深信不疑。早教玩具每年的销售额高达10亿美元。[5] 育儿产业的生意太好了，2001年被迪士尼收购的"小小爱因斯坦"公司正在丰富其产品线，包括针对3～5岁儿童的"小爱因斯坦"系列产品。

这种营销策略甚至吸引了一些出人意料的受众。住在旧金山的戴安娜是一个2岁孩子和一个新生儿的母亲，她告诉我们："住在养老院的祖母竟然给我寄来了可以播放莫扎特和巴赫音乐的玩具小车，说希望我的孩子以后能在班上名列前茅。"

一旦这些孩子长大一些，他们就要参加更广泛并且更昂贵的学习课程，如小提琴课、马术课，还要进入私立小学，请家教……

追逐更快、更好、更多的社会

几千年来，孩子凭借自己的好奇心和家人的些许帮助就能独立学习。可如今，人们普遍认为，在教育资源极其丰富的今天，婴幼儿独立学习还远远不够。

在这个快速发展、竞争激烈的现代社会里，这些孩子是最年轻的公民。在这个社会里，雇主要求成年人比竞争对手的员工工作时间更长，工作效率更高。我们吃的是在微波炉里一加热便能食用的即食饭菜，习惯于把自己的休闲时间安排得满满当当。成年人接收到这样的信息："做得越多、越快就越好"，并将这一快节奏信息传递给了他们的孩子。

我们不妨走进一个典型美国家庭一天的生活。玛丽是一名教师，她每天早上 6 点起床。接下来一个小时，她需要先帮 11 岁的格里和 3 岁的杰西卡穿好衣服、准备早餐，做家务，看几分钟电视新闻，然后开车送杰西卡去日托班。她的丈夫布莱恩早上 6 点 20 分出发去公司上班，在上班途中送格里去参加篮球训练。玛丽早上 7 点 35 分来接格里，随后，他们一起步行去学校。玛丽在幼儿园上班，格里在读五年级。

下班后，玛丽下午 5 点去课外辅导班接格里，去日托所接杰西卡。她还会顺路买些日用品及杂货，例如格里做家庭作业需要的广告纸板或是彩色棉花糖。6 点，玛丽会停下手中的晚餐准备工作，开车送格里去踢足球或去上吉他课，然后回家继续准备晚餐。布莱恩 6 点左右下班，经过了一个多小时的通勤，他带着格里回到了家。一天的紧张生活在晚上 7 点 30 分左右结束，他们一家人终于可以共享晚餐了。

不幸的是，这种匆忙的生活在美国早已成为普遍现象，而非个例。过去几十年，家庭生活的一个巨大变化是双职工家庭的比例增加。1975 年，6 岁以下孩子的母亲工作的比例为 34%。到 1999 年，这一数值几乎翻了一番，增长到 61%。很大一部分女性在孩子才刚出生不久时就重返职场。我们知道，传统上总是父亲在外工作，但现在社会不仅要求父母双方都要工作，还要求延长工作时间。

国际劳工组织 1997 年进行的调查[6]显示，美国的父亲每周平均工作时长为 51 个小时，而美国的母亲每周平均工作时长为 41 个小时。

一项对家长的调查显示，25% 的家长表示，由于工作任务繁重，他们没有时间陪伴家人。[7] 然而历史统计数据显示，实际上，过去 50 年来，母亲与孩子相处的时间几乎没有变化，[8] 改变的是家长在这段和孩子相处的时间里会做的事。越来越多的家长不断让孩子参加一个又一个"充实"而有组织的活动。他们总是在开车送孩子参加活动的路上，或者扮演"足球妈妈爸爸"的角色，在一旁为孩子加油打气或是提供指导意见。

于是"优质时间"[9] 这个概念出现了，这个词最早出现在 20 世纪 70 年代。父母很快就接受了这一概念，因为时间是如此珍贵。父母会充分利用"优质时间"，培养每时每刻都被安排得井井有条的孩子。

可惜的是，我们并没有享受育儿带来的乐趣，这本该是人生最大的乐趣之一。这种强迫孩子参加活动和学习的氛围对孩子也会产生不利影响。在《新闻周刊》（Newsweek）最近的一篇文章中，一位有四个孩子的母亲表示，她花了太多时间开车送大一点的孩子去参加各种各样的活动，以至于她 1 岁的孩子几乎是在家里的小货车里长大的。她说："他不待在车里的时候，可能会有些迷茫。"[10]

显然，现代父母太忙于敦促自己的孩子参加各种各样的课程，几乎没有时间享受亲子时光。为此，新泽西州的里奇伍德镇不得不将某个冬夜定为"家庭之夜"[11]。在校务委员会的支持下，小镇取消了所有的体育活动、家庭作业和私人课程，只为让家长和孩子共享家庭时光。

培养优秀孩子的竞赛是如何开始的

为了理解培养优秀孩子的竞赛是如何开始的，我们不妨先简单回顾一下历史上的育儿态度。19 世纪早期以前，没有人承认儿童期是独立于成年期之外的一段时期。事实上，当时的艺术作品表明，儿童穿着打扮得近似缩小版的成人。法国哲学家让－雅克·卢梭（Jean-Jacques Rousseau）的作品[12]彻底改变了人们对于童年时期的看法。在经典著作《爱弥儿》（Emile）中，卢梭写道："孩子在童年时期有自己观察、思考和感知事物的方式。没有什么行为比试图用我们的方式取代他们的方式更为愚蠢。"这种观点与工业革命的兴起共同催生了大众教育。大众教育致力于让年轻人做好准备，适应工业社会。[13]

随着19世纪末儿童心理学的诞生，儿童可以被研究、有方法可以促进其发展的观点逐渐站稳脚跟。[14] 20世纪40年代，大量致力于儿童研究的科学期刊开始涌现。本杰明·斯波克（Benjamin Spock）医生在其1946年出版的著作《斯波克育儿经》（Baby and Child Care）[15] 中以其临床视角和常识为家长绘制了一张育儿蓝图。育儿咨询业由此诞生。

第二次世界大战结束后，美国女工从工厂回归家庭生活。[16] 此时，她们需要把做母亲看作一份需要专业知识和培训的重要工作。家长开始依赖儿童发展专家，向他们咨询育儿之法。事实上，在1950年召开的白宫儿童问题会议上，专家表示，他们担心家长变得过度依赖专家建议。20世纪70年代以来，随着双职工家庭数量的增加以及儿童发展知识的井喷式增长，家长想要确保自己把孩子的每一分钟都安排得充满意义。他们意识到家庭时光在逐渐减少，于是向儿童发展专家寻求建议，以找到帮孩子为未来人生做好准备的最佳方法。

最初，人们担心加速儿童发展会带来负面影响（"早成熟，早堕落"），但是后来，人们转而全盘接受了这种做法。肯·亚当斯（Ken Adams）的《激发孩子的天赋》[17]（Bring Out the Genius in Your Child）以及玛丽莉·罗宾·伯顿（Marilee Robin Burton）、苏珊·G. 麦克唐纳（Susan G. MacDonald）和苏珊·米勒（Susan Miller）合著的《让孩子更聪明的365种方法》[18]（365 Ways to a Smarter Preschooler）等畅销书在社区书店十分常见。我们过于关注孩子的智力发展，情况越发失控。讽刺的是，我们正见证儿童教育的倒退：我们剥夺了孩子的童年，像对待大人那样对待他们。

学术界内外都已发出警告：这种做法会影响孩子的童年生活。作家也诉诸笔端，例如塔夫茨大学儿童发展心理学教授戴维·埃尔金德于1980年出版了当代经典著作《还孩子幸福童年》[19]；近年来，伊利诺伊州立大学的劳拉·伯克（Laura Berk）教授出版了惊世之作《唤醒孩子的心智》[20]（Awakening Children's Minds）；作家拉尔夫·舍恩斯坦（Ralph Schoenstein）在《我的孩子是优等生，你的孩子是失败者》[21]（My Kid's an Honor Student, Your Kid's a Loser）一书中为我们讲述了许多趣闻逸事。面对这些警告信号，家长和老师应当做何反应？我们该如何改变专家所担心的育儿行为？认清问题仅仅是解决问题的第一步。在2000年夏季举办的国际婴幼儿研究会议（ICIS）年会上，许多人主张发展心理学家联合起来应对日益严重的危机。大量研究证明了婴儿的能力，揭示了学龄前儿童此前未被发现的技能，但这些研究往往被曲解和误用。旨在揭示人脑内部工作机制的科学研究正被过度应用于推销产品——这些产品承诺将宝宝改造成"超级宝宝"。

崇尚成就，丢失童年

在这种新的育儿氛围中，那些不想让孩子提前加入这股加速成长潮流的家长常常感到焦虑。随着育儿竞争变得更加激烈，许多家长都担心，如果他们不善加利用一切可获得的机会，孩子便会落后于人。

我们的一位朋友即将搬到亚利桑那州图森市郊区去管理一所幼儿园。她目前就职的学校采用"生成课程"（emergent curriculum），也就是说课程内容由儿童的兴趣生成，因此更多的是体验式教学而非理论式教学。她告诉我们："我带领家长参观学校时，会说明我们不会布置练习题或纯粹的技能作业。家长便会问，学校能否为幼小衔接打好基础。我说可以，因为孩子将保持好奇心和探索精神。家长都表示赞同，但是过一段时间，半数家长又会问

'为什么孩子还不会使用计算机,为什么孩子不学习阅读'。作为教育者,我知道积木是读写、数学和其他方面的学习的基石,但是家长总是抱怨孩子成天只是玩游戏,他们希望孩子学习!"

我们的这位朋友教育理念明确,尽管如此,她也开始对培养自己的孩子备感压力。"在我将要工作的地方,家长都是地位显赫的大人物,他们给自己的孩子施加了很多压力。"她解释道,"我知道节制是好的,但是如果其他所有家长都在孩子4岁时就送他们去学小提琴,我难免也会怀疑自己和丈夫做出的决定。"

我们的另一位朋友是一名9岁男孩和一名7岁女孩的母亲。她最近搬到了圣迭戈的一处新建的富人区,并向我们描述了周围的竞争水平:"半数以上年龄在5～12岁的孩子课后都上私教课——这不是为了帮助他们查漏补缺,而是为了确保他们领先于人。"

卡普兰(Kaplan)和普林斯顿评论(Princeton Review)等教育培训机构过去的主营业务是帮助高中毕业生备考大学入学考试——例如学术能力水平考试(SAT)和美国大学入学考试(ACT)。现在,这些机构抓住家长的焦虑心理,开始扩大服务范围,一直覆盖到幼儿园的孩子。它们的服务旨在提高学生在年考中的成绩。年考目前在美国公立学校推行,是小布什(George W. Bush)总统《不让一个孩子掉队法案》(No Child Left Behind Act)的一部分。

此外,作为儿童发展心理学教授,我们常常接到家长的电话,他们想要测试孩子的智商,倒不是因为他们觉得孩子智商有问题,而是因为他们想要孩子的天赋得到认证。孩子的智商已经成了家长用来攀比的一种资本,其性质类似于新买的小轿车及优质家用电器。

家长本该陪伴孩子度过无忧无虑的童年生活,倘若这种情感需求无法满足,孩子会为此付出代价。我们已经进入了防御型育儿(defensive parenting)时代,这是现代家长承受巨大压力后的不幸产物。我们想让自己的儿女聪颖过人，这样就没有一所大学会将他们拒之门外；我们想让孩子无所不能，这样就没有一个雇主会解雇他们。

那么，孩子的"玩耍"呢？现在它只不过是一个词罢了！1981年，一个典型的学龄儿童约有40%的时间玩耍。但到了1997年，玩耍时间缩减到了25%。[22] 此外，美国40%的学区甚至取消了课间休息。

除了超额的课程压力，孩子还在遭受"年级膨胀"（grade inflation）的痛苦，原本在下一年级才需学习的技能知识，现在不得不提前一年学习。举个例子，阅读课原本在一年级开设，然而现在，越来越多的幼儿园开始教这门课程。很多学区甚至开始考虑将阅读技能设为幼儿园入学的一个必备条件——尽管绝大多数儿童专家都认为，孩子在幼儿园阶段最好将时间花在体验玩耍和建立人际关系上。

可想而知，我们的孩子正在承受严重的抑郁和焦虑。美国儿童和青少年精神病学会（AACAP）的统计数字显示，"在美国，'严重'抑郁的儿童和青少年人数高达340万，占儿童和青少年总数的5%"。[23] 这种抑郁有时会致命。从1980年到1997年，10～14岁的青少年自杀人数猛增了109%。

不仅如此，自20世纪50年代以来，儿童的焦虑水平也大幅上升，现在，9岁的孩子就可能出现焦虑发作。一些研究表明，在儿童身上，考试焦虑现象愈发普遍，这可能是由学校考试次数的增加，以及家长过高的学业期望所致。毋庸置疑，这种焦虑影响了孩子的学习与表现。[24] 孩子其他形式的焦虑与亲子互动的减少有关：孩子通过与家人共享时光来获得安全感。焦虑还与日益增加的外部环境威胁有关，例如犯罪、离异与暴力。[25]

心理学家还发现，患有恐惧症（尤其是学校恐惧症）的儿童数量有所增加，儿童的躯体主诉（somatic complaints）也在增多。杰克·韦特尔（Jack Wetter）博士是加州大学洛杉矶分校儿科心理学系主任，他表示："我发现，有些小孩的日程安排得满满当当，他们根本没有空闲时间。每年3月中旬，孩子陆续收到私立幼儿园的录取通知，你能感受到那种紧张感。有小孩来到

我的办公室，难过地对我说他没能被卡尔索普○录取。"²⁶

治疗师很早就发现，家长的焦虑会传递给孩子。家长投入时间和金钱，填满孩子的日程，期待那笔"投资"有所回报。但对于孩子而言，学习的体验或许会因为害怕受挫而大打折扣。他们把注意力都放在了结果上——取得高分或是背诵诗歌，而不是自己的体验和需求。孩子可能会产生这样的疑问："我是怎么了？为什么我需要这些额外帮助？"强行灌输知识也会让孩子对学习产生消极印象，觉得学习是一件苦差事，而不是由好奇心和探索精神指引的一种本能活动。

对成就的追求，还会导致家长过度注重孩子智力的发展，而完全忽略另一个同等重要的因素。心理学家丹尼尔·戈尔曼（Daniel Goleman）是耶鲁大学儿童研究中心社会与情感学习合作组织的联合创始人。在其开创性著作《情商：为什么情商比智商更重要》（*Emotional Intelligence: Why It Can Matter More than IQ*）中，他将这个重要因素称为"情商"○。

戈尔曼博士把情绪视为智慧生活的核心能力。他指出，有些人智商较高，但是一路磕磕绊绊，有些人智商平平，但是一路平步青云，这其中的决定性因素便是情商。情商包括自控力、热情、毅力以及自我激励的能力。

情商还是意志和个性的基础。那些容易冲动的人、缺乏自控力的人，会做出逾越道德界线的行为。情商高的另一个核心特征是对他人怀有同情之心。这类人能够感知他人的情绪，共情他人，并在适当的时刻，为了适当的理由，适当地感到愤怒。

情商这个概念告诉孩子和家长，享受亲子关系对孩子来说是成长最好的开始。投入时间享受亲子时光，与孩子玩耍，和他们探讨孩子的世界所发生的事，这便是家长能为孩子心智与情感发展做出的最有益的事，这样做能够

○ 卡尔索普（Carlthorp）是位于美国加利福尼亚州圣莫尼卡市的一所私立学校，因极高的升学率享有美誉。——译者注
○ 随着儿童发展心理学研究进展，目前，研究者建议用"社会情绪能力"来取代"情商"一词。

保证孩子顺利地成长。

培养聪明孩子更好的方法

戴维·埃尔金德教授在其著作《还孩子幸福童年》中写道:"童年这一概念对于美国传统生活方式至关重要,而今在我们所构建的社会中,它却有着消失的风险。当代孩子被迫成为重压下的受害者——这些压力来源于复杂多变的社会发展以及家长的过高期望。"[27]

作为儿童发展专家,我们发现,家长对于孩子智力发展的焦虑已经在社会中弥漫。对此,我们感到警觉。毋庸置疑,我们都想让自己的孩子成为学习标兵或是三好学生,但我们大可不必让他们从婴儿期就开始接受智力训练(mental calisthenics)。一味提高孩子智力的压力是有害的,因为这种压力可能会侵蚀儿童发展的其他要素,而这些要素是孩子社交、情感和认知发展的关键。

若是替孩子安排日程和娱乐活动,我们不仅剥夺了他们创造游戏的乐趣,还剥夺了他们享受自主生活的掌控感和独立意识。"享乐""童真"和"玩耍"等理念都受到了轻视。而"空闲时间"这一概念,即那段我们可以什么都不做,可以停下来稍作思考,可以成为真我的时间,在这个崇尚成就的时代,似乎成了一种异端邪说。

孩子的成长历程是一段美妙的时光,若是加速度过这段时光,家长只会得不偿失。孩子的智力启蒙是一段不可思议的历程。思考是人之所以为人的重要元素,从孩子的视角见证他们思考能力的演变历程是很奇妙的经验。然而,很多家长都错过了这个宝贵的机会,因为他们过度强调孩子快快成长,取得成就。

事实上,美国国家医学研究委员会和研究所(National Research Council and Institute of Medicine)经过广泛研究,在其报告《从神经元到社区:儿童早期发展的科学》[28](*From Neurons to Neighborhoods: the Science of Early Childhood Development*)中表明,儿童智力和情绪健康发展的关键预测指

标是"孩子和家长及照料者之间积极的互动关系"。家长和孩子一起洗碗这件事看似简单，实际上正是进行亲子互动的一种重要方式。家长无意间说出的话能够教孩子认识世界和自己。家长可以帮助孩子阐述一天中发生的事，排解他们小小的挫败感，解决他们的困惑。家长相当于一张"过滤网"——允许适当的信息进入孩子的世界，同时过滤掉孩子难以接收的信息，例如恐怖电影和电视上的晚间新闻。如此一来，孩子便能意识到自身的重要性和才能。

亲子互动还能在不经意间提高孩子的智力技能（intellectual skills）。交谈时，家长会自然而然地鼓励孩子讲述一天中发生的事。这样做实际上是锻炼孩子组织语言及讲述生活故事的能力，这种有趣的互动能让孩子在校园生活中表现更好。此外，鼓励孩子描述"发生了什么"还能训练孩子的记忆力，让他们在日常活动中挖掘"脚本"。这样做能够帮助孩子理解和表达他们的经历——换言之，帮助他们以一种轻松有趣的方式进行思考、学习和积累词汇。

本书作者之一凯西·赫什-帕塞克对两群孩子进行过对比研究。其中一群孩子被家长送到"学习型"幼儿园，另一群孩子则被送到传统型幼儿园，后者强调寓教于乐与探索精神。研究发现，在学习方面，学习型幼儿园的孩子并不存在短期优势，更不用提长期优势了。孩子上一年级之后，研究人员无法在智力技能方面区分受过学习训练的孩子和没有受过学习训练的孩子。然而，这两群孩子在另一方面确有不同：在关注学习的环境中长大的孩子不仅更加焦虑，而且创造力也更低。另一项研究发现，在采用直接教导法而非以儿童为中心的教导法的幼儿园中，孩子面临的压力更大。[29] 这是为什么呢？或许是因为他们受到哄骗，被剥夺了玩乐的权利；又或许是因为他们迫于压力，必须记住各种冷门知识。不论是哪种情况，在孩子还没做好准备时就过分强调学习，孩子注定失败。

通过这本书，我们希望那些爱子心切的家长能够放慢脚步，不再一味追求孩子的成就。我们的目标是为家长、教育者及政策制定者提供一套通用的育儿词汇和理念，以便他们可以就孩子如何有效地进行学习这一重要问题进行讨论，而不是随波逐流，对孩子的能力抱有不切实际的期望，逼迫年幼的孩子取得更多成就。具备了这些知识，他们便能适应孩子的自然学习模式和能力，在适当的时机教育孩子，帮助孩子积累真正的知识，而不仅仅是死记硬背一些碎片化的内容。

积极反思、抵制诱惑、重新定位

我们知道，家长、教育者和政策制定者需要一些箴言，引领他们在各种育儿建议浪潮的席卷中找到方向，实现我们所倡导的平衡。我们提倡一个新的"三句箴言"：积极反思、抵制诱惑、重新定位。以下便是它们的工作原理。

下次，你在育儿杂志上读到某个煽动性标题，在谈话节目或是脱口秀上听到关于儿童发展的最新研究时，不要再匆忙拿起铅笔，潦草地记下信息，出门购买其中推荐的产品，或是仓促地添加日程安排或课程。相反，你需要花些时间——

- 积极反思。思考一下，你应该按照媒体鼓吹的方式行事吗？或者，你会在自己的生活中延续文化施加给父母的压力吗？不妨问问自己："这种体验/课程/训练/活动减少了孩子自由玩乐的时间，需要在路上来回奔波，还要为此额外花钱，这一切值得吗？"至少在某些时候，反思可能会帮助你更好地抵制诱惑。
- 抵制诱惑。抵制诱惑会让人感到勇敢无畏，这种感觉真的很好！它意味着你要拒绝加入狂热的育儿潮流，意味着你要再次放慢脚步，意味着你需要说"不"。你要基于本书中提出的科学证据进行抵抗。这些证据告诉我们一种简约的思想：少即是多，对孩子"揠苗助长"并不是好事，而会剥夺孩子的自由。科学证据还告诉我们，要想让孩子聪明快乐、适应能力强，并不需要让孩子上任何课程，也不需要教育玩具。尽管如此，我们也认识到，一开始抵制诱惑时我们会心生愧疚。因此，你需要重新定位。

- 重新定位。这意味着你要确信自己做出了正确的选择。你认识到童年真正的中心是玩耍，而非学习。毕竟，玩耍是孩子学习的主要方式。虽然你的决定可能一开始会让你有一些内疚或焦虑，但你知道自己所做的一切都是为孩子好。重新定位的最佳方法就是和孩子一起玩耍。参与到孩子的游戏当中，看着孩子脸上喜悦和紧张的神情，帮助他们拓宽视野。

收获积极反思、抵制诱惑和重新定位的能力将是阅读本书的最大收获。这三句箴言与你经常看到的通俗育儿读物中的理念不同，我们讲述的是循证育儿法（evidence-based parenting）。循证育儿法让你能够掌握主动权，不用每场活动都参加。这种方法以关于孩子学习方式的科学研究为基础，能让你自己做出最适合你和孩子的选择。

我们想告诉那些焦头烂额的父母：是的，孩子确实需要花时间与父母（以及老师和儿童保育专家）互动。但研究表明，孩子的智力觉醒是在日常的成人与孩子之间的互动中发生的。如果父母能给孩子适当挑战，既不超出孩子的能力范围又让他们全力以赴，便能将孩子培养成自信的学习者。充满乐趣的环境和自发的学习是孩子快乐聪明、积极健康的关键，也是父母获得成就感的关键。

你会在本书中发现什么

本书为你提供了一些源自科学发现的实用建议，比如你可以进行的观察以及可以和孩子一起做的游戏和实验，通过这些你可以看到研究发现的原理在实际生活中的应用。你可能会发现一些我们在书中使用的虚构小故事似曾相识，因为这些故事都源于我们自己、我们的朋友和那些我们观察的对象。如果你觉得你读到的好像是隔壁邻居的故事，不禁心想"我认识他们"，那仅仅是因为我们很多人的生活大同小异。

在每章的"最佳教育时机"版块，我们强调了平凡的日常经历如何为我们提供教育孩子的机会。此外，在"发现孩子的能力"版块，你可以成为家中的研究者，重新发现孩子惊人的能力。当我们学会观察孩子的行为时，就自然会知道孩子何时能从我们的指导中获益。本书的每一章都会提供一些有趣又不用破费的活动和实践思路，在促进孩子发展的同时，为不堪重负的家长、老师和孩子减轻不必要的压力。不同的章节讲述了孩子不同的能力（如读写能力和识数能力），你不一定要按顺序阅读。如果你的孩子做了某件事，激发了你对某方面的兴趣，你可以按需乱序阅读。所有章节最终都汇入第 9 章，这一章的重点是玩耍的重要性，这也是本书的中心主题。玩耍和学习同等重要。通过寓教于乐，我们可以把童年还给孩子。最后一章对所有要点进行了总结，并以罗列生活原则的形式，为神经紧绷的家长提供了一些方法。

这一切将如何进行？我们以学习早期数学技能为例。很多新型教学手段都鼓励使用视频教学——有帮助婴幼儿认识形状的视频，还有许多交互式的计算机游戏，在学龄前儿童参与数学游戏的过程中，教会他们计算机技能。然而，大量研究表明，学习数字的最佳方法就是摆弄实物。不断堆积木，尽力保护积木不倒，看最多能堆多少块，这就是数学。玩"战争"这种纸牌游戏时，孩子也处于学习数学的最佳状态。你不用担心"教育性"问题。孩子本身对数学有很大的兴趣，你只要跟随他们的兴趣，多陪他们玩耍，就能培养他们的数学学习技能并激发他们的好奇心。

这本书也会帮助你用不同的眼光看世界。你所见之处都是学习的机会。你可以在建筑物中找到长方形，在站牌中找到六边形，数字在日常生活中也无处不在。我们和孩子平均分配薯条，或者我们确保人人都能吃到餐桌上的蛋糕，这些时刻，我们都在进行数学运算。我们为餐桌上的每人准备一张餐巾纸，就是在使用"一一对应"的方法，我们把书本放回原位，就是在进行分类和排序。我们只需要像孩子一样观察这个世界，就能抓住自然的机会帮助他们学习。

如果我们把这个世界看成一个到处都充满社交和学习机会的世界，我们就能帮助孩子成长。让婴幼儿学习识字卡片，用莫扎特的音乐进行胎教，这些操之过急的行为就像按下了录像带的快进键，而不是自然播放录像带。当你给孩子按下快进键时，他们可能会失去学习的兴趣，变得焦虑、沮丧、忧伤。

童年的真谛在于探索。这是一个孩子了解自己、挖掘自身潜力的时期。通过这些探索取得的发现无法在模式化的课堂上获得，也无法从电视、电脑屏幕中学到。

上千名科学家的研究成果都汇集于这本书中。这些科学家用毕生精力试图为孩子的成长创造一个更美好的世界。我们一致呼吁家长多赞美孩子，少为塑造未来的"爱因斯坦"而烦恼。你一定乐于学习我们所分享的知识。这些知识将让你为孩子找回童年，日后将他们培养成聪明快乐、积极健康的成年人。

Einstein Never Used Flash Cards

第 2 章

孩子的大脑
学习如何发生

"这是事实。"玛莎振振有词地说道,"所有的产品都说古典音乐能促进大脑发育"。一旁的哈罗德也说:"我们想让孩子在生活中拥有所有优势。如果我们现在就能刺激他们的大脑发育,让他们在这个复杂的世界里有立足之地,我们一定会这样做。"

女儿布伦达出生没多久,哈罗德和玛莎夫妇就了解到大脑发育与音乐相关。玛莎在电视上看到了一段名为《天才宝宝:莫扎特和他的朋友们》(*Baby Genius*: *Mozart and Friends*)的视频。这段视频中,两位动画形象的天才宝宝解释了他们是怎样变得这么聪明的。小男孩哈里森解释说:"科学事实证明,某些类型的古典音乐可以促进宝宝的大脑发育。音乐可以让宝宝更聪明。"另一个名叫萨莎的小女孩告诉观众,宝宝的大脑在 3 岁时就已经发育成熟,而在此之前他们的一切所见所闻都会影响正在发育的大脑。这对夫妇了解到,几乎从受孕开始,他们就要成为宝宝大脑的"建筑师"[1]。

玛莎怀上第二个孩子之后,哈罗德和玛莎会一起依偎在沙发上,把一个手持式的腹部扬声器放在玛莎的肚子上。他们使用的是音乐教育家和作家唐·坎贝尔（Don Campbell）编著的一套 CD 和故事书《爱的和弦、古典音乐和创意练习：增强你与未出世宝宝之间的联结》（*Love Chords, Classical Music, and Creative Exercises to Enhance the Bond with Your Unborn Child*）。他们也使用面向婴幼儿新推出的古典音乐 CD 和图书，其中包括坎贝尔的《莫扎特效应》（*The Mozart Effect for Children*）。他们有些担心大女儿布伦达，因为她错过了这一阶段。玛莎怀布伦达时，还不知道胎教的责任重大。

坎贝尔在书中自问自答："音乐能让孩子更聪明吗？当然可以，音乐可以增加孩子大脑中神经元连接的数量，从而刺激其语言能力。"他还声称："最近的一项研究发现，有些孩子的视觉追踪、眼手协调和其他积极行为与别的孩子相比发展更快，这是因为这些孩子的母亲参加了产前接触音乐的试验项目。"[2] 难怪哈罗德和玛莎夫妇认为，播放莫扎特音乐对于促进孩子大脑发育而言必不可少。

听莫扎特音乐真的能让人更聪明吗？它能让孩子拥有更高的智商吗？科学研究给出了明确的答案：不，过早地接触古典音乐并不能让孩子大脑发育更快，让孩子更加聪明。为什么有人认为音乐会让人更聪明呢？这背后有一个有趣的故事。

"莫扎特效应"[3]（Mozart Effect）一词源于 1993 年威斯康星大学奥什科什校区的弗朗西斯·劳舍尔（Francis Rauscher）教授及同事发表的一项研究。该研究显示，听了 10 分钟莫扎特奏鸣曲后，大学生在一项智力测试中表现更好。劳舍尔教授招募了 79 名学生参加实验，她让学生在听莫扎特音乐前后，进行斯坦福 – 比奈智力测验（Stanford-Binet intelligence test）中的"空间推理任务"，仅耗时几分钟。

想象一下，你在试卷上看到一张一美元纸币的图案。在第二幅图中，纸币被对折成两半，所以看起来像一个正方形。在第三幅图中，有人把底部的两个角对折，现在看起来像男性领带的末端。接着，测验要求你想象一下，当你再次折叠纸币后，它会变成什么样子，一共有五种不同的形状可以选择。这个折纸任务是对"视觉空间能力"的测试。劳舍尔教授发现，在听了8分24秒莫扎特D大调双钢琴奏鸣曲K448之后，学生在做这项测试时分数提高了9～10分，尽管效果只持续了10～15分钟。事实表明，在智力测验的一个分测验中，听完莫扎特音乐后的10分钟内，学生的分数出现短暂提高。虽然劳舍尔教授警告，不要歪曲团队的研究结果，但媒体攫取了这一结果，将其命名为"莫扎特效应"，这一"快速变聪明"的说法大行其道。劳舍尔教授重复了几次这项实验，每次听莫扎特音乐的那一组都比什么都不听的那一组有进步。

这听起来很有趣。但在1999年，这项研究结论被正式推翻了。《自然》（Nature）和《心理科学》（Psychological Science）两本顶级科学期刊刊出报告表明无法再现劳舍尔教授的研究结果。[4] 相比于什么都不听或是听菲利普·格拉斯（Philip Glass）的作品（一种枯燥重复的音乐），听莫扎特的音乐可能会影响听众情绪，但不会影响他们的智商。哈佛大学"零点计划"的实施者洛伊丝·赫特兰（Lois Hetland）教授在一篇著名的论文中对67项关于莫扎特效应的研究进行了检验，共包含4564位成人参与者。她指出，只在非常有限的一些空间能力（折纸任务）上存在短暂的莫扎特效应。她得出的结论是："音乐能短暂地提升成人时空方面的能力，但并不能就此得出结论，说让儿童接触古典音乐会提高他们的智力或学习成绩，甚至就连对长期空间能力的促进作用也并无证据证明。"

那么，这样微弱的莫扎特效应，是如何演变成"每个婴儿都要听古典音乐以激活脑细胞"这类谬见的呢？正如我们将看到的那样，莫扎特效应的夸大只是"塑造更聪明大脑"谬见的一部分，这类谬见已经充斥于我们的社会。

被谬见包围的善意父母

实际上，关于大脑发育的两个主要谬见可能正在干扰我们对孩子的培养。第一个谬见是，**父母是大脑雕塑家，负责塑造孩子的智力和能力**。家长被告知，只要一代人的时间，通过他们提供的特定课程，就能改变孩子由千万年的进化所"编程"的大脑发育。大脑仿佛更像某种黏土，而不是一个由大自然造就的神奇的器官。这一谬见让我们相信，自己要对孩子的智力发展全权负责。

吸引哈罗德和玛莎夫妇的另一个谬见是，**科学研究为我们塑造更聪明的大脑指明了方向**。由于对科学的崇拜和迷恋，我们收集到些许有关大脑功能的证据，就用它们来推断并解释人类行为的方方面面。问题是，将我们有限的研究成果进行广泛推广是不合理的。

我们先前已经听过一些关于大脑的谬见。还记得那些研究你是左脑活跃还是右脑活跃的文献吗？几十年前，科学研究开始揭示，左脑和右脑似乎各自具有某些特定功能。然而，科学家进一步研究时发现，半脑具有的某些主要功能，实际上也依赖于与另一半脑交互作用。所以，你不可能仅仅右脑活跃或左脑活跃。正确的说法是，你所做的所有事情都是左右脑合作完成的。

我们是怎么知道这些的呢？对左右脑最广泛的研究致力于探讨人类如何学习语言。婴儿出生时，他们的左右脑就已经开始功能分化。新生儿听到人声时，左脑的脑电活动比右脑更加活跃。大多数人的言语和语法能力都由左脑主控，而对隐喻和幽默的理解涉及右脑活动。舆论导向专家将这些复杂的发现总结为：左脑掌握"逻辑性"，右脑掌控"创造性"。父母是随着这一观念而兴起的产业最大的"受益者"。

作为尽责的父母，哈罗德和玛莎夫妇相信，根据最新科学研究结果，他们应该在孩子成长"关键"的前几年播放古典音乐，给孩子创造最好的生命开端。如果他们没能做到这一点，他们可能会对孩子的智力发育造成永久性伤害。

哈罗德和玛莎对这些谬见信以为真，他们用心地看了婴儿用品商店的各种产品包装，一直生活在这个满是促销炒作的加速发展的社会中。

"塑造聪明大脑"炒作的起源

当国家领导人都很重视早教⊖时，我们自然也很难放松下来。早在1996年，在白宫召开的儿童早期发展与学习会议上，希拉里·克林顿（Hillary Clinton）就把早期学习与大脑发育的紧迫性联系起来："孩子最早期的经历，他们与父母和照料者的关系，他们的所见、所闻、所嗅、所感，他们必须面对的挑战，这一切都决定了他们大脑的发育。"

政策制定者需要为增加教育经费支出寻求支持，他们将一些研究人员聚集到一起，讨论婴幼儿大脑快速发育的"关键期"所代表的有限"机会窗口"。在一次白宫早期发展和学习会议上，密歇根大学的研究员哈里·丘加尼（Harry Chugani）医学博士迫不及待地进行了发言。[5] 此前，他发表了关于使用正电子发射断层扫描（简称PET）研究大脑发育的最初研究成果。丘加尼博士表示："孩子出生后的头几年，是决定大脑日后成长的特殊时期。"他描述了一些"关键期"，即得到某些刺激对促进大脑发育至关重要的时间段。"2岁是视觉形成的关键期。如果一个婴儿患有重度白内障，到2岁左右还没有将其移除，那就为时已晚。那时，会有其他任务被重新分配给视觉皮层，这个孩子就会失明，即便后期通过手术移除白内障也于事无补。"

丘加尼博士称："通过重复使用，达到一定阈值的神经连接将变得稳固。较少使用的连接则较为脆弱。因此，在孩子婴幼儿时期，我们有独特的机会决定他们的大脑将如何发展……"他描绘了一幅极端的画面来体现我们"雕塑"大脑的能力，暗示了许多技能在其发展的"关键期"就已经固定了。

误导哈罗德和玛莎等父母的，不只有为教育支出寻求科学依据的政策制定者。婴幼儿产品的营销人员见缝插针，争先恐后地用各种广告吸引父母，告诉他们管理孩子大脑的必要性。"养育一个聪明的孩子"是《父母》（*Parents*）杂志最近一期的封面标题，这期杂志为忙碌的父母提供了"每个

⊖ 本书英文原书出版于2003年的美国，作者是在美国当时过度重视早教的社会背景下进行讨论的。读者宜对早教秉持客观态度，注意作者反对的是过度早教，而不是早教。

孩子都需要的 5 分钟智力大冲浪"。当然，媒体的动机是为了吸引我们的注意，让我们买更多的东西。大众媒体对研究成果进行描述时，往往会将孩子大脑发育头几年的紧迫感表述得更加强烈，这样我们才会买更多的报纸和杂志。比如《新闻周刊》（Newsweek）上的一篇文章[6]将婴儿大脑中的神经元比作计算机芯片，其中有些已建立了硬接线，有些还没有预装软件。对于这些"空"的神经元，文章随后写道："如果这些神经元得以使用，它们就会通过与其他神经元建立连接而融入大脑电路；**如果它们未被使用，它们就可能死亡**。（字体加粗是为了着重强调——相信家长读者在读到这句话的时候，一定会产生一阵焦虑感！）是童年的经历决定了哪些神经元将会起作用，促使大脑形成连接回路，就像程序员通过写入语句重新配置电脑的电路一样。孩子经历的事情就像按下的按键，决定了孩子长大后是天赋异禀还是笨头笨脑……"

这种说法给父母带来巨大的压力。很自然地，父母发现自己现在要成为孩子大脑发育关键程序的设计者，这让他们不知所措。他们怎么知道该为这个复杂而脆弱的系统做些什么？于是，育儿市场便站出来为他们提供答案。几乎所有的产品（从玩具游戏到健身课程、器材，从各类故事到婴儿食品），似乎都是专门针对宝宝的大脑发育而设计的。

值得庆幸的是，如果你对这些证据进行仔细研究，就会发现父母事实上不必如此辛苦。数百万年的人类进化造就了喜欢自主学习的孩子——大自然就是这样使我们得以生存。人类从智慧树上偷食了智慧果，从生命开始之初就不断寻找这美味的果实，完全没必要进行灌输式教育（force-feeding）。除非你生活在与世隔绝或极其贫穷的环境中，其他情况下，家庭和孩子所处的日常环境自然会促进大脑发育。父母疼爱孩子，和孩子一起玩耍，并在孩子探索环境的过程中提供指导和建议，在这种环境下长大的孩子将身心健康、适应性强。

请和我们一起探索这些研究成果。你将会明白为什么你可以放松一些，和宝宝一起玩耍，并把建构大脑的工作留给大自然母亲。你会明白，不必把辛苦赚来的血汗钱用来"教育"孩子。

你真正需要了解的大脑基本知识

抵御炒作的最佳方式就是用关于大脑及其功能的知识来武装自己。不妨以一种比喻的方式来开始这趟学习旅程。想象我们在大脑周围飞行,就像乘坐飞船绕着地球飞行一样。这可以帮助我们观察与我们的思维方式相关的脑部结构。我们的兴趣点主要集中在大脑皮层上,它就像覆盖在地球表面的大洲,占大脑体积的80%。大多数关于早期学习的研究都集中在这片皮层,它实质上是脑灰质。它就像一片大陆,分为四个"国家":额叶,参与自主运动和思考;枕叶,掌管视觉功能;颞叶,负责听觉功能;顶叶,参与处理躯体感觉(如触觉)方面信息(见图2-1)。

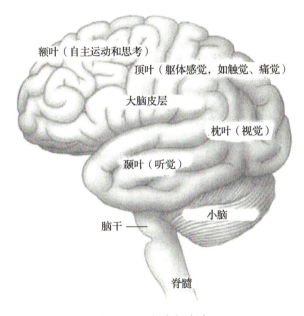

图 2-1　大脑和脑叶

正如地球分为东半球和西半球,大脑皮层也分为左脑和右脑。偏侧化一词描述了左右半脑各自的功能特异性。例如，对大多数人而言，言语和语法功能往往集中在左脑。

飞入大脑进行近距离观察，我们顺利降落在一个神经元上。这个神经元是 800 亿个神经细胞中的一个，作为组成神经系统的零件，负责传送各种信息。1000 亿个神经胶质细胞为神经元提供养分并调节它们的活动。神经元有点像流经大陆的河流，河流将人和货物从一个地区运送到另一个地区，而大脑中的神经元传输的是信息。每个神经元都源于小小的细胞核，外围包裹着细胞体。细胞体向外伸展出两种不同形态的分支（见图 2-2）。这时，我们的起落架似乎被一些叫树突的分支缠住了，它们的功能是接收传入的信息。它们似乎想确保清楚知晓我们携带的所有东西，然后才让我们通过长长的轴突（另一种分支），穿过突触间隙出去，到达下一个神经元的树突丛。这一过程就好比过安检。

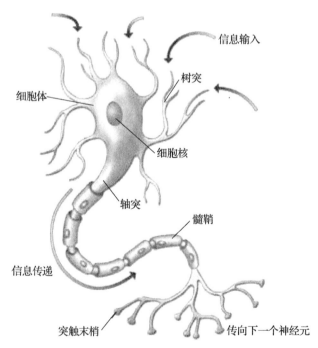

图 2-2　一个神经元中的信息传递

假设我们携带的"行李"是一首童谣:"摇啊摇,摇到外婆桥……"我们通过了安检,以闪电般的速度向轴突飞去。由脂肪细胞组成的髓鞘包裹着轴突,就像河道一样,让我们保持着航向,直到我们从突触末梢跳出。我们顺利通过了搬运区,这一区域被称为突触。各种神经递质带着我们越过那个区域,进入下一段茂密的树突,重复这个过程,直到我们穿过整个区域。像早期的探险家一样,我们现在已经在大脑中为这首童谣建立了最初的航道。下一次,我们再带着同样的童谣在大脑的通路中穿行时,就能更好地驾驶自己的飞船,因为我们已经标记过这段路线了,大脑记得"摇啊摇,摇到外婆桥……"我们成功了!但这是怎么发生的呢?我们继续旅程,了解关于大脑功能的知识。

大脑未必越大越好

卡拉·沙茨(Carla Shatz)是加州大学伯克利分校的神经生物学教授,她将大脑神经系统比作一套复杂的通信系统。[7]

> ……脑细胞通过化学信号和电信号的组合与其他脑细胞进行交流。也就是说,当你建立通信时,可能只有1台电话响起,也可能会有1万台电话响起。大脑必须构建出一套可容纳100万亿个连接的网络系统,更重要的是,这些连接必须非常精确,以保证当你打电话回家时,可以直接接通到家,而不是打错号码。为了说明其复杂性,我们以眼睛为例,每只眼睛大约发出100万个信号连接,其中每个连接可能到达的目的地大约有200万个。然而,只有不到100个连接从大量的地址中被挑选出来,这个过程叫作"突触发生"(synaptogenesis)。

那么,突触发生是怎么回事呢?媒体宣传人员试图让我们相信,既然突触在婴儿期发展得如此迅猛，我们就要尽可能保留更多的突触。突触越多越好，大脑越大越好。是这样吗？那为什么大自然要通过消除一些珍贵的突触连接来精简大脑呢？因为用 500 个连接来决定是左转还是右转并不会更高效。大脑需要精简，以快速精准地做出反应。

连接的形成速度飞快，以至于儿童 3 岁时大脑拥有的突触数量是成人突触数量的两倍。数万亿个突触在孩子的大脑中争夺空间，而幼儿的大脑比成年人要小得多。一个 3 岁幼儿的大脑很可能比她的儿科医生的大脑活跃一倍以上。[8] 如果孩子大脑中的突触比成年人要多，那么这多出来的数万亿连接后来怎样了呢？答案是，这些突触会随着年龄的增长而脱落，就像蛇为了适应更大的身体而蜕皮一样。大脑精简的原因和其他"组织"一样：网络系统更加精简，运行才更加高效。这种精简是自然的进步，对于人类是大有裨益的。事实上，一种名为"脆性 X 染色体综合征"的基因异常现象会导致智力迟钝、学习障碍和注意力不集中等一系列问题，这都与缺乏修剪有关。

据估计，婴儿时期存在的皮质突触，约有 40% 会在成年后消除。[9] 这种精简是大脑和身体正常、健康成长所必需的。研究者对突触消除的程度进行了仔细研究，以确定突触减少的"正常"水平。

大脑如何"决定"哪些连接要去除，哪些要保留呢？从婴儿期开始，每次突触受到激活，就会变得更坚固，更具复原力。那些常受到激活的突触往往能够存活下来，而那些不常受到激活的突触则会渐渐被去除。这样一来，婴幼儿时期的经历确实会对孩子的脑回路产生永久性影响。[10] 然而，科学家报告说，在整个发育过程中，大脑不断产生新的突触，增强现有的突触，消除那些不常用的突触。事实上，如果说所有关于大脑的研究取得了什么共识，那就是：人的一生当中，大脑一直在成长和变化。

彼得·胡滕洛赫尔（Peter Huttenlocher）教授是芝加哥大学的儿童神经科学家，他是最早发现这种突触发生模式的研究者之一。他指出，人类大脑皮层的特点是突触首先快速增殖，随后是突触修剪阶段，最终突触的总体数量降至成人水平。胡滕洛赫尔教授艰苦地对细胞数量进行了统计，从而获得这一发现。他发现，具有不同功能的大脑区域似乎发育速度也不一样。[11] 对于焦虑的家长而言，一项特别有意义的发现是，即使没有外界环境刺激，大脑许多区域也会生长出突触。例如，幼鼠睁眼之前，突触就已经按照自身的生物钟开始生长了。

此外，额外的刺激并不总是有益的。一个"过犹不及"的例子来自新生儿护理房。基于越来越流行的文化假设，即刺激越多越好、越早接触刺激越好，新生儿护理房曾经到处都是明亮的灯光，播放着舒缓但刺激婴儿的声音。然而，科学家后来发现，新生儿护理房的音乐和灯光实际上导致了注意力缺陷和多动症的问题。[12] 所以，现在这些护理房的灯光昏暗，声响柔和，借此模仿黑暗封闭的子宫，这是孩子需要的自然环境。

"丰富的环境"和大脑发育

如果说在婴儿时期，突触的生长和修剪本来就能很好地进行，那么，对于塑造大脑这一理论的强调来自何处呢？营销人员是借助什么理论依据，向我们推销这些教育产品来"丰富"宝宝生活的呢？对动物（主要是老鼠）大脑进行的研究表明，丰富的环境能使大脑发育得更大、更好。然而，正如我们将看到的，人们将这项研究成果曲解为：丰富的环境对于人类大脑的发育至关重要。

让老鼠更聪明的方法适用于儿童吗

要理解"丰富的环境"这一概念，最佳方法是看看加拿大麦吉尔大学已故教授唐纳德·赫布（Donald Hebb）的研究。[13] 约50年前，赫布教授把几只老鼠带回家给孩子当宠物。他们家崇尚自由精神，所以老鼠可以满屋子跑。赫布教授曾几度把它们带回实验室，他发现，这些家养鼠与实验鼠相比，走迷宫的速度更快，而且在学习过程中犯的错误更少。那些被当作宠物养大的老鼠被认为成长于"丰富的环境"。

20世纪60年代，加州大学伯克利分校的心理学教授马克·罗森茨魏希（Mark R. Rosenzweig）发现，养在丰富环境下的老鼠与单独养在笼子里的老鼠相比，大脑更大且某些脑区的皮质更厚。[14] 20世纪70年代，伊利诺伊大学厄巴纳-香槟分校心理系教授威廉·格里诺（William Greenough）继续研究老鼠所处环境的不同方面如何影响其行为及大脑发育。他设置了三种不同的条件：一些老鼠单独关在狭小笼子里，一些老鼠与同伴一起生活在大笼子里，另一些老鼠与同伴一起生活在配有玩具、滑梯和跑道的"迪士尼乐园"里。如你所料，那些"迪士尼乐园鼠"大脑中的突触更多（突触与神经元的比率比独居的老鼠高20%～25%），因此他们能更快学会走迷宫。[15]

罗森茨魏希的研究是激发人们对培育儿童超级大脑的狂热的核心依据。据此，人们假定既然在丰富环境下的老鼠比在资源匮乏环境下的老鼠表现更佳，那么在丰富环境下成长的人也一定比在一般环境下成长的人更出众。然而，这种类比有两个漏洞。第一，独居的老鼠形单影只，生活环境狭小且无趣，这与孩子的生活环境大相径庭（除了生活条件最糟糕的孩子）。也就是说，家长并不会把孩子锁在衣柜里，孩子生活在满是他人、玩具和建筑的自然环境中。第二，老鼠从资源匮乏环境到丰富环境的跨度与人类从一般环境到丰富环境的跨度并不一致。事实上，比之丰富环境，婴儿更可能受益于自然环境。罗森茨魏希教授的另一研究媒体报道得不多，但结论更有价值：所有老鼠当中，自然环境中的老鼠拥有"最强大脑"。它们接受周围世界的各种图像、声音以及气味刺激；它们会碰到白蚁、蜘蛛和猫；它们过着群居生活，自己选择领导和配偶，清理虱子和跳蚤，还时不时嬉戏打闹。换言之，自然环境是世界上最有利于它们大脑发育的环境——甚至比研究人员在鼠笼中创造出的"迪士尼乐园"还要好。

格里诺教授和同事指出，很多大脑发育实际上是独立于经验的。[16] 如前所述，研究表明，老鼠视觉皮层突触的快速形成始于老鼠出生两天后，其后一直处于快速增长状态，直到老鼠3周大左右为止。[17] 这种突触的快速形成先于老鼠受到环境带来的感官刺激。为什么视觉突触在新生的老鼠睁眼之前就快速增长了呢？

这个问题的答案指向了早教争论的核心。生命早期发生的大脑关键性成长是一种早已由大自然安排妥当的发展。我们的视力、语言能力和运动能力都是大自然母亲赋予我们的机能。格里诺教授将这些功能称为"经验预期"（experience-expectant）技能。大脑在经历了数百万年的进化后，能够预期看见事物、听见语言以及移动肢体，因此自然而然地开始发展，当婴儿在环境中有了这些体验时，发展便会步入正轨。大脑会自主发展，除非这些经历被严重剥夺。这种发展并不依赖于为幼鼠或是幼儿安排每一种经历的"建筑师"父母。

当然，并不是孩子要学习的所有事情都属于"经验预期"技能。人脑无法预期自己会阅读、下棋或是玩电脑游戏。这些文化技能需由大脑学习所得，其过程贯穿人的一生。这些技能被称为"经验依赖"（experience-dependent）技能。[18] 缺少这些技能的人类可以生存下去，然而如果没有发展"经验预期"技能，他们将无法生存。不同于"经验预期"技能，"经验依赖"技能完全不依赖于早期学习，而是取决于独特的文化经验。"经验依赖"学习伴随人的一生，促进大脑持续发展，并且优化每个个体独一无二的大脑结构。

普通的日常经历，即顺其自然的发展，是"经验预期"大脑发育所需的全部要素。当然，作为家长和教育者，你并不一定关注培养孩子的"经验预期"行为，例如视觉能力和行走能力，但是你肯定对阅读和下棋这类"经验依赖"行为感到好奇。幸运的是，大多数"经验依赖"行为的发展都有很长一段机会窗口期。也就是说，孩子们并非一定要在人生的头三年或头五年里学习这些技能。即便某些技能确定存在学习的最佳机会窗口，这段时间也处于幼年期以后。胡滕洛赫尔教授写道："第二语言的学习与音乐训练如果开始得早，可能效果更佳。可塑性强的阶段包括上学早期阶段（5～10岁）。"由此可见，我们无须急着给还在婴儿床上的宝宝灌输音乐及语言训练。

另一个反对早教的有力论据来自神经拥挤（crowding）产生的潜在问题。[19] 何为拥挤？当大量信息竞争大脑中的突触连接时，拥挤就产生了。想象一下，你正在一家电影院排队买票，一共有两列队伍。现在，管理员突然出现，关闭了一个窗口，于是你的队伍变得更加拥挤，买票耗费的时间变得更长。同理，神经拥挤也是如此。正如胡滕洛赫尔教授所说的那样："我们必须考虑到，野心勃勃、强加式的早教计划可能会引发神经拥挤，从而导致儿童大脑未分区部分变小或数量减少，而这些脑区可能对青少年期和成年期的创造力起着必要的作用。"过多的早教可能会是后期智力发展的拦路虎而非助推器。[20] 胡滕洛赫尔教授也承认："阿尔伯特·爱因斯坦早年资质平平，这或许不是偶然"，这让他的大脑避免了早期神经拥挤的损伤。

现在，希望我们已经说服你了，让孩子在生命一开始就置身于丰富环境、玩益智玩具不能帮助孩子建立大量突触连接，从而发展出更强的大脑。当然，你肯定听说过，孩子人生中的头几年对大脑发育至关重要。即使你的孩子无法拥有更多的突触连接和更强的大脑，你仍然不想错过头三年的最佳发展窗口，对吗？"关键期"这一假说或许是市场最常拿来"招摇撞骗"的论据。耶鲁大学心理学教授爱德华·齐格勒（Edward Zigler）及同事指出："……媒体对学习关键期或敏感期的宣传影响颇大，由此家长开始担心，觉得需要给襁褓中的婴幼儿安排音乐指导、数学游戏或是外语课程。"[21]

头三年和关键期理论㊀

"关键期"这一概念来源于生物学,指一段有着明确起止时间的窗口期,在此期间,某些重要的发展得以发生。为了阐述这个概念,我们来看一个不幸的案例。该案例涉及一种名叫"沙利度胺"(thalidomide)的镇静剂。20世纪60年代早期,很多孕妇使用这种药来治疗晨吐。如果孕妇在怀孕后的第26天服用该药物,胎儿的手臂发育会受到影响,孩子出生时手臂会短一大截。如果孕妇在第28天时服用该药物,胎儿的手臂可能会稍长一些,但通常只有上臂到肘部。没有办法帮助孩子弥补那段时期受到的损伤——那段时期便是关键期。对于人类而言,只有在关键期受到极端伤害(例如在胚胎成形期受药物影响)才会对孩子产生无法修复的影响。

毋庸置疑,生物发育过程中确实存在关键期。然而,也有人认为,关键期对心理发展也有影响。我们看一下吉妮(Genie)的案例:1970年11月17日《洛杉矶时报》(Los Angeles Times)的头条新闻题为"13岁女童自幼被囚禁"。这则新闻骇人听闻:一个13岁的孩子自20个月大的时候起就被关在一间狭小的卧室里。她被绑在一张便盆椅上,只有家长喂食的时候,卧室门才会打开。直到她几近失明的母亲无意间走进一家社会服务机构的时候,她才得以重见天日,这时她瘦弱矮小且营养不良。即使经过大量训练,四年后,吉妮的语言能力还是非常有限。她虽然积累了5岁孩童的词汇量,却无法真正有效运用语法。吉妮的案例代表了一种极端的资源匮乏。这一案例似乎证明了,如果孩子在语言发展的关键期错过了学习语言的机会,那么他们将永远无法追赶上来,无法充分习得语言技能。(当然,并不是所有阐释关键期概念的案例都涉及如此严重的能力缺失。)

罗切斯特大学的埃莉萨·纽波特(Elissa Newport)教授研究了美国手语使用者的语言能力。[22] 其中部分使用者在婴儿期就从父母那儿习得手语,其他使用者则到12岁才在学校接触到手语。纽波特教授发现,那些过了幼年

㊀ 对于"头三年"和"关键期",读者宜留意作者反对的是过度重视而非重视。

期才接触手语的人语言能力总是不如那些从早年就开始学习的人——即使前者使用手语的时间已经达到 30 年。

另一项有趣的有关第二语言学习的研究[23]支持了纽波特教授的研究。该研究由斯坦福大学的白田健二（Kenji Hakuta）教授、约克大学的埃伦·比亚利斯托克（Ellen Bialystok）和爱德华·威利（Edward Wiley）教授共同进行。他们对 230 万西班牙裔和华裔移民进行问卷调查，询问他们移民年龄是否对英语掌握有影响。结果发现，在各个年龄层，先来到美国的移民都比后来者语言能力更强。结果也表明，"关键"年龄并不存在，并不是说过了所谓的"关键"年龄后就无法学习新语言了。说得更积极一点，如果你今天要搬到罗马尼亚，即使你之前从来没有接触过罗马尼亚语，你仍能够学会这门新语言。

综上所述，我们可以从这些研究中得出三个主要结论。首先，学习语言这类特定的行为，似乎存在接受性更强和更弱的时期。这类行为几乎都是"经验预期"行为，缺少了这些行为，个体就无法生存。因此，语言学习和视觉学习都是存在"关键期"的行为。

其次，尽管 3 岁的孩子可能比 30 岁的大人表现更出色，但是学习这些技能的"关键期"似乎并不会在某个时间点戛然而止。也就是说，语言学习的窗口不会在人生头三年过后就突然关闭。这个窗口似乎至少能持续到青春期，在某些情况下甚至能持续一生。内布拉斯加大学的罗斯·汤普森（Ross Thompson）教授和明尼苏达大学的查尔斯·纳尔逊（Charles Nelson）教授这样写道："早期刺激的机会窗口在基础感官能力和运动能力的发展方面表现得较为显著，而在心智和人格的发展上不明显。绝大多数窗口在个体发展过程中关闭得很慢。"[24]

最后，"关键期"似乎根本不存在于"经验依赖"行为，例如下棋和体操训练。我们没有理由因为学习由进化启动的行为存在接受性更强的时期而下定论，认为孩子的一切学习行为都存在"关键期"。事实上，没有什么比这种观点更离谱的了。我们急着早教，常常试图教给孩子一些毫无意义的知识，这些知识更适合他们长大后学习。

欧文·西格尔（Irving Sigel）博士是美国教育考试服务中心（Educational Testing Service）的一名高级研究员。他写道："……在儿童童年早期教授概念和技能是一件非常耗时的事情，即使孩子只是死记硬背也很艰难。如果学习经历没有理解相伴，那么学习难度会增加。"[25] 换言之，记住作曲家的模样和名字（确实有这种类型的识字卡）对于婴幼儿来说毫无用处，因为他们无法把这些知识与自己世界中有意义的事物联系起来。如果识字卡的内容超出了孩子的日常经历，即使它们带有彩色名字或彩色数字，也无法提高孩子的语言能力。此外，也没有证据表明这些早期学习经历能够促进大脑发育。

那么，头三年真的是学习的黄金时期吗？这段时间是否代表了大脑快速发育的关键期？是否应该抓紧这段时间让孩子成为未来的天才？实则不然。只要孩子在正常的日常环境中成长，周围充满各种物体、建筑，有爱他们的人和他们说话，他们的大脑便会自主发育。家长不是孩子大脑的雕塑家，也没有义务决定为孩子提供哪种经历，在关键期刺激他们的突触连接。

放轻松！即使像语言技能这样的基础能力，也在很长的时间内都可以习得，没有及早学习外语不会让你的孩子在国际市场上失去任何优势。不论你在孩子2岁还是5岁时雇用说西班牙语的保姆，他都能学会说西班牙语。事实上，即使他在8岁或9岁时才第一次接触这门语言，以后也不会落后太多。[26]

孩子在头三年里必须尽量多学的论断完全是错误的。事实上，美国密苏里州詹姆斯·麦克唐奈基金会（James McDonnell Foundation）主席约翰·布鲁尔（John Bruer）博士把该论断称作"头三年的谎言"（The Myth of the First Three Years）。在他的同名经典著作里，他呼吁我们无须为了孩子的大脑发育而创造过于丰富的环境。

他继而表示，关键期不能用来证明"为更强的大脑构建更好的环境"的观点是合理的。我们不是孩子大脑的"建筑师"，所以我们大可不必为孩子的知识输入选择而头疼。幸运的是，人类上百万年的进化已形成大脑发育的普遍模式，我们不太可能在一代人身上改变这种发展轨迹。

学以致用

现在你已经了解了一些科学知识，知道孩子大脑是如何发育的，接下来有几个做法可供参考。第一个是一条注意事项，其余的则是教你如何以不同的方式看待世界，并以一种更加自然的方式刺激孩子的大脑发育。

谨防消费陷阱！ 五花八门的育儿类产品上常常出现"促进宝宝大脑发育"这类字眼，千万不要被这些宣传迷惑了！商人都懂得用"大脑发育"来吸引宝爸宝妈的眼球。然而，没有证据表明某种特定的教育计划、方法或技术确实可以有效促进大脑发育。

举个例子，听莫扎特音乐对孩子没有坏处。也就是说，如果你喜欢莫扎特的音乐，那么让孩子听莫扎特的曲子未尝不可。但是，你也可以哼摇篮曲，播放流行音乐或任何一种你喜欢的音乐。音乐是美妙的，这一点毋庸置疑。然而，研究证据表明，无论听哪种音乐都不会让孩子成为数学天才或是小小建筑师，甚至不会提高他的一般智力。

考虑包装盒以外的东西。 育儿产品种类繁多，令人眼花缭乱，有些益智产品在包装盒上自封为"最先进"的产品。与其买这些产品，还不如陪孩子玩耍，这样孩子学到的更多。那么，该如何合理利用游戏时间呢？从孩子身上找线索吧。只要花时间观察孩子对什么感兴趣，你就会以一种全新的视角看待周围的环境，把它们看作不断激发孩子智力的自然机会。你可以利用这些机会并在此基础上创造更多机会，从而让环境变得更加丰富。

从《芝麻街》转向《巴尼和朋友们》以及《天线宝宝》。 我们喜欢看

《芝麻街》，但孩子喜欢看《巴尼和朋友们》以及《天线宝宝》，这类节目虽然剧情缓慢且内容重复，但孩子能从中学到东西。举个例子，著名儿童电视节目《妙妙狗》的出品人为了让节目最大程度地吸引观众，特意研究了孩子的喜好。他们发现孩子喜欢重复，尽管这对于我们来说是一种煎熬（多少父母曾看到一半睡着了？），孩子们却乐此不疲，他们喜欢日复一日地听重复的故事——他们每次都能获得新知识，并乐于找到可预见的模式。此外，最近的研究指出，定量观看（每天 1 小时）教育类节目实际上对于孩子有益。这些好处会在孩子上学后体现在他们的阅读和数学技能上。

你的任务是：陪孩子一起看教育类节目，并观察他们最喜欢哪个部分。研究表明，孩子在家长陪同下观看电视能获得更多知识。你的孩子对节目中的什么内容兴奋不已？借此培养孩子的兴趣。或许，还能从图书馆中借阅一些相关主题的书，和孩子一起阅读。这些兴趣点也可以成为你和孩子之间的对话素材。

告别死记硬背，转向环境学习。如果我们真的想提高婴幼儿的学习能力，促进其大脑发育，我们需要帮助他们在环境中学习，而不是通过识字卡学习。死记硬背并没有神奇功效，却常常被误以为是真正的学习。我所认识的一个幼儿"天才"就是一个很好的例子。这个孩子的母亲称他是超级天才——3 岁生日刚过便能认识很多单词。母亲让他拜访附近的一位心理学家——也就是我（凯西·赫什 - 帕塞克），露一手他的学习天赋。他一来便给我看他的拼字书，接着，母亲让他把书中每个单词都读了一遍（书、鞋子、杯子……单词表很长）。展示完毕后，我鼓掌同时邀请孩子来到电视机前，电视机上有"颜色、音量、频道"等词。我礼貌地邀请他读出这些单词。毕竟，一个真正掌握阅读能力的孩子能够拼读出所有新单词，即使是"thurld"这个没有意义的自造词，因为他知道每个字母的读音，以及如何组合它们。然而，这个孩子惊慌失措地看着电视机上的这些单词，然后飞快地逃走了。展示到此结束。他确实学会了记忆单词，或许是通过形状记住的

（比如"ball"这个单词有两个高高的字母）。然而，他并没有真正学会阅读。

我们并不需要急着在孩子上学之前就让他们学会阅读。不过，如果他们询问我们燕麦盒或路标上写了什么，我们可以告诉他们，为他们拼读。这时，我们实际上是在进行教学，侧面告诉孩子阅读是一件有趣且有用的事情。这就是我们所指的环境学习。另一种"阅读"仅仅是死记硬背，除了能用来展示之外没有其他益处。因此，市场上的某些小玩意儿提供的仅仅是华而不实的表演机会，却无法让孩子真正学到知识。在环境中学习总是更有效，且效果更加持久。

计划一次"郊游"——去自家的后花园。去异国或昂贵的主题公园很棒，但我们并不一定要去那里才能促进孩子大脑发育。在自家的后花园，我们就能获得大量刺激。我们可以看到很多有意思的景象，看到风吹过草叶，看到蚂蚁筑巢，看到那些生活在泥土里的生命忙忙碌碌。《亲爱的，我把孩子缩小了》(*Honey, I Shrunk the Kids*)这部电影生动地描述了我们从未注意过的自然现象。对于孩子来说，花园是一个多姿多彩的世界，他们能从中学到很多科学知识、物理知识以及有关自然和颜色的知识。

在后花园，你可以激发孩子的创造力。不妨让四五岁的孩子想象一下，要是他们只有蚂蚁那么大，世界会是什么样的呢？什么看起来会有所不同？会听到什么声音？可能会害怕什么？孩子通常喜欢想象别人的恐惧，由此他们知道别人也会害怕，自己并不孤单。

顺着这个思路，还可以问问他们能否听到后花园里的"音乐"。树枝和石头可以做乐器吗？听到树叶的沙沙声和雨滴的韵律了吗？拿出一条毯子铺在草地上，合眼躺下。你听到了什么？你是否听到树叶在风中摩挲，蜜蜂嗡嗡地叫，汽车轰轰地响，雷电敲起了"定音鼓"，山雀叽叽喳喳，知更鸟高声啼啭？即使只有2岁大的孩童也对这些游戏乐此不疲。

花园里的小动物和昆虫都住在哪儿？去寻找每种生物的家吧。玛丽·安妮·霍伯曼（Mary Anne Hoberman）在其绘本故事《我的房子》[27]（*A House*

Is a House for Me）中，请读者想象一下蜜蜂和小鸟的家。这些动物是如何造窝筑巢的？问问四五岁的孩子是否也能够打造自己的小屋？能不能和我们分享他们的所见所闻，让我们把这些故事写下来？孩子喜欢我们把他们讲的故事输入计算机中。"我们来一起编故事吧？说说蚂蚁欧文是如何在林地里找到朋友莉比的。"后花园的每一小块土地都乐趣无穷，不论那块土地有多小。如果你在后花园里都能发现那么多有趣的事物，想想看，在动物园或是儿童博物馆里，你将遇到多么富有启迪意义的事物。

少去商场，多玩网球。商场对于我们成人而言是一个很有趣的地方，但是对于孩子来说，它是一个熙熙攘攘的混乱之地。想象一下，如果你置身于这样一个世界——那里所有人都比你高，身边充斥着各种声音和颜色，大人们更关心他们的朋友却忽略了你，这时你会有怎样的感受？当然，没有必要将商场完全划出行程表，只不过我们总是想不到巧用身边的日常用品。此外，在开车前往商场的路上，你会在车上做什么？你可以在车上播放儿童音乐，这是一路高歌的大好时机。孩子大一点后，你可以陪他玩"间谍"游戏。"我看到了……一只狗！""我看到了……一位警察！"糟糕，妈妈你最好开慢一点哦！

在家里客厅的地毯上来回滚动球这样很简单的游戏，对于幼儿来说也极具吸引力。用什么方法滚动可以让球停在另一个人身旁？要用怎样的力度？按怎样的角度？球沿轨迹前进会不会撞到其他物体？这是最好的"经验预期"学习，免费提供物理和数学概念的教学，其成本只需一个球。

当你准备在商场花上百元买一个益智玩具的时候，不妨先想想家里已有的能够启迪孩子智力的玩意儿。锅碗瓢盆和塑料容器是厨房里现成的乐器，用木勺敲击可以帮孩子发现声响的奥秘（我们可没说奏出的曲子会让人舒心）。他们身旁的洗衣篮以及包装电器的大箱子非常适合爬进爬出。孩子对这种活动乐此不疲。把一条毯子铺在一些椅子上就能搭建毯子城堡。如果你注入想象力，让孩子把它想象成奶奶家，他们便能玩上好几个小时。在毯子城堡里放入一个枕头、一些毛绒玩具和书本就能将其改造成朋友家或是幼儿园的房间。为什么宝宝总是喜欢把抽屉里的东西翻出来？他们想看看里面装了什么。不妨空出一个低层抽屉，装进让孩子惊喜的有趣物品（毛绒玩具、书本、玩具汽车以及家庭成员照片等），并定期更换这些物品，让他们尽情享受发掘宝藏的乐趣。永远不要低估普通物品在孩子眼中的吸引力。对于他们来说，这些物品一点也不普通。这些免费的有趣经历帮助家长摆脱追求教育意义的束缚，还能帮助孩子塑造更强的大脑。

Einstein Never Used Flash Cards

第 3 章

与数字玩耍

孩子怎样学习数量概念

埃米是 2 岁大的杰丝的母亲。她摊开报纸,看到上面的新闻标题"婴儿会做加减法运算",感到无比震惊。杰丝可以从 1 数到 10,埃米认为这已经很了不起了。但如果 5 个月大的婴儿都能做加减法,那杰丝一定落后了!

就在那天,埃米跑到商场买了带圆点图案的学习卡,帮助杰丝学习加减法。埃米感到压力重如千斤。要是杰丝上了幼儿园,是班里唯一一个不会算数的孩子怎么办?

埃米读到的新闻标题有一定的道理。它由一项经典的研究演变而来,但是对于这项研究的解读逐渐失控,成为媒体炒作和婴儿用品营销人员做文章的依据。你肯定已经见过市场上销售的那些号称可以培养幼儿数学能力的玩具。事实上,很多家长被指导着相信,幼儿有能力也应该学习算术。然而,在本章中,你将会发现,真正的数学与仅仅理解数量差异或记住从 1 到 10 的数字截然不同。

事实上,尽管孩子似乎天生对基本数学概念感兴趣,但他们的理解能力是按照既定的过程和顺序发展的。试图"跳过"这一切不仅浪费时间，还会让孩子产生挫败感。孩子在学习加减法之前，必须先学习计数的基本原理，并理解数轴的概念。他们需要在玩耍和研究生活中的物体的过程中慢慢领悟，这是学习这些概念的最好方法。

两项研究的不同结果

耶鲁大学心理学教授卡伦·维恩（Karen Wynn）在20世纪90年代进行的研究[1]导致人们产生了一种误解：婴儿能够进行加减法运算。她的研究本来旨在探索婴儿对所谓的加减法基础了解多少。

在实验中，维恩教授首先向5个月大的婴儿展示了一个坐在迷你舞台上的米老鼠娃娃。当婴儿对娃娃的兴趣开始减弱时，一名学生会从舞台底部升起一个屏幕，将娃娃完全遮住。接着，婴儿会看到一只伸出的手臂将第二个米老鼠放在屏幕后面，所以从逻辑上讲，现在屏幕后应该有两个娃娃。维恩教授探讨的问题是，婴儿是否会意识到这一点，也就是他们是否知道"1+1=2"。

当屏幕降下时，只露出一个娃娃，这就是所谓的"不可能条件"。而台上出现两个娃娃的情况，被称为"预期条件"。研究人员发现，婴儿在"不可能条件"下注视米老鼠时间较长，面露惊讶的神情。因此，研究人员推断，婴儿懂得"加法"。

至于婴儿能否做"减法"，研究人员将原先实验反过来进行，先放两个娃娃，然后拿走一个。同样，婴儿在"不可能条件"下也出现了惊讶的反应。这说明他们对减法也有基本的理解。

你现在大概就能理解，为什么研究人员和新闻标题对"婴儿会加减法"紧抓不放了。受测婴儿显然对数有所了解，至少对他们所看到"物体"的数量有所了解。他们甚至明白如何改变数量。然而，在对这一发现激动万分之前，我们也应想到，用茄子（猴子觉得这比米老鼠玩偶有趣得多）向恒河猴展示类似的"不可能条件"时，它们也具备同样的能力。[2]进一步讲，我们必须保持怀疑的态度：这真的是我们理解的加减法吗？事实证明，这个问题的答案更为复杂。

再来看芝加哥大学心理学系珍妮伦·胡滕洛赫尔（Janellen Huttenlocher）教授进行的实验。[3]她和她的同事研究2～4岁的幼儿，了解他们对"加减法"的了解程度。当然，研究人员并没有用带有公式的记忆卡。他们使用的是孩子能够真正抓住的东西——可以拿起并操作的实物。一位研究者观察2岁半的阿曼达能否计算"3+1"。阿曼达和研究人员面对面坐着，研究人员向她展示了三块红色积木。阿曼达专心致志地看着研究人员用一个大盒子把积木盖起来。研究人员要求阿曼达从另一堆积木中拿出和盒子里一样多的积木。阿曼达欣然同意了研究人员的要求，她在自己这边的桌子上摆了三块积木。原先的积木还藏在盒子下面，研究人员现在又在盒子下面加了一块积木，同时问阿曼达："你能让你那堆积木和我这堆一样多吗？"阿曼达要做的就是再拿起一块积木，放在自己那堆积木里，凑成四块积木。她成功了吗？这次没有。她又拿了两块积木而不是一块。2岁半的她还不能对这类问题做出正确的回应。一年后，她已经能够进行一些小数字的加减法运算了，比如"1+1=2"或"3−1=2"。快4岁时，她才能正确地完成"2+2=4"这样更大数字的运算。

你是不是有点困惑？为什么5个月大的婴儿在维恩教授实验室里"通过"了米老鼠测试，而2岁半的孩子却在胡滕洛赫尔教授的实验里类似的任务中失败了呢？答案是，婴儿只有基本的算数技能——对数量的敏感性，并不具备我们在谈论加减法时想到的那种数学意识。那名5个月大的婴儿的反应令人印象深刻，但一些科学家认为，他真正在做的是辨认数量多少（哪个更多，哪个更少），他并不理解具体数量（某物有2个或4个）。后者所需的能力必须慢慢发展而来。

数字敏感性并不等同于数学

有"教育总统"之称的美国前总统小布什规定，美国所有的孩子上小学之前都要"为学习做好准备"。这究竟意味着什么？许多人认为，这意味着上早教班和学前班的孩子必须开发算术技能。孩子到底应该知道什么？目前的主流观点认为，三四岁的孩子应该能数到10并可以读出数字。虽然这些都是重要的技能，但只代表了数学的冰山一角，并不代表孩子循序渐进的计算能力。会计数的孩子就了解数学吗？

100多年前的一则关于"数字天才"聪明汉斯[4]（Clever Hans）的故事有助于解释这个问题。汉斯是一匹马，其主人声称它能进行加减乘除运算。给它出一道数学题，比如"汉斯，2加2等于几"，这匹马会用前蹄敲出正确答案。直到心理学家奥斯卡·普冯斯特（Oskar Pfungst）蒙住了汉斯的眼睛，真相方才大白：汉斯看不见主人时就不能给出正确答案。普冯斯特断定，汉斯并不会进行运算，它只是能看到主人发出的非语言信号。主人问问题时身体会向前倾；在马蹄踩地时，主人的身体会逐渐挺直；当汉斯得出正确的数字时，主人会站得笔直，仿佛在说："这就对了！"汉斯真正令人称奇之处在于阅读无意识非言语线索的能力，可主人并没有领会到这一点。主人自杀了，因为他担心自己在公众面前制造了一个骗局。聪明汉斯在社交领域相当聪明，但它对数学一无所知。

聪明汉斯的故事对我们理解孩子的能力有什么启发呢？这个故事告诉我们，不管孩子是否能得出正确答案，孩子可能不会用像我们一样的方式去解决问题。面对我们提出的问题，他们在寻找解决方法时，甚至比聪明汉斯更厉害。例如，他们往往很擅长记忆一串事物——汽车名称、身体部位、字母表的字母，还有数字。因此，能背出一串数字，并不一定意味着孩子懂得数学知识。其实，即使孩子知道盒子下面有3样东西，也不能说明孩子了解3比2多，但比4少。也许孩子把3当作3样东西的"名字"记了下来，就像

"蓝色"是某种颜色的名字一样。识字卡就起到这样的作用。孩子学会了对卡片上的两个点喊出正确的答案,但这并不能表明他们理解"2"的意思。

由此,你可能会得出这样的结论:儿童的数学能力是表面现象。虽然人为地逼迫孩子听从指令做出反应时情况确实如此,但其实故事不止于此。科学家对儿童早期——甚至在入学之前的数学能力已有了诸多发现。其中最重要的一项发现是,所有数学能力的发展都始于婴幼儿时期,对全世界儿童而言都是如此,与父母的教养方式无关。因而,我们相信,孩子天生就能自然地学会算术。

很难想象,如果没有大自然母亲的引导,人类怎会偶然在世界上发现数字。数字无处不在,却又无处可寻。它们是抽象的,附着在实物上,并非实质存在。由于识别食物、攻击者和追求者数量很重要,我们不断进化,具备了在日常生活中捕捉数量线索的能力,这是一件好事。

数与量

虽然我们已经知道婴儿(和猴子)可以区分较小的量,但他们对数的理解程度目前仍处于争论之中。有研究人员认为,婴儿根本不关注数,而是关注他们看到"物体"的量。以下实验试图区分婴儿对数和量的反应。

惠特曼学院的梅丽莎·克利菲德(Melissa W. Clearfield)教授和印第安纳大学的凯莉·米克斯(Kelly Mix)教授进行实验,使用"习惯化"范式对7个月大的婴儿进行了测试。在实验中,研究者向受测婴儿(我们称她为卡拉)反复展示某种事物,直到她感到厌倦。一名在幕后观察卡拉的研究人员,按下一个连接到电脑上的按钮,记录她的观看时间。当她的注视时间比例低于某个水平时,研究者就会让她看到新事物。如果她能区分新旧事物,她会重新开始注视屏幕。如果她不能区分新旧事物,她就会继续无所事事。

研究人员如何确定卡拉是对数还是量做出反应呢?研究者将2个中等大

小的方块置于一块木板上,将其按一定路径在木板上来回移动。卡拉一开始看得很着迷,长时间盯着方块。渐渐地,她看移动方块的时间缩短了,好像在说:"我已经看够了,我明白了!"问题是卡拉明白了什么?了解真相的一种方法就是,接下来给卡拉看两组东西:2个较大的方块(数相同,但量不同),或者3个小方块(数不同,但量相同)。如果卡拉认为物品的数目是关键,她应该多看3个小方块一会儿。如果她认为物体的量是关键,她看2个方块的时间应该更长,因为量增加了。

最终获胜的是哪一方?物体的量。卡拉盯着2个较大方块看了很久,而当看到3个小方块时,似乎并不感兴趣。3个较小方块与原来的量是一样的。卡拉似乎是根据量而不是数来处理这个任务的。

我们能从这个实验中得出什么结论呢?其中一个结论是,婴儿只能够注意到东西的量,而不是真正的数。事实上,对事物量的注意并不是一个无足轻重的技能,而是一种关键的能力,只不过这并不能说明婴儿具备了加减运算的能力。也许,所有的婴儿都具备的是一种"多"与"少"的基本概念。一些人认为,这种基本的数量理解能力是大脑的固有属性,可能正是我们与动物共同拥有的寻找食物必需的技能。对此,我们还需要等待进一步的研究验证。可以确定的是,婴儿并不能像大人或学前班孩子一样,用数字进行加减运算。

计 数

随着孩子年龄的增长,他们对数字概念认识发展的故事还在继续。2岁半时,大多数孩子都能说出"1、2、3、4"这样的一小串数字。如果把三个球排一组,让孩子观察这组球,他们就能模仿着排出一组类似的3个球。3岁时,孩子开始能够数更多物体,通常能数出超过3或4的数目。但是,孩子在该阶段还不能辨识别人计数的顺序是否正确。他们数东西时,可能会不止一次地说出一个数字。例如,他们可能会数"1、2、2、3、2"。

到了 4 岁，孩子开始真正运用自己掌握的数字技能。他们会数一组物体的数量；其他人数错数字时，他们会指出来。当《芝麻街》(Sesame Street)中的"伯爵"⊖计数时，他们也会和他一起计数。这一阶段，他们甚至能够比较几组物体个数的多少。他们会意识到，一组物体比另一组多，比第三组少。例如，他们知道 4 块饼干比 3 块饼干多，比 5 块饼干少。

最后，到了 5 岁，孩子的计数能力和比较数量能力都达到了学前班应有的水平。此时，有研究者认为，孩子已经了解一个数字在一串计数序列中的位置及其与其他数字之间的关系。[5] 孩子开始用"接着数"的方法，将两组不同的东西加起来。这种技能发展较晚，但很有趣。给孩子 3 个娃娃让他计数，他会说："1、2、3。"再给他 2 个娃娃，问："现在有几个娃娃？"大人通常会数"4、5"，然后迅速生成最终答案。而三四岁的孩子会从前 3 个娃娃重新开始数，"1、2、3、4、5"，得出同样的答案。当这些孩子 5 岁时，他们会意识到他们已经有 3 个娃娃，开始像我们那样用"接着数"的方式数出正确数目。

发现
孩子的能力

接着数
适合年龄：4～6 岁

看看你的孩子是否会"接着数"。找 5 个玩具给孩子玩，然后把它们分开，形成两组，一组 3 个，另一组 2 个。让孩子先数 3 个那一组玩具并告诉你有多少个玩具。然后再给孩子 2 个那一组玩具，问他："现在一共有几个？"你的孩子是怎么做的？会"接着数"吗？如果他没有，一个月后再试试这个实验，看看你的孩子现在有没有发展出这种能力。这种"接着数"的能力一般会在 5 岁左右出现。

⊖ 儿童电视节目《芝麻街》中的"伯爵"是一个神秘又友好的吸血鬼布偶，该形象模仿了吸血鬼德古拉伯爵。他爱好数数，无论事物的类别、大小或数量，他都要数一数。他的名字"Count"既可以指伯爵，又可以指数数。该角色的主要作用是教小朋友数数。——译者注

孩子对计数真正了解多少

孩子在数一组小物件时，真的明白自己在做什么吗？著名发展心理学家让·皮亚杰（Jean Piaget）曾经怀疑，孩子对数字根本没有概念。皮亚杰喜欢在自己的孩子和其他孩子身上做小实验，了解他们如何理解这个世界。

例如，为了测试孩子是否有数量守恒概念，皮亚杰在5岁的弗朗索瓦丝面前摆了一排五个蓝色圆盘。然后，他为自己摆了另一排圆盘。这两排圆盘之间只相隔约8厘米，并且平行排列。他说："弗朗索瓦丝，那些是你的圆盘（指着她那堆圆盘），这些是我的圆盘（指着自己面前的这堆）。是你的圆盘多，还是我的圆盘多？还是我们俩的一样多？"弗朗索瓦丝显得有些不确定，目光在两排圆盘之间游移，似乎想获得更好的视角。有意思的是，虽然弗朗索瓦丝会数数，但她似乎对这个问题有些犹疑。弗朗索瓦丝最后得出结论："我们俩的一样多。"

接着，皮亚杰在弗朗索瓦丝面前展开了他那一堆圆盘，两排圆盘不再相互对齐，他的那一排占据了更多空间。随后，他又问弗朗索瓦丝同样的问题："弗朗索瓦丝，现在是你的圆盘多，还是我的圆盘多？还是我们俩的一样多？"弗朗索瓦丝这次非常肯定，愉快地回答道："现在你的圆盘多了！看你那排铺得多开！"

对成人来说，这样的回答似乎不可思议。孩子怎么会有这种反应？事实上，就连其他心理学家也很难相信这项研究的结果。然而，这一结果在世界各地得到重复。心理学家推断，也许如果我们换种提问方式，或者让孩子自己摆弄物件，孩子就能解决这个看似非常简单的问题。

经过多次研究，罗格斯大学的罗切尔·格尔曼（Rochel Gelman）教授明确指出，孩子对数字的了解程度比皮亚杰和他的追随者所认为的要深。[6]这并不代表你的孩子可以通过"数量守恒"测验，或者不会在实验开始前把作为实验材料的巧克力豆吃掉。格尔曼教授推断，孩子真正的问题是不清楚该关注数量守恒的哪个维度。孩子会问自己："重点是什么？我应该数出每排物体的数目吗？还是应该关注它们所占空间有多大？抑或是关注它们有多挤？"

事实证明，我们可以训练孩子将注意力放在数量上，并让他们做出正确的反应。格尔曼教授使用的实验材料是玩具老鼠。每当她改变老鼠的数量或是排列的密集程度时，她会问孩子一些问题。有时，她让孩子看 2 只相距很远的老鼠和 3 只相距很近的老鼠。有时，她会将老鼠排成长度相同的两排。她要求孩子选择老鼠更多的那一堆，即"赢家"。无论如何排列，有 3 只老鼠的盘子总是"赢家"，而有 2 只老鼠的盘子总是"输家"。当孩子做出正确的选择时，她就会奖励他们。通过这个任务，她基本上教会了孩子数字是解决这个问题的关键维度。然后，她做了点手脚（心理学家的惯用伎俩之一），让孩子向她展示他们学到的关于数字的知识。她偷偷地像变魔术一般从有 3 只老鼠的那一排的末端或中间移走一只老鼠，使两排老鼠不仅长度或密集程度相同，而且数量上也相等。孩子会感到惊讶，有些孩子会问失踪的老鼠去哪儿了，或是到处找老鼠；还有的孩子会解释老鼠失踪的原因，比如"耶稣把它带走了"。这些反应表明，他们已经明白了数目是这个任务中的关键因素。

格尔曼教授的实验有两方面的意义。首先，实验表明幼儿可以学会关注数目这一维度，并通过皮亚杰的数量守恒测试。第二，它表明幼儿处理数量守恒问题的方式与成人截然不同。他们需要时间和经验来弄清楚，在守恒任务中，数目才是最重要的。正如其他研究人员所发现的，在标准守恒任务中，失败的孩子固执地认为自己的答案一定正确。弗朗索瓦丝的回答非常肯定，她坚信，事物的样子比数目更加重要。但正如格尔曼教授的论文所言，一些方法可以诱导孩子注意到数目才是真正重要的。讽刺的是，这其实是一种我们不需要教给孩子的知识，他们从日常经验中就能学会这一点。

不过，有些方法可能会帮助孩子更快地消化这些知识，比如家长与孩子进行有关数目的谈话。此外，把东西排成平行的两排也有助于孩子理解数字。这种活动的专业名称是一一对应，它有助于孩子对各组物体进行比较。对孩子来说，这是自然学习的过程。我的孩子乔希3岁时认为，世界上没有什么比把玩具车排成一排更好玩的事情了。乔希一丝不苟地把汽车摆成一长排，然后拿出他的小塑料站立玩偶，在每辆汽车旁边放上一个玩偶。孩子可以用任何物品来玩这个"游戏"——鞋子和袜子、书本和动物玩偶。如果仔细观察，你可能会惊讶地发现，你的孩子经常将物品分类，然后将其一一对应。

发现
孩子的能力

数量守恒
适合年龄：3～6岁

模仿上述皮亚杰对弗朗索瓦丝的做法，你可以与自己的孩子一起做这项数量守恒实验。每个守恒问题都有三个组成部分。首先，家长问孩子面前两组相同的物品（无论是什么）是否具有相同的数量，孩子要回答"是"。其次，孩子进行观察时，家长需要改变一组物品的摆放，可以将其堆在一起或是分散开来。最后，家长再次询问孩子，这两组物品数是否一样。

看到孩子被物品的摆放方式迷惑，真令人震惊。毕竟，你没有增加任何东西，也没有拿走任何东西，但孩子往往会落入这个陷阱。此外，如果你把物品重新对齐，他们就又会认为这两组物品数目一样多！难怪孩子们会为了得到更多的好东西而打架。如果好东西看起来不一样，不管它们的数量是否相同，孩子们会坚持认为有人被骗了。3～5岁的孩子很可能会在数量守恒实验中失败，而6岁左右的孩子则开始"通过"这项实验。

计数原则的习得

格尔曼教授继续与她同在罗格斯大学的丈夫兰迪·盖利斯特尔（Randy Gallistel）教授合作，分析儿童通过数量守恒实验所必需的能力。他们提出了一些关键性的问题：儿童对数字了解多少？他们何时开始了解数字？经过大量研究，他们得出了计数的五个原则。这些原则是儿童通过玩一些物体和与人谈论数字自己摸索出来的。在没有大人在旁指导的情况下，孩子仅仅通过玩弄手边的物体就学会了这些知识。换言之，孩子通过我们称为玩耍的神奇活动学习这些原则。

一一对应原则：一件物品对应一个数字"标签"

让我们一起想想，计算一组物体的数量时会涉及什么？如果我们数了某样东西不止一次，很可能会得到错误的答案。幼儿何时理解这个道理呢？这就是一一对应原则。格尔曼教授发现，2岁半的孩子会给一个物品贴上一个数字"标签"，即使他们那时还不能正确地计数。如果给他们看一组4件物品，要求他们计数，他们可能会说"1、2、4、6"，他们给每件物品分配一个数字（即使是错误的数字）。这真是令人印象深刻，他们竟然已经明白，每件物品只能数一次。

固定顺序原则：数字有自己的固定位置

不论孩子的数字表正确与否，他们似乎理解，自己熟悉的数字是以固定顺序出现的。换言之，在数一组事物时，你不能这次说"1、2、3"，下次又说"2、1、3"。如果你让一个2岁的孩子数一组事物，你会惊讶于他的表现。他当然知道要使用数字计数——也就是说，他不会这样回答你："蓝色、红色、绿色……"然而，他或许不会以你期望的顺序说出这些数字。他可能会说："1、2、3、4、7。"如果你让他数两组不同的事物，他可能会以相同的顺序来数（即用他自己的数字表）。这是一件很神奇的事，因为没有人耳提面命地教授孩子这个原则，他们观察别人计数，然后在自己计数的实践中学会这一原则。

发现
孩子的能力

——对应原则和固定顺序原则

适合年龄：2~4岁

你的孩子开始使用——对应原则和固定顺序原则了吗？收集一些物品，排成三组，每组放三四个物品。让你的孩子对其中一组事物进行计数，观察他是否给每个物品都分配了一个不重复的数字编号，据此可以判断他是否用到了——对应原则。如果他没有使用该原则，那么请几个月后再次尝试上述做法。在不同年龄的孩子身上做以上尝试也十分有趣，你可以看看孩子在一两年的时间里会出现多大的变化。同时，孩子数物品的时候，听听他是否每次都用自己的数字表（很可能是独一无二的），按照相同的顺序去计数，据此可以判断他是否用到了固定顺序原则。

基数原则：一组事物的个数等于最后一个数字的编号

一旦孩子掌握了固定顺序原则，他们就准备好接受重要的基数原则——计数的最后一个数字代表了一组物品的总数。这意味着什么？比如我数了3个杯子，那么我数的最后一个数字3就代表了杯子的数量。从这个角度观察孩子是件乐趣无穷的事，因为他们数到最后，常常抬起头，郑重其事地把嗓门抬高，并且一脸骄傲地说："6！"也许他们使用了自己独一无二的数字表，但这无关紧要。当他们告诉你，自己数到的最后一个数字等于那组物品的总数时,你便知道他们明白了这个原则。

抽象原则:我可以数出各种东西

《芝麻街》中"伯爵"这个角色向我们解释了下一个原则,即抽象原则。任何事物都能被计数——我们可以数鞋子有几双、从窗前飞驰而过的汽车有几辆,甚至是午饭后接到的推销电话有几次。数字是世界通用的,适用于任何地方、任何事物。幸运的是,尽管不同语言中数字的表达方式不同,计数的原则却是世界通用的。

顺序无关原则:从哪里开始计数并不重要

皮亚杰讲过一个故事,说他的一位数学家朋友对自己小时候的一个顿悟时刻记忆犹新。他当时在玩一些石头,把它们排成了一个圈。他从其中一块石头开始计数,最后得到的结果是"6"。然后,他挑选了另一块石头作为数字"1",同样得到了"6"这个答案。神奇!不论从哪块石头开始计数,结果都不会改变,他总能得到相同的答案。皮亚杰的朋友完全靠自己发现了顺序无关原则,而其他孩子也是如此。该原则告诉我们,我们不仅能够计数想要计数的东西,还能以任意顺序、从任意起点开始计数。

发现孩子的能力

基数原则、抽象原则和顺序无关原则

适合年龄:2~4岁

给孩子几组物品,你就能分辨他是否使用了这些计数原则。例如,若要检验孩子是否使用了基数原则,你可以问问他"有多少只小狗、小鸟、玩具……",看看他是否知道,答案是他数到的最后一个数字。看看他是否会对任何事物都进行计数,表现出他理解抽象原则。让孩子数一组有形的物体，然后数一数天空上云朵的数量或是你上周打电话给外婆的次数。他会拒绝吗？还是愿意听你的话，去数你所要求的一切事物，即使那些事物远在天边，遥不可及？

最后，观察孩子是否懂得运用顺序无关原则。以 5 个物体为一组，指向其中一个物体，要求孩子以其为起点数一数物体的个数。然后指向另一个物体，并让孩子将其作为新起点再数一遍。孩子两次得出的答案一致吗？他愿意照你的指示做吗？你可以询问孩子为什么结果总是一样的。不要期望他能说出有意义的道理，听听他们给出的理由，这本身就妙趣横生。

到了 3 岁，绝大多数孩子似乎都能运用这 5 个原则。这些原则在正常的发展历程中会自然显现出来，目前也被早教数学课程和评估所应用。我们是否应当跑出家门购买教学材料，来教我们的孩子这些计数原则？大可不必。首先，即使我们想要教一个 2 岁的孩童计数原则（我们不明白为什么会有人想要这么做），我们也做不到。你该如何向一个 2 岁的孩子解释，对一组事物计数的顺序与结果无关？孩子会在适当的时候自己理解这个原则。这些原则过于抽象，孩子是无法通过听大人的讲解就理解的。这就是为什么他们需要亲身体验周围的事物，从而自己去发现、领悟。

你可以利用玩具汽车、茶杯以及家里的其他日常用品来和孩子玩"数学"游戏，无须购买什么特别的东西。抽象原则告诉我们，无论孩子看向哪里，他们都能找到那些隐蔽的数字。如果我们和他们一起观察，便能从数小虫、蚯蚓和炸薯条中找到乐趣（但愿炸薯条没有和前两者放在同一组）。至于学习加减法，除了数字之外还牵涉别的因素。这就引出了学习抽象等式的下一步——数轴（number line）。

数　　轴

数字并不是随意漂浮在空间中的，它们彼此之间存在联系，因此被赋予意义。为了完全掌握加减法等技能，孩子必须理解 5 比 4 大 1 个计数单位，比 3 大 2 个计数单位。接下来，他们还要理解 5 比 4 大 1 个计数单位，但同时比 6 小 1 个计数单位。研究表明，掌握这个概念的难度更大，孩子最开始学到这个概念是在 2 岁半到 3 岁之间。

对于 3 岁的孩子来说，如果一个数字比另一个数字小得多或是大得多，那么两者的关系容易分辨；反之，如果两个数字之间差距不大，那么两者的关系便不那么容易分辨。举个例子，幼儿更容易分辨出 5 和 1 或 5 和 8 的大小关系，却不容易分辨出 5 和 4 或 5 和 6 的关系。或许，孩子（和成人）更擅长分辨差异较大的数字的原因与我们上面谈到的低龄儿童的特点有关。研究表明，我们最初的思考模式以量开始，所以我们更容易在物体数量差异很大的情况下判断大小，而当差异很小时，我们需要借助数轴知识来做出判断，这会增加难度。这种能力需要一段时间慢慢发展。我的孩子（班奇）到 5 岁时才真正理解为什么爸爸妈妈比哥哥得到的冰淇淋多，为什么哥哥得到的比他多，而他得到的又比弟弟多。一旦他把家庭成员的年龄放在数轴上做比较，冰淇淋的分配方式就解释得通了，即冰淇淋的分量与年龄轴上的位置有关。

最佳教育时机

数　　轴

这两个问题是为你准备的：56+75 的结果更接近于 125 还是 150？56+75 的结果更接近于 130 还是 136？法国国家健康与医学研究院的斯坦尼斯拉斯·迪昂（Stanislas Dehaene）教授指出，第一个问题应当比第二个问题更简单，因为和孩子一样，比起精确数学计算，你更擅长区分差异较大的数字。[7]

这个问题是为你 3～6 岁的孩子准备的：拿出三组物体（第一组放 3 个物体，第二组放 5 个物体，第三组放 7 个物体），问问你的孩子，哪一组最"大"，哪一组最"小"。你的孩子能回答吗？鉴于是对数量差距较大的两组进行比较，这应当不算太困难。接下来，问问他关于数量居中那组物体的问题。现在问题变得更加棘手了，因为中间那组的物体数量与其他两组差距不大。指向最少的那组问孩子："是不是比这组多？"指向最多的那组再问："是不是比这组多？"观察你的孩子对这项任务做何反应。

计数和比大小

要真正了解加减法的意义，孩子必须结合运用计数原则和数轴知识。这就意味着，孩子不仅需要知道他计数的一组事物中有 3 个球，还需要知道 3 个球比 2 个球多，比 4 个球少。这是学龄前数学能力发展的最后一步，大多数孩子在 5～6 岁时能够完成这一步。

了解数轴概念后，孩子便可以叠加几组数字。他们知道，把一组的 3 个物体与另一组的 4 个物体相加时，数轴上物体的总个数会增加到 7。只有在那个时候，孩子才会认识到 3 和 7 之间数量跨度的大小。也只有在那个时候，孩子才隐隐约约地意识到，加减法是在同一个连续体——数轴上进行的操作。此时，孩子无法解释数轴概念，这是无意识的知识，但仍然是知识。发展出数轴的概念并领会其蕴含的道理是学龄前儿童了不起的数学成就。为了确保孩子取得这一成就，最佳方法是寓教于乐，把你设计的简单加减法问题作为日常生活的一部分。

自制数轴游戏

许多棋类游戏的核心都是数轴。这类游戏的玩法是从起点走到终点，第一个走完全程的玩家获胜。棋类游戏上的格子类似于数轴，我们通过抛骰子决定向前移动几格。当骰子数为6时，我们移动6格，超过了只移动3格的玩家。玩棋类游戏时，孩子不仅可以学到一一对应原则（前进的格子数对应骰子上的一个点数），还能学到数轴原则。我们可以把目标设定为一个具体的格数，比如50格。

如果想让游戏变得更有趣，你可以自己动手设计游戏。把纸剪成条状，在上面画线，写上数字0~50。孩子可以看到棋子在数轴上朝着既定的数字目标前进。精明的宝爸宝妈还可以在格子上写"倒退两格"等指令，如此一来，孩子就能在这条双向道上学习加减法之间的关系。

在游戏过程中，你可以问问孩子：目前谁领先？为什么？领先了多少？你会发现，在玩这个游戏的过程中，你开始以一种全新的方式看待数字能力的发展。

研究结果对孩子意味着什么

研究表明，再小的孩子，甚至是新生儿，也能获得关于多与少的信息。孩子6~12个月大时，开始对数量相等有初步的认识。一些研究人员认为，在这一早期阶段，宝宝是根据事物的量而非数目来做出判断的。然而，另一些研究人员认为，婴儿对于小数字具备某种初步的认识，这种认识后来发展为对数字的理解能力。

等到婴儿逐渐成长为幼儿,他们开始学习计数和比大小。3岁半之前,孩子的计数能力和比大小能力似乎处于不同的发展层面。神奇的是,在学龄前,孩子能够找到方法将这两种体系融为一体:在数轴上计数和比大小,以及用真正的数学方式思考。

现在几乎所有孩子都上幼儿园,教育者和研究人员越来越重视学前数字能力发展的自然过程,相关课程也随之出现。研究人员忙于设计游戏,以进一步了解儿童这些能力的发展过程。重要的是过程而不是成果。举个例子,一个能记住所有数字的 2 岁孩子未必比一个不能理解计数原则的孩子"领先"多少。第一个孩子类似于鹦鹉,第二个孩子却是位小小数学家。

有一个很棒的学前数学课程叫作"小小孩,大数学"(Big Math for Little People),该课程根据上述研究发现设计,利用了这一事实:四五岁的孩子每天大多数时间都在玩耍,并在游戏中使用数字技能。"小小孩,大数学"的开发者赫伯特·金斯伯格(Herbert Ginsberg)是哥伦比亚大学教育学院的一名教授。他对 80 位孩子进行了研究,观察他们是否在自然玩耍的过程中运用了数学能力。[8] 他发现,孩子在自由玩耍的时候,46% 的时间都在排列组合物体(把勺子放这儿、把叉子放那儿)、计数物体或是探索图像和形状。你能想象孩子竟然花了这么多时间在数学思考上吗?这就是为什么我们不必担心孩子缺乏明确的数学指导,因为我们的孩子一直在和数学打交道!

计划一次野餐

"小小孩,大数学"里用到的一个游戏是"装入袋子里"(Bag It)。给你四五岁的孩子 5 个塑料袋,每个塑料袋的正面写上一个数字(1、

2、3、4、5）。拿出一袋花生，或是任何数量很多的小物体。假装你们要带毛绒玩具一起去野餐，问问你的孩子，应该给每个玩具分配多少花生。这个游戏就是让孩子把正确数量的物品放入袋子中。不过，它还能换着花样玩。比如，可以让孩子把两个袋子里的东西倒出来，计数并比较哪个多、哪个少。

到目前为止，我们已经讨论了孩子自己获得的数字技能，但是很少提及家长可能发挥的建设性作用。事实上，家长对孩子掌握计数原则和数轴知识起到了重要作用。加州大学伯克利分校的杰弗里·萨克斯（Geoffrey Saxe）教授和他的同事对2～4岁的幼儿进行了研究。[9]研究人员提供了一些简单的数学题给妈妈和孩子，并观察他们是如何在家进行互动的。他们要求妈妈和孩子计算一组物体的数量或是根据数量排列组合，其间的互动都被录了下来。有些家长知道孩子天生拥有学习基础数学概念的热情，但是担心自己的育儿能力不足以培养孩子的这种热情。不过，研究结果让这些家长松了口气。

研究人员发现，妈妈天生对孩子的能力水平很敏感。例如，2岁孩子的妈妈会比4岁孩子的妈妈为孩子提供更直接的帮助。研究人员用另一个测试评估同一年龄段孩子的能力，他们再次发现，妈妈对孩子的水平颇为敏感，会为能力较弱的孩子给予更多指导。根据孩子的水平提供帮助这一行为被苏联杰出的心理学家列夫·维果斯基（Lev Vygotsky）称作"支架式教学"（scaffolding）。[10]支架式教学指的是，成人经常通过支持孩子的努力来帮助孩子达到更高水平，让他们在日后遇到同样的问题时，知道如何应对。这一理论也契合研究人员的发现：孩子在成人的帮助下（支架式教学）能够完成他们原本无法独立完成的数学任务。

那么，在没有研究人员要求妈妈和孩子一起做数学题的时间里，会发生什么呢？有没有证据表明，研究人员走后，妈妈和孩子还会以数学的形式进行互动呢？通过与妈妈进行的访谈，研究人员找到了证据：很多时候，妈妈和孩子都在谈论数字，还会自发地玩一些数学游戏。随着孩子对数字了解得越多，游戏和与数字相关的讨论也会越来越复杂。此外，其他关于孩子与成人之间社交互动的研究也表明，孩子在与一个支持他的成人互动以后，独立能力会有所提升。[11] 我们完全有理由相信，有时间解答孩子问题的家长或是敏感的照料者在家与孩子进行的自然互动可以帮助孩子发展数学能力，为孩子日后在学校取得数学成就打下基础。

不要把这误当成购买高档卡片和游戏的信号，你只需要顺其自然。有些原则可以指导你和孩子进行日常的自发式数学互动。

学以致用

多玩积木，少看视频。 很多新式教学法采用视频的形式，有帮助幼儿认识形状的视频，还有很多电脑游戏让学龄前儿童体验交互式数学游戏，同时教给他们电脑知识。然而，认识数字的最佳方法是摆弄物体、将物体排成一排、比较不同组物体的个数等。没有什么能替代这些做法，行动胜于语言。另外，这种类型的游戏深受孩子喜爱，不用家长要求，他们也会主动去玩。

无处不在的数字。 你可以在建筑物中发现长方形，在停车标志上发现六边形，无论你看向哪里，总能找到数字。给每个玩家分发相同的牌数、统计需要为客人准备多少派对礼品时，我们都在做算术。在用不同的粉刷蘸取每一种新颜色，或是给每个朋友分发一张餐巾时，我们使用了一一对应原则，并且比较了分量的多少。给其他人添冰淇淋时，我们在做加法，吃冰淇淋时，我们在做减法。

事实上，带大一点的孩子去购物（等他们过了"把什么都扔进购物车"的阶段）是让他们学习数量的好时机。哪一个盒子更大？哪一个盒子更小？哪个更贵？哪个更便宜？孩子5岁左右时，可以让他们在商店买一些东西，找零时便是学习加减法的机会。

一旦你知道关注点在哪里，你就会发现，我们生活中的每一个角落都能找到数字。你只需要像你的孩子一样，发现这些数字，然后抓住学习的天然机遇。

玩耍等于学习。孩子在玩耍中的学习效果总是令我们惊叹不已。对小数感到头疼的小学生似乎不费吹灰之力就能计算出他们最喜欢的棒球手的平均击球率，尽管这涉及复杂的小数。巴西街头的儿童对学校里的数学问题一窍不通，却是街头交易结算的一把好手。通过玩大富翁游戏来学数学最好不过了。硬币不仅可以用来数，还提供了极佳的学习排列组合的机会。你的孩子能够跟上你排列的组合吗？如果你排出3美分，他能同样排出3美分吗？如果你拿走1美分，他能同样做到吗？3枚一分币还是1枚五分币面值大？

我们无须担心对孩子的"教育"，只需要跟随他们的脚步，陪他们玩喜欢的游戏，便能培养他们对数学的好奇心。

鼓励孩子在环境中学习。在学习有意义的东西时，我们总是学得更好。一个5岁的孩子如果通过摆茶水摊赚钱，那么他对钱的理解会远比他从识字卡上学到的更为深刻。孩子在超市寻找大苹果和小苹果比在电脑游戏中比较苹果大小学到的更多。3～4岁的孩子喜欢玩棋类游戏，"糖果乐园"（Candy Land）是其中一款永不过时、深受孩子喜爱的游戏。在你和孩子抛出骰子、移动棋子时，便运用了一一对应原则，尽管孩子更关注的是胜负。作为老师和家长，我们的职责在于抓住生活中的机会，让孩子能够在自然环境中学习。

请记住这一点：如果你顺其自然地过好每一天，便能在家中培养孩子的数学技能。你无须购买任何额外的东西，也无须考虑如何让孩子技高一筹。我的儿子乔希教会了我们这一点，他4岁时就发现了乘法的基本原理。他在松饼锅里烤松饼时说道："妈妈，你有没有发现，把松饼排成2排，每排3个与把它们排成3排，每排2个完全是一回事。"通过体验和游戏，孩子的数学技能自然得到发展，我们的任务就是抓住生活中的教学机会。

Einstein Never Used Flash Cards

第 4 章

语言
咿咿呀呀的力量

琳达·卡普洛和她20个月大的儿子贾森坐在地板上。她手里拿着一套识字卡，想要帮贾森扩大词汇量。琳达上下挥动着卡片，一边尽力将贾森的注意力集中在卡片的图案上，一边带着他一同背诵单词。琳达指着图片说"长颈鹿"，贾森却一直四处张望。"球在哪儿？"他一边说，一边扫视着木地板，想找一个里面有铃铛的大球。琳达注意到贾森的注意力有些游离，决定换一种活动。她从架子上取下标有"小小语言学家"字样的盒子，拿出里面的交互式玩具。这些玩具可以帮助贾森积累英语和西班牙语的词汇量。她隔壁邻居的女儿和贾森同龄，已经能说一些西班牙语和法语单词。琳达担心，若她不在贾森成长的关键时期教会他这些，将来会觉得愧对于他。

尽管琳达内心想为贾森着想，但显然，她屈从于主流观点，即父母必须成为孩子语言发展方面的老师。她担心如果不上一些系统课程，贾森会落后于同龄人。琳达相信同龄孩子不仅在扩大词汇量,同时还在学习外语。她对此不免有些焦虑。

推进对话

尽管琳达很担心,但发展心理学研究已提供了明确的证据,证明即使不借助识字卡、辅助语言学习的电脑程序或其他任何昂贵的教学设备,家长一样可以培养孩子的语言能力。仔细想想,你就会发现,全世界的孩子,无论他们在茅草屋、小房子还是高楼大厦里长大,都在学习说话。研究表明,家长与孩子之间平凡的日常互动,是促进孩子语言发展的最佳机会。你在日常生活中与孩子交谈,倾听孩子说话并对其做出回应,或是和他们一起看绘本……所有这些互动都是孩子发展语言技能所需要的。你教会孩子的语言知识,比任何教学软件所教的都更为丰富。

等一下!你希望自己的孩子加快学习进度——不仅要学习语言,还要掌握语言。毕竟,语言是学校教学的媒介,语言能力关系到孩子的阅读和数学能力。掌握语言的最佳方法是什么?多年的研究提供了答案:不是通过各种训练或电脑程序,而是通过日常对话,在对话中,家长让孩子有动力并有时间做出回应。孩子们在社会环境中与真人进行互动时,他们会受到激发,表达自己的需求、想法和感受。自然法则早已设定让我们通过社交学习语言。电脑虽然有适度的互动性,但并不完全契合孩子的兴趣。而在面对面的交流中,我们可以随时和孩子谈论他们想谈论的话题。对于他们感兴趣的活动,孩子会最大限度地参与其中,正是这种经历为语言能力的发展奠定了基础。细细体会以下"对话"。

乔丹:(不断发出声音,直到妈妈转过身来)

妈妈:(转过身看着乔丹)

乔丹:(手指向柜子上某个物体)

妈妈：你想吃果酱？（举起果酱罐）

乔丹：（摇头表示"不"）

妈妈：你想要这个勺子？（举起勺子）

乔丹：（摇头表示"不"，在宝宝餐椅上不停晃动，一副坐立不安的样子）

妈妈：这个呢？（在乔丹面前拿出奶酪）你想要奶酪吗？

乔丹：（摇头表示"不"，他身体向前倾，仿佛在用整个身体示意）

妈妈：这个海绵？（妈妈满脸怀疑地拿起海绵）

乔丹：（靠回宝宝餐椅，放下胳膊，整个人都放松了）

妈妈：（将海绵递给孩子）

通过观察这样的"对话"，本书作者之一罗伯塔发现，如果宝宝想让父母理解自己传达的"信息"，那么即使是还不会说话的宝宝也能坚持大量对话回合，而我们却一向认为宝宝的注意力持续时间很短。这一结果着实让人震惊。即使反应迟钝的家长一时搞不清宝宝想要的是什么，宝宝也能坚持到父母理解其手语或咕哝声为止。[1]

罗伯塔在吃饭时间进行了录像，发现 11 个月大的宝宝平均会和家长"对话" 7 次来让家长了解他们的需要。比如说，他们要的是葡萄，而不是曲奇饼干；或者，他们感兴趣的是挂在墙上的钟，而不是钟下面图画中的奶牛。正如你想象的那样，父母或照料者努力念出宝宝想听到的单词，这类小插曲为单词的学习提供了成熟的土壤。父母不断说出各种物体的名称，确定哪件是宝宝想要的。在此过程中，宝宝会反复听到许多词。如果尝试了 7 次才拿到葡萄，宝宝是不是就能学会"葡萄"这个单词了呢？这种情况下，宝宝学单词的积极性高涨，这些是电视节目、玩具和电脑无法提供的体验。当我们允许宝宝根据自己的兴趣引导互动时，宝宝就成为主人，掌控局势。这种互动为语言学习提供了最好的环境。

> **发现孩子的能力**
>
> ### 交流过程
> 适合年龄：9～18个月
>
> 这个小实验适合还不太会说话的婴儿，一旦你的孩子能用句子进行交流，你就不太可能观察到这一交流过程了。此外，如果你请别人来帮你做这个实验，可能更容易观察到协商过程。家长（或你选择的实验者）拿一个有趣的东西给孩子看，引起孩子的兴趣。接着，把这个物体放在高高的架子或桌子上，孩子够不着却能看到。大人假装对孩子想要的东西一无所知，这样你就可以观察到孩子和大人之间的互动。注意观察孩子如何表达对物品的渴望：他是不是会咕哝几声？指指点点？是否试着说些什么？大人又是如何回应的？他是否会说出附近的其他物品的名称？在反复试过多次之后，孩子还会一直专注于获得该物品吗？当然，我们并不提倡折磨孩子——几轮实验之后，可以让大人说出物品名称，并将其拿给孩子。

你的孩子会坚持用非言语手段表达自己想要某个物体的愿望，同样会坚持以不易察觉的方式独自默默学习语言。前者和后者相比，简直是小巫见大巫。在本章中，我们将破除你必须"教"孩子学习语言的错误观点。相反，只要我们为孩子提供资源，孩子便会自己学习语言。这些资源是什么呢？就是你和孩子专注于玩耍嬉戏、品尝美食、阅读书籍或其他任何日常生活中的互动。在这些互动中，语言是核心。

我们将重点描述早期语言发展中广泛存在的个体差异。有些孩子16个月大时还不会说话，有些却已经会说100个单词了；有些孩子18个月大时已经能用短句说话了，有些到28个月大时才开始用句子表达。认识到早期语言发展的巨大个体差异，有助于消除像琳达·卡普洛这样的家长的疑虑。

这些家长急于提高孩子的能力，但还不懂得欣赏孩子不够完善的语言中已经表现出的惊人技能。讽刺的是，每个孩子都是天生的语言天才，他们比我们更擅长学习语言。我们这些聪明的大块头能够驾驶、操作危险设备（比如割草机和汽车），在语言学习方面却远不如不会自己系鞋带、在餐馆不知道用哪把叉子的 3 岁孩子。

你可能会想，为什么不趁孩子语言学习能力特别强的时候，让他们多使用学习语言的电脑程序和磁带呢？毕竟，孩子的学习时机已经成熟。本章将向你揭示，语言不是从电脑程序或磁带中学习的（不管产品包装盒上如何承诺）。语言是在互动环境中——在吃饭、玩耍和询问事物名称这些过程中学到的，而不是被动地看着电脑屏幕学到的。这正是父母和照料者的作用所在：让互动成为可能。

语言本能 [2]

有些研究者认为，人类生来就会学习语言，就像蜘蛛生来就会织网一样。事实上，我们是唯一具备语言"本能"的物种。我们已经对人类亲缘物种——灵长类动物甚至海豚做了很多实验，结果表明我们是唯一使用语言的物种。有了语言，我们才能传承文化、教授知识，所以每一代人都不需要"浪费时间做无用功"。语言帮助我们展望未来、铭记过去。语言也可以成为善或恶的工具。第二次世界大战期间，丘吉尔发表的演讲如同一座灯塔，为各国指引方向；而希特勒的言辞则驱使人们犯下难以想象的恶行。数千年来，我们的大脑、嘴和喉咙等语言器官不断进化，成就了今日的语言。

虽然我们的教养对孩子的语言学习很重要，但孩子语言的发展并不只是父母的责任。享誉全球的语言学家、麻省理工学院教授诺姆·乔姆斯基（Noam Chomsky）提出了一个假设，即婴儿生来就有"语言习得机制"（language acquisition device），就好像拥有负责语言学习的器官。他认为，就如心脏泵血一样，无论孩子身处怎样的语言环境中，这个语言习得机制都会预先设定好学习语言。对孩子来说，语言学习没有难易之分。为什么这么说？因为婴儿出生时，没人能预知其最终会生活在德国还是中国。婴儿必须准备好学习周围人所使用的语言，否则跨国领养就无法实现。这意味着，虽然各种语言表面上看起来千差万别，但彼此之间有一定的共通点。中文和英文听起来截然不同，但婴儿学习中文和学习英文的速度一样快，效果一样好。乔姆斯基教授认为，所有的语言一定具有一些重要和深层次的共性。他把这些深层次的共性，也就是所有语言共有的核心，称为普遍语法（Universal Grammar）。

乔姆斯基教授的理论至今仍被热烈讨论。看看你如何评估目前已经收集到的支持人类天生便有学习语言能力的证据。第一个证据来自一项发表在著名杂志《科学》（Science）上的研究。[3] 该研究显示，婴儿 5 个月大时就已出现半脑功能分化，更多用左脑处理语音，用右脑表达情感。达特茅斯学院的心理学家劳拉–安·佩蒂托（Laura-Ann Petitto）教授和同事通过一个简单的测试发现了这个事实。我们似乎更多用嘴的右侧说话。仔细观察朋友或电视节目主持人，你会发现他们说话时，永远都是稍微偏向于嘴的右边。为什么呢？因为左脑控制语言，而大脑和身体的连接是"对侧"或交叉的。身体右侧受大脑左侧控制，反之亦然。如果婴儿用嘴的右侧咿呀学语，那么婴儿的语言功能受到左脑控制——即使他只有 5 个月大。这说明我们从生命的一开始就为语言学习做足了准备。如果婴儿咿呀学语时右侧的嘴没有表现出特别的反应，那可能说明婴儿在这个年龄段，大脑尚未对语言能力做出分工。

婴儿是怎么做的呢？研究表明，他们的确会从嘴巴的右边发出咿咿呀呀的声音！然而，他们会用嘴的左侧微笑。研究人员认为，从婴儿生命早期开始，左脑就主控语言表达。从生物学角度看，我们生来就有学习语言的天赋。

这只是一系列支持孩子天生就具有语言能力的实验中的一项。对失聪儿童的研究也支持这一论点。芝加哥大学的苏珊·戈尔丁-梅多（Susan Goldin-Meadow）教授及同事对失聪儿童进行了研究。[4] 这些儿童的父母听力正常，他们希望孩子学习读唇语和说话。为了确保孩子不用手语这个"拐杖"（从他们的角度来看），这些父母小心翼翼，不让孩子接触任何手语。这些父母抵制手语训练，自己也不学习任何手语，想让孩子到聋人口语学校上学。

如果孩子六七岁时才首次接触语言，那会是怎样的情形？答案出人意料：这些年幼的孩子在没有任何父母或老师帮助的情况下，自己发明了一种手语。虽然这种手语并不像通用的手语体系那样丰富，但它的存在似乎证明了孩子无法抑制语言的出现。

有关儿童发明语言，还有一些其他案例。夏威夷大学檀香山分校的语言学家德里克·比克顿（Derek Bickerton）教授讲述了日本、韩国和菲律宾移民到夏威夷糖料种植园工作时发生的故事。[5] 为了彼此的贸易和交流，移民们创造了一种非常简陋的语言（称为"混杂语言"），该语言由各种语言拼凑而成。耐人寻味的是，出生在这个社区的孩子对这种语言进行了改造。他们每天听着这种语言，自然而然就学会了这种语言，并且不断丰富完善这种语言，超越了大人创造的内容，将其演变为一种完整的语言，即"克里奥尔语"（creole）。克里奥尔语包含了现有语言的所有结构——名词、动词和语气助词等。孩子是如何在语言中添加他们从未听说过的语法结构的？他们又是怎样知道该添加哪些部分，才能让克里奥尔语与世界上其他所有语言相似呢？和乔姆斯基教授一样，比克顿教授提出，这种语言的出现是因为人类被赋予了一种语言"生物程序"——一种所有人身上都具备的核心语法。换言之，比克顿教授认为，人类学习语言或在某些情况下发明语言的能力是与生俱来的。

语言普遍性的另一个证据是，世界各地的儿童都会在大致相同的时间达到语言发展的各个重要阶段。不管孩子出生在美洲还是亚洲，他们语言学习的时间表几乎一致。也就是说，所有的孩子都在1岁左右开始学说单个的字，3岁时便可以像当地人一样进行交流（无论他们说什么样的语言）。

如你所见，幼儿是语言天才。不过，我们仍然可以做很多事情来促进他们的语言发展。为了了解我们可以做什么（并接受我们不需要坐下来仔细地教孩子每一个名词、动词或示范句式分解的事实），让我们来探讨一下语言本身的发展。对此，科学提供了一个清晰的故事。

宝宝如何学会说话

语言能力的发展是从什么时候开始的呢？我们都知道，孩子直到1岁左右才会说话，然而，我们即将与你分享的内容，会让你以一种全新的方式看待孩子。语言发展在宝宝满1岁前就开始了，事实上还要更早，从他们在妈妈的子宫里时就开始了。

7个月大的胎儿已经能够隔着肚皮听到妈妈和别人的对话。哥伦比亚大学的发展心理学家威廉·菲弗（William Fifer）教授及同事的研究表明，婴儿记得在妈妈子宫里听到的故事和歌曲。而且，相比于其他女性的声音，他们更喜欢听自己母亲的声音。[6]这是怎么被发现的呢？科学家通过几种方法了解子宫内部的情况。

例如，一些研究中，科学家让准妈妈躺下，同时记录胎儿的心率。结果显示，胎儿的心率相当稳定，直到他们听到吸引他们的内容。菲弗教授及同事要求准妈妈重复一句话，比如"你好，宝宝。你今天好吗"。胎儿听到妈妈讲话的那一刻，心率发生了变化。不出所料，宝宝的心率下降了，随后又恢复了正常。我们怎么知道是母亲的声音引起了胎儿心率的变化，而不是肌肉收缩等其他原因？因为母亲沉默或低声说同样的话时，胎儿的心率并没有下降。当妈妈说话时，胎儿会"调频"接收。母亲一天说很多话，宝宝就能接触很多语言。

心率研究并不是科学家发现婴儿可以在子宫学习语言的唯一途径。婴儿的吮吸提供了另一条线索，说明婴儿在羊水中时就能对语言产生反应。[7]雅克·梅勒（Jacques Mehler）教授在法国国家科学研究中心的实验室里，对婴儿的吸吮模式进行了监测。研究发现出生2天的新生儿就会对母语表现出偏好反应。研究中，两组新生儿（单独测试）愉快地吮吸着奶嘴。其中一组一遍又一遍地听着法语录音。过了一会儿，他们有些厌倦了，吮吸的速度也慢了下来。这时，研究人员把录音换成了俄语（由同一个人发声），观察婴儿的反应。另一组新生儿则先听到俄语，然后听到法语。第一组法国婴儿听到俄语时，显得漠不关心，他们环顾四周，吮吸频率仍然很低。然而，第二组婴儿在录音语言从俄语变成法语时，吮吸动作突然加快，仿佛在说"法国万岁"。这个实验的结论是什么？婴儿出生48小时就能区分两种语言，而且他们更喜欢母语。

并非只有法国宝宝偏好母语。调查人员对大西洋沿岸的美国婴儿也进行了这种测试，发现婴儿在听到英语和意大利语时，更喜欢英语。婴儿对母语有所偏好，是因为他们在妈妈的子宫里时，就天天听到母亲讲话。胎儿漂浮在温暖的羊水之中，伴随着砰砰的心跳声和咕噜咕噜的水声，聆听着妈妈悦耳的话语。婴儿天生就是模式探求者，即使还在子宫也是如此。他们不需要接受专门的教育，就能懂得语言的韵律。

发现
孩子的能力

子宫内聆听
适合年龄：孕期第7个月～出生

如果你怀孕了或身边有人怀孕，你可以试着自己证明，大约从怀孕第7个月开始，子宫里的胎儿就能听到外界的声音。让孕妇躺下，拿一个盆和一个大勺子。敲几次盆，观察胎儿有什么反应。你能看出胎儿在妈妈的肚子里跳动吗？如果看不出来，妈妈会有感觉吗？现在试着让妈妈说两句话，这对胎儿有什么影响？试着让妈妈小声说话，看看胎儿的反应是否有变化。你可以多做几次这样的实验，如果你愿意，甚至可以比较胎儿听到陌生人声音和听到妈妈声音时反应的不同。

如果宝宝出生2天就对语言敏感，那么几周或几个月之后，他们密切关注语言就不足为奇了。他们有很多东西要学。想象一下婴儿学习语言会是什么样子：就好比（虽然不尽相同）公司在没有提前通知的情况下，将你调到国外，周围人都是善意的，但他们不会说你的母语。这个国家的人们讲起话来似乎滔滔不绝。你能在短短两三年内学会新语言，并且说得和本地人一样地道吗？这正是婴儿所做的。如果他们有幸接触到多种语言，只要语言在自然语境中呈现（比如爸爸说西班牙语，妈妈说英语，而家里保姆说法语），他们就会掌握所有的语言。他们是怎么做到的呢？宝宝们具备分析接收到的语言的能力，就像他们自然地学会走路一样。大自然赋予了他们工具，帮助他们吸收杂乱无章的语言，找到一种方法将语流拆分成单元组件。如果你想了解他们如何做到这一点，不妨随我们走进实验室，看看科学家们有什么发现。

寻找构成语言的单位：句子

宝宝学会的一个技巧是把语言的"旋律"切分成一个个句子。只要他们能找到断句处，就类似于找到了拼图的边框。接着，他们便可以在拼图（句子）中寻找其中的单位——单词。[8]事实证明，4个半月大的宝宝就能做到这一点。他们知道一句话在哪里结束，另一句话从哪里开始。研究者通过实验对这种能力进行测试，实验中使用了一种最新的方法，即转头偏好法。想象一下，丽贝卡带着4个月大的贾森来到实验室。研究人员要求他们进入一个小房间。丽贝卡把贾森抱在腿上，坐在一个三面密闭的房间中央的一张椅子上。他们的正前方有一盏绿灯和一个供实验人员观察的小洞。左右90度方向，分别有一盏灯和一个扬声器。丽贝卡戴上一副正在播放音乐的耳机，因此她不会在不经意间影响贾森展示技能。

现在实验开始，贾森即将听到一位妈妈对孩子说话的录音。贾森从左侧扬声器听到一段正常说话的录音——在应该停顿的地方（分句和句末）会停顿1秒。请朗读下面这段话，有意识地在斜杠处停顿，看看这段话听起来是否自然。

> 灰姑娘住在一所大房子里，/ 但房子有点阴暗，因为她有一个十分刻薄的继母。/ 哦，她还有两个丑陋的姐姐。/ 她们也很刻薄。

录音播放完毕，中间的灯亮起。之后，贾森从右侧听到同一个人的录音，只不过，这次读的方式有点不同，其中的停顿打断了语流。请朗读下面这段话，在斜杠处停顿。

> 灰姑娘住在一所 / 大房子里，但房子有点阴暗，因为她 / 有一个十分刻薄的继母。哦，她还有两个 / 丑陋的姐姐。她们也很刻薄。

听起来零零碎碎，对吧？贾森会听到许多类似的语音样本，然后指出更喜欢哪一个。没人指望贾森理解这段话的含义。研究人员只是想知道他对提示句子始末的线索是否敏感。贾森喜欢听断句正常的录音（第一个），还是断句不正常的录音（第二个）呢？他是否会通过注视一侧，间接地告诉我们，他已经对句子的始末有了一些感觉？每段话的字数都一样，都有三处停顿，他会如何辨别呢？

令人惊讶的是，本书作者之一凯西及同事进行这项实验时，发现4个月大的孩子就能分辨出两段录音的区别。孩子这么小就已经表现出对正常断句的偏好。通过简单的转头动作，贾森和其他同龄孩子表明，他们已懂得将源源不断的语流分离成"语块"。这就是进步！找到提示句子始末的线索，这是一种对语言模式的分析，而宝宝天生就有找到规律的本能。

寻找构成语言的基本单位：这个词是我的名字

一旦宝宝能断句，我们就可以进一步看看他们对词语了解多少。4 个月大的宝宝不仅已懂得语言的节奏，还认识几个简单的词。他们已经知道自己的名字。[9]

能识别自己的名字意义重大。在语言蜂拥而至时，听到一两个熟悉的字眼会很有帮助。孩子可以以名字为契机，认识名字前后的新词。

让我们再回到转头偏好实验，观察另一位母亲希拉和她的宝宝莫里斯。这个实验中，躲在仪器后面的观察者看到莫里斯注视着灯时，就启动右边的扬声器开始播放录音，并启动莫里斯右侧的闪光灯。莫里斯向右看，听到一段悦耳的声音："哈里斯、哈里斯、哈里斯……"一遍又一遍，直到莫里斯失去兴趣转过头去。为什么播放的声音是哈里斯而不是莫里斯？因为研究人员在比较莫里斯对自己的名字的和对另一个名字的关注度，这两个名字字数、重音位置都相同。莫里斯一转头，中间的灯又开始闪烁。莫里斯看向灯，躲着的研究人员将其关闭，随即打开了莫里斯左侧的灯。同样悦耳的女声从左边的扬声器中响起："莫里斯、莫里斯、莫里斯……"直到莫里斯再次转过头。重复这样的步骤，左右侧的声音随机播放，持续约 4 分钟。莫里斯会盯着播放"莫里斯"的扬声器看更长时间吗？如果莫里斯这样做，那么他至少能区分两个名字的差异。实验结果是——是的！莫里斯对播放自己名字的一边更感兴趣。他可能不知道自己是莫里斯，但他能听出自己的名字。

这样的知识对莫里斯有用吗？当然！本书作者之一罗伯塔在布朗大学参与的一项实验有助于说明这一点。[10] 像莫里斯这样 6 个月大的宝宝，能学习辨认一段话中自己名字后面的新词，但他们不能学会其他人名字后面的新词。换言之,他们将自己名字后面的内容当作值得记住的内容。这一发现告诉我们,知道自己名字的好处不仅限于能对吃饭的呼唤做出反应,名字还能帮助宝宝辨认语言的基本单位——单词,并记住它们。只要和宝宝说话,我们就能为其语言"磨坊"提供素材。作为天生的模式探求者,宝宝在每次我们和他们讲话时都在探索语言的奥妙。我们经常重复他们的名字,对句子的开头和结尾进行明显的划分,这些都是在我们和孩子交流时自然而然发生的,是早期语言发展的关键。

发现孩子的能力

知道自己的名字
适合年龄:4～8个月

想知道宝宝是否知道自己的名字,不妨想一个字数、重音和宝宝的名字相同的名字。在宝宝清醒的时候,悄悄走近他们,站在宝宝某侧稍后方,这样宝宝必须转头才能看到你。叫他名字,例如"科里"。宝宝转过头来看你了吗?如果他回头看你,并不能证明他知道自己的名字叫科里。叫一次"贾森",然后再试一次"科里"。宝宝是不是只有在你叫"科里"时才回头看你,而叫"贾森"时并没有回头?他在多大的时候会这样做呢?

到目前为止,我们提到的这些隐藏技能都在提醒你,宝宝早在学会说话之前,就已经开始努力寻找语流的模式。一开始,宝宝需要一个熟悉的词语作为"锚",帮助他们记住听到的词语。但到了7个半月大时,他们就不再需要靠自己的名字来记新词了。转头偏好测试证明,这个年龄段的宝宝即使没有听到任何他们熟悉的词,仍然能记住短句中的一些新词。[11]首先,他们听到一小段话,其中包含一个特殊的词,例如"帽子"。接着,用转头偏好法对其进行测试,看相比于没听过的词(如"杯子"),他们是否对听过的"帽子"更加留意。他们偏向于多听听过的词,这向我们展示了他们记忆语音的能力。

对于再过五六个月才会说话的宝宝来说,能做这么多真是相当了不起。这正是我们强调的重点:在宝宝学会开口说话之前的几个月,他们已经能找出句子和词语,同时记忆经常听到的词语。

8个月大的宝宝对语言模式的识别能力更加成熟。[12] 在一项研究中,婴儿听到一连串单调无意义音节,如"贝塔葛拉个塔皮亚",连续听2分钟。这一串字没有抑扬顿挫,声调平直。接着应用转头偏好法测试,宝宝从一侧扬声器中听到熟悉的三音节序列(如"塔皮亚"),然后从另一侧听到从未出现过的三音节序列,如"贝皮塔"。婴儿居然能记住听到过的音节序列,这让研究人员感到震惊。8个月大的宝宝已经是小统计学家了!这些研究告诉我们,从我们能够测试到的最初阶段开始,婴儿就在把语言切分成更小的单元,努力学习自己的母语。他们把一段语音拆成句子,找到熟悉的单词,用这些单词来学习新单词,并分辨构成单词的语音模式。婴儿不需要我们教他们这些技能。他们之所以能做到这些,是因为作为他们的语言搭档,我们提供语言模式,他们自行识别这些模式。

凝视与指向:无言的沟通

我们已向你介绍了宝宝的一些不易观察到的能力,但还有一些出现在1岁前的能力很容易观察到。你知道吗,宝宝6个月大时就可以跟随成人的目光去看一个有趣的玩具,9~10个月大时就能看向我们手指指向的地方。[13] 宝宝先学会追随我们的目光盯着某个有趣的物体或场景,之后才能学会判断我们是否追随他们的目光看向某个物体。手指的指向同样如此,他们懂得挥动小手指引起我们的注意之前,必须先学会追随我们的手指看向不同物体。

研究表明,6个月大时善于追随父母目光的宝宝,到了18~24个月大时将会拥有更大的词汇量。[14] 换句话说,如果你小时候就能看向妈妈看的方向,你很可能会更容易听懂她说的话。虽然我们不能下定论称能够追随视线指引的宝宝日后词汇量一定更大,但我们可以确定,追随成人的视线可以让宝宝了解什么是成人认为重要的东西。我们陪伴宝宝时,目光常常伴随话语,因此他们从我们的目光中学习语言是情理之中的。这是宝宝学习语言的一种基本能力,与父母和照料者对话对语言发展起着关键作用。你以前可能没有注意到,指向或视线追随对宝宝语言发展的影响,希望你从今以后多多注意。宝宝的表现真是了不起。

发现孩子的能力

视线追随或指向追随
适合年龄:6～12个月

宝宝能跟随你的视线看向有趣的物体吗?你可以自己尝试进行这项实验,也可以指导别人完成,这样你更容易观察宝宝的反应。把婴儿座椅搬到家里的另一个地方。宝宝开心地坐好之后(可能要给宝宝喂点食物),看向宝宝面前的某个有趣的物体,叫宝宝的名字,然后再次看向那个物体。他会跟着你的视线看去吗?不要为了引起宝宝注意而多说其他的话,看他能不能只根据你的视线就知道看向哪里。如果宝宝还不能马上做到这一点,可以每个月尝试一次。你会为他做到这一点而开心。

你可以用同样的方法观察宝宝对指向的反应。宝宝坐在座椅上,你指向远处一个有趣的物体,你甚至可以说:"看,欧文!"在宝宝8个月大时开始尝试这项实验。如果你的手指出去时,宝宝看着你的手指尖,不要为之惊讶。如果宝宝真这样做了,一个月后再试试。看看到9~10个月大时,他会怎么做?你会看到这种新能力的出现:他了解到别人手指向某物是希望他看的意思。

咿咿呀呀的好处

宝宝是沟通的高手。我们都知道,他们的沟通本领不仅限于指向等手势。从宝宝出生的第一个月起,我们就听到了他们的咕咕声、哭笑声(2个月左右是宝宝哭闹的高峰期,之后哭闹就会逐渐减少)。宝宝第一次大笑大约与哭声的最高峰发生在同一时期——大自然赐予我们与痛哭相平衡的能力。宝宝出生头几个月发出的咕咕声是一系列喉后元音("aaa""eee"等)。有趣的是,父母会努力回应这些声音,甚至对宝宝做出的任何肢体行为都会做出反应,仿佛他们真的在"对话"。我们甚至相信宝宝的这些行为都是有意义的,他们的每一次哭闹都表达了不同的身体状态(例如饿了或是尿布湿了)。

宝宝大约7个月大时,进入了下一阶段——开始咿呀学语。当宝宝闭上嘴唇同时又想发出声音时,就会出现最初几个辅音(ba、ga、ma)。父母会发现,这些发音很像在说话。宝宝现在偶尔会说一些只有自己才能听懂的话(如"吧嘎嘎嘎吧吧")。快到1岁时,宝宝已经学会了咿咿呀呀。虽然咿咿呀呀本身没有意义,但这是练习控制声带(喉部)发声和音量的重要阶段。这就是宝宝经常肆无忌惮地尖叫和低声哼唧的原因,他们正在尝试使用自己的发声器官。

发展到这个阶段,宝宝已经掌握了一些复杂的策略,可以让人明白自己的需要。本章开篇提到的乔丹,在不知道那个物体叫什么的时候,就能表达出想要海绵的诉求。显然,如果父母和照料者对宝宝的沟通欲望不予回应,那么他便不会有所进步。我们在这里发挥了重要作用:尊重孩子传达的"信息",仿佛他们表达得很清楚、很容易理解,即使实际情况并非如此。

一路走来,我们终于到了宝宝语言萌发的初期阶段,传统上一直把这一阶段视为语言发展的起点。孩子说出第一个词之前所做的一切奇妙的事情,通常都会被人忽略。鉴于此,我们在前文中讲述了一些现有的研究,从而证明孩子在说出第一个词之前已进行了很多语言分析工作。

语言乐团

若要了解宝宝第一年在语言发展方面取得了哪些成绩，一个很好的方法是把语言发展比作一个交响乐团。语言由许多部分组成，错综复杂的不同部分共同工作，以提供统一的声音。就像交响乐团由各个部分（弦乐、铜管乐器、管乐器和打击乐器）组成一样，语言也有单独的组成部分，如声音、意义、单词和语法，以及不同文化背景下语言的使用规则。我们谈论语言习得时，实际上是在谈论语言系统许多部分的发展，这些部分必须不断发展、协同工作，才能演奏出人类语言的"乐曲"。借用这个比喻，我们便会明白，宝宝1岁前进行的语言学习大多集中在管弦乐队的乐器发声上。

至少要到10个月大，宝宝才会真正理解他们发现的那些词的意义。在这之前，他们的注意力都集中在语言的语音模式上。例如，他们努力弄清语言中什么样的语音顺序是可接受的。宝宝1岁前取得的许多成就都是依靠自己取得的，这也许让你感到震惊。我们通常不会注意到他们正在努力做的事情，所以不知道该教他们什么。

赋予语言乐团意义（第二年）

大多数父母会发现，宝宝在13个月左右真正说出第一个词。不过，宝宝发出可识别的声音与说出第一个词之间界限模糊。宝宝第一次喊出"爸爸""妈妈"的那一天，为人父母者真的很幸福。自然，父母会把这当作宝宝最早会说的词。真是这样吗？这些话可能是宝宝最早会说的词，也可能只是宝宝的咿咿呀呀。世界上大多数语言中，称呼母亲的词听起来都像"妈妈"，为什么呢？

尝试一下说"妈妈""爸爸"和"宝宝"这些词。这些词的发音部位在哪里？它们都是从口腔前侧的唇部发出的。现在试试说"卡卡"或"娜娜"。你会发现，全世界都采用"妈妈"的发音是有来由的。用嘴唇发出声音很容易，并且别人这样做时，宝宝也容易看到。例如，唇语专家表示，比起那些用喉咙发音的字，他们更容易识别那些用嘴唇发音的字。

再回到我们的故事。我们怎么知道孩子发出的"妈妈"或"爸爸"是不是真正的词呢？研究者一般认为，即使孩子发音正确，也要满足三个标准才能确定他们是在说话，而不是咿咿呀呀。首先，如果他们说出的真的是词语，这个词每次出现都会带有相同的含义。所以，如果"爸爸"前一天指的是爸爸，但后一天指的是狗，那么宝宝还没弄清楚"爸爸"的含意。反之，如果宝宝用"爸爸"来指爸爸或其他男人（这可能会让妈妈很尴尬），或指爸爸的所有物，那么他就快要弄清楚"爸爸"的含意了！其次，宝宝必须带着交流的目的发出这些音。如果他只是喜欢反复说"爸爸"，但当爸爸在场时却不说，那我们不应该将其写入宝宝成长日志。最后，宝宝不仅能够看着爸爸的照片说出"爸爸"，看到爸爸本人也知道叫"爸爸"。能够在不同的场合下使用一个词，进一步证明宝宝懂得了这个词的意义。

发现
孩子的能力

宝宝说出的第一个词
适合年龄：9～18个月

看看你能不能捕捉到宝宝说的头几个词，把它们列在宝宝成长日志上，在每一个单词下面记下宝宝第一次说出这个单词的日期。在上方注明三个原则："意思一致""试图交流"和"运用于不同场合"。观察宝宝使用这些词时是否符合这三点。发现相符情况后，写下日期。

从宝宝第一次发出这个词的音到满足这些条件，真正说出这个单词中间过了多长时间？记录下第一个词是在什么情况下使用的也会很有趣。几年后，回过头来看看你见证孩子说出第一个词的情形和过程，那真是快乐无比。

使用手势可以加快学习速度吗 [15]

有人提出家长使用"宝宝手语"——类似于手语中的手势（比如拍拍头表示"帽子"），能够促进宝宝的词语学习。手势比嘴形或舌头的位置更容易引起注意，如果我们对宝宝做一些手势，可能宝宝学习得更快。这是一个有趣的说法，也不无道理。

根据加州大学戴维斯分校琳达·亚奎多洛（Linda Acredolo）教授和苏珊·古德温（Susan Goodwyn）教授的研究，学习手势比学习单词更容易一些。用手势和宝宝交流时，你会发现交流变得更丰富了。丰富的交流方式有助于语言的发展。那么，应该用手势和婴儿交流吗？这没什么坏处，而且可能会因为有趣，让宝宝对学习新词乐在其中。

发现
孩子的能力

"宝宝手语"
适合年龄：10 ~ 18 个月

如果你想认真教宝宝一些手势，不妨看看亚奎多洛教授和古德温教授合著的书《宝宝手语》（*Baby Signs*）。你可以在宝宝 10 个月左右时，开始教他一些手势，这些手势最好建立在宝宝自己做出的手势的基础上，比如指着天空就代表飞机。如果你和孩子多做几次这样的手势，那么指向天空就会变成表示飞机的标志。然后你可以再加几个手势，比如：

　　帽子——张开手掌，轻拍头顶

　　花——皱起鼻子做出嗅东西的姿势

　　更多——用一只手的食指轻敲另一只手的掌心

　　记住，手势和口语一样，你用得越多，宝宝就越有可能学会。研究人员称，学习"宝宝手语"的孩子相对于没有学过的孩子，在学习语言方面更有优势。为什么会这样呢？也许是因为父母每次做手势时，也会说出手势代表的词；也许幼儿更有精力去学习语言，他们不用再费尽心思东指西画来让父母理解他们的意思。

语言乐团的语法部分

　　无论宝宝使用手语还是说话，表达的内容是一样的。他们最先学会的词语常常是身体部位或名字（比如家里宠物的名字）。学习过程似乎颇为费力，宝宝只能一个词一个词慢慢学。大部分 18 个月大的孩子能说 50 个词，大多是他们周围人或物体的名称（例如狗、爸爸、耳朵、苹果、果汁、瓶子等）。孩子的词汇量突破 50 大关后，他们的词汇吸收能力突飞猛进，"命名爆炸"时期来临，各种词语从四面八方涌入他的脑袋。此时，我们的好奇宝宝开始不断询问物体的名称："那是什么？"研究人员指出，一般来说，18～20 个月大的孩子可以一天学习 9 个新词。想象一下，他们一星期便能学习多达 63 个新词！而且，一个词他们只需听一次，就能正确地学为己用。大多数情况下，孩子的学习成果是好的，然而这也意味着家长需要注意自己的言辞。一位记者曾这样问我们："为何有些孩子'出口成脏'？"我们的回答是："孩子听到什么就会说什么！"

　　50 个词作为分水岭至关重要，因为孩子达到这一词汇临界点后，会首次开始尝试搭配词语，说出两个词组成的句子。[16] 在此之前，他们只能一次蹦出一个词——充其量能把两个词连在一起说，比如"狗。房子"，但每个词都独立成句。到孩子18个月大时，他们突然开始扩展表达，开始学习语言乐团的语法部分。此时，他们能够连贯地说出"狗，房子"，表示狗跑进房子里。注意这句话漏掉了什么：动词"跑"和介词"进"。这是孩子首次组合句子的典型例子。母语为英文的宝宝会省略"这个"和"一个"这类小词、"到"和"从"这些介词，以及复数后缀和动词进行时这些语法规则。科学家将孩子的语言称作"电报式语言"，因为它听起来像老式电报："周六到。六件行李。码头。备车接。姑母玛莎。"

无论在哪个地方，孩子最初的词语搭配都是以这种形式表达相同含义。孩子想要更多东西，可能会说"多牛奶"；不要某件东西，可能会说"不牛奶"；注意到某物，可能会说"看猫"；评论某物消失了，可能会说"牛奶没"。尽管孩子使用的句子很短，省略了很多成分，表达的意思却是完整的。孩子的这种说话方式不是从任何人那里学来的，他们周围没有大人用电报式语言讲话。那么，为什么宝宝会这样说话呢？原因在于，孩子是模式探求者。他们还不具备运用完整句子的能力，但是他们有沟通的需要。因此，他们分析听到的语言，挑出重读和重点的词语，有效运用这些元素。大多数情况下，他们使用词语的顺序是正确的。没有人教宝宝怎么做，他们自然而然地运用了自己的分析技能，一步步向前发展。

发现
孩子的能力

词语组合
适合年龄：18 ~ 30个月

当听到孩子第一次运用词语组合时，将该词语组合记录下来，几年后再翻看这些记录会分外有趣。同时，也记录下你认为孩子想要表达的内容，因为在词语组合的初期阶段，他会遗漏很多重要的语言信息。注意被遗漏的词，他的句子里有"一个"或"这个"等小词吗？他会用复数和时态吗？是否使用了"在"或"之下"等介词？观察孩子的早期语言会让这几个月充实有趣！通常，这个阶段语言发展速度很快，我们不禁好奇孩子是如何做到的。做好记录，敏锐观察孩子遗漏的词句和渐渐加入的词句，这会让孩子的早期语言发展变得不再神秘，而成为一连串妙不可言的惊喜。

更复杂的句子（第三、四年）[17]

在孩子开始运用词语组合之后，他们说的句子会逐渐变长。现在，他们正努力研究语言乐团中的语法部分：怎样造句才能表达想法？如果他们想要沙发下的一个球，一开始他们只会说"球"，接着会说"要球"，然后是更为复杂的"要贾森球"，进而是："要沙发下面贾森的球。"最后，他们终于能够表达出两个句子的组合："我想要我的球。它在沙发下面！"

你会注意到他们的电报式语言中逐步加进了许多原本遗漏的语法细节，这种渐进过程至关重要。不过在这个阶段，他们真正能够表达的范围仍然有限，他们可能会说"不吃"或"不吃午饭"，实际上表达的意思是"现在不想吃午饭。"有趣的是，他们的脑子有时比嘴巴动得快。他们有很多话要告诉我们，却无法畅快地悉数表达，因此有时结结巴巴。然而，这并不是真正的口吃，没什么好担心或值得注意的，这只是脑子运转得比嘴巴快而已。真正的口吃症状是在一句话中间会多次停顿重复，而不只是在开头如此。[18]一般而言，口吃患者多为男性，有一定的遗传因素（比如爸爸或叔叔患有口吃）。

此时，孩子变成了熟练的语言使用者，不过，你可能会注意到一些奇怪的事。[19] 一位细心体贴的妈妈简曾打电话来告诉我们，她发现3岁的女儿艾莉森的语言变得有点奇怪。她说艾莉森会说"我刚刚去到洗手间"（I goed to the bathroom）㊀。简感到担心，她知道艾莉森之前都会用正确的"去了"（went）而不是"去到"（goed）。孩子是不是产生了语言问题？什么地方出错了？

答案是否定的。艾莉森不仅一切正常，还展现出了自己的才能。过去式在词尾加上"ed"是英文中的一般规则，如"walk"的过去式是"walked"，"jump"的过去式是"jumped"，甚至如果你想说一个自造动词"blix"的过去式，你也应该知道说"blixed"。艾莉森的行为告诉我们，她已经掌握了这条规则。没有人教她这条语法规则，对她说："听着，在提到过去发生的事时，我们通常会在动词后面加上'ed'。"发现这条规则后，艾莉森可能下意识地认为："我之前可能用错了，应该使用一般规则。"慢慢地，这种错误的想法会自我纠正，家长没有必要担心。多年以来，孩子的这种语言处理常让研究者和专家大呼神奇。

没有家长的正式指导，艾莉森便自行发现了绝大多数动词过去式的变化规则。这与人们对语言学习的主流观点并不一致。也许有人会认为，对我们口齿不清、语言技巧仍不纯熟的孩子大加赞赏似乎有悖常识。然而，没有家长会说"goed"，显然孩子这样说不是出于模仿，那么这种用词方式从何而来呢？孩子能够自行归纳出语言规则，这一事实足以破除长期以来我们对孩子语言学习的误解。那些认为自己应该对孩子的语言学习全权负责的家长要知道，孩子会自行归纳、消化、吸收听到的语言，不需要大人的帮助也能习得语言。这并不意味着孩子完全不需要语言学习，孩子当然需要语言学习，但是家长不必做孩子的24小时家教老师，全天候辅导孩子的语言学习。孩子能自然而然地发掘出大多数语言技能。

㊀ 在英文中，过去式的一般标记是在动词词尾加"ed"，但是一些特殊动词有着特殊的变位，例如"go"的过去式为"went"。——译者注

发现孩子的能力

语言规则

适合年龄：24 ~ 36 个月

1958年，一位心理学家开发了一套名为"瓦格测试"⊖（wug test）的儿童语法习得实验。[20] 你可以从杂志上剪下一些素材，让孩子参与这个测试，以证明孩子能自行整理语言使用规则。你可以每隔4个月左右重复一次该实验，看看孩子进步了多少。

收集以下图片：一张表示某人正在做某事，如人在跑步；两张物体图片，一张显示单个物体，如一个苹果，另一张显示两个或两个以上的同类物体，如两个苹果；一张活动图片，显示对某物进行某种活动（如一个女人正在揉面）。你还需要一个毛绒玩具或娃娃。告诉孩子有个毛绒玩具（取个名字，就叫布赖蒂好了）要学说话，需要孩子的帮助。看着跑步图片，你可以这样问孩子："布赖蒂说'这个男孩正在blixing'，那么如果她想表达'昨天这个男孩_____'，该怎么说呢？"让孩子补充说完，这样你就可以考察孩子是否掌握了使用过去式。接下来，拿出印有一个苹果的图片，你可以这样说："布赖蒂叫这个东西'wug'。"随即再拿出印有两个苹果的图片，问孩子："现在布赖蒂该怎么表达呢？这里有两个_____。"这样可以很容易地看出孩子是否掌握了单复数概念。最后，拿出活动图片，你可以问三个不同的问题。例如，你可以考察孩子能否找到动词，可以这样问："布赖蒂说这位女士在'daxing'，你能指出她的哪个部位在'daxing'吗？"观察孩子是否指向女人的手。接着，你可以提问："'modi'在哪儿？"观察孩子是否指向碗，知道你在使用一个新名词。或者，你可以问："那些

⊖ 一种儿童语法习得实验，由波士顿大学的琼·伯科·格利森（Jean Berko Gleason）教授开发。格利森教授利用英文自造词"wug"，排除儿童记忆力的干扰，考察他们真正的语法知识。同理，后文的"blixing"和"daxing"也是自造词，无实际含义。——译者注

'roltan'在哪儿?"（Where's some roltan?）观察孩子是否指向糊状的东西，意识到新名词前没有冠词，所以指的是不可数名词。

孩子开始学习语言乐团里的语用部分（第四年）

三四岁的孩子已经基本掌握了语音体系，学会了如何遣词造句。此时，他们的注意力开始转向语言在社交情景中的用法。这便是"语用"：分辨何时以何种方式说话，并根据谈话对象的不同调整说话方式。在美国，家长很早就开始训练孩子如何恰当地运用语言。那些还没学会说话的小宝宝就被带去走亲访友，在欢度人生第一个万圣节时，爸爸妈妈就会鼓励他们说"请"和"谢谢"。[21]一旦他们开始学说话，父母便会哄着说"多点牛奶"的孩子用那个神奇的词——"请"。懂得在适当的时间说适当的话与能够正确地遣词造句同等重要。没有家长想培养出一个常说错话或讲话不得体的孩子。不过，我们不必紧张，孩子都是天生的模式探求者，基于对我们的观察，他们便能学会如何运用语言。你会发现，孩子在你毫无准备的时候，突然使用了某个你意想不到的社交常用语。宾客辞别之际，4岁的阿曼达突然热情地说道："见到您真高兴！"这句话让母亲心中暗喜，因为她知道孩子从哪儿学会的这句话！

发现孩子的能力

语用
适合年龄：12～24个月

试着观察自己如何培养孩子使用社交用语（例如"请"和"谢谢"），也留意其他不同年龄孩子的家长是如何做的。即使孩子还是小宝宝，家长也会教他们这些，观察起来很有意思。如果你的孩子能够说这些社交用语，试着观察他的用法是否正确。具体而言，他有没有用"谢谢"表达"请"的含义，或者相反，用"请"表达"谢谢"的含义？你有没有注意到家长如何教大孩子使用这些用语，用意是什么？你可曾注意到自己在社交场合教孩子向别人打招呼（例如"塔拉，说'您好'"），或者让孩子说说你们昨天去了哪里（例如"告诉琼斯先生我们昨天去了哪儿"）。这就是许多人教孩子进行对话的方式，让孩子能够参与其中。

我们都会时不时地给孩子进行语用训练。我们尝试教给孩子的社交技能对他们来说至关重要，他们需要了解上学时如何在校与老师进行沟通。那些能说会道的小朋友向我们学习有礼貌的谈话方式，并学会讲故事。每种文化中的礼节都是不一样的，我们鼓励孩子端正言行，实际上是在教他们所处文化中的社会话语。例如，在英美中产阶级社会，人们交谈时会盯着对方的眼睛而不是脚。所以家长可能会这样教育孩子："请看着鲁宾逊夫人讲话。"然而，如果家长是住在得克萨斯州的奇卡诺人⊖（Chicano），他们的教学内容则完全相反："请不要看着鲁宾逊夫人讲话。"为什么呢？原因在于，在他们的文化中，与长辈进行眼神交流是被视为不礼貌的。每种文化对于如何与人交流都有一套自己的准则。

学习如何正确使用语言的一个重要方面，是理解别人讲的话真正想表达的意思。想象一下，如果我们把别人说的所有话都理解成字面意思，将会闹出多大的笑话。

一位女士走在街上：你有手表吗？

你：有。（一边说，一边继续前进！）

⊖ 奇卡诺人指墨西哥裔美国人或美国讲西班牙语的拉丁美洲人后裔。——译者注

这位女士对你有没有手表并不感兴趣，她只是希望你能告诉她时间。不过，她询问的方式比较委婉，甚至没有提及自己的请求。这是因为在我们的文化中，这种询问方式更加礼貌。

显然，知道词语和组词成句的语法结构只是语言发展的冰山一角。孩子4～5岁时，开始运用语言进行交流。他们需要表达自身愿望和需求，即使是向不那么熟悉的人（比如新老师或保育员）表达。他们同样需要挖掘大人在社交谈话中表达的准确含义。4岁的孩子可是出了名地"擅长"解读字面意思。

下面是4岁的简和她妈妈的朋友萨曼莎的一段电话对话。

萨曼莎：嗨，简！你妈妈在家吗？

简：在家。（紧接着是长时间的沉默。简仍然在电话那头，以为萨曼莎打电话来就是为了打听这件小事而已。）

萨曼莎：简，你还在听吗？你能帮我把她叫来吗？

简：（一声不吭地放下电话，然后离开去找妈妈）

简按照字面意思回答了问题，但这只是表层含义。真正的含义是，萨曼莎在礼貌地请求简让妈妈接听电话。同时，简也没有意识到，通话时对于对方的提问，我们除了付诸行动之外，还需口头应答。如果我们和一个成年人通话，他一声不吭就放下电话去找我们想找的人，那会是何等怪事！我们会认为此举非常不礼貌。

到达该年龄段后，孩子不仅开始学习辨识字面意义和非字面意义，还开始学习故事及故事原理。研究人员对故事的发展进行了广泛研究，[22]部分有关阅读技能的内容会在下一章做进一步阐述。现在，你只需记住，该年龄段的孩子喜欢故事。他们喜欢听你讲儿时的故事，盯着你的家庭旅行相册看个不停，也喜欢听你讲虚构的或看着书朗读的睡前故事。研究人员发现，讲故事为孩子未来的读写能力奠定了基础。可是，这门"家庭艺术"似乎日渐衰落。我们讲故事时，会设置一个背景，塑造人物，让他们展开一段旅程，中途会出现冲突和矛盾,最后成功解决问题。我们的孩子还不懂得这些部分,不过,如果我们给他们讲故事或是和他们一起编故事,他们就会自己分析并发现故事的原理。

最佳教育时机

讲故事

孩子讲的故事数不胜数,只不过我们有时没有意识到他们在讲故事。这些碎片化的语言不知从何而来,大人多半只是听听,忽略了帮助他们继续创作故事的机会。所以,下次3岁的女儿突然说"恐龙"时,不妨试着与她进行以下对话。

妈妈:啊,是的,恐龙……从前有一只恐龙,这只恐龙是……绿色的?

女儿:不是,是蓝色的。

妈妈:没错,蓝色的恐龙。从前有一只蓝色的恐龙,它的肚子很饿……

女儿:它在森林里走啊走,寻找食物……

我们只需要回应孩子,故事似乎就顺势展开了。只要成为积极、专注的倾听者,我们就能和孩子一起编故事,并在这个过程中更多地了解他们的想法。

话匣子和闷葫芦

我们到目前为止呈现出的都是一般孩子的特征。然而,没有哪个孩子是"一般孩子"。比如乔、萨曼莎、玛莎和彼得,尽管他们都是健康、正常的孩子，但在语言发展方面却差异很大。乔到了 17 个月大时才开始说话，因为他经常耳部发炎，而且，他的两个哥哥姐姐几乎让他插不上嘴。晚出生的孩子学说话更慢，这种观点有一定的事实依据。因为晚出生的孩子和头生子女相比，从家长那里得到的关注较少，也没有足够的语料进行加工。不过，令人欣慰的是，到了三四岁，没有人会知道一个教室里哪个孩子早学会说话，哪个孩子晚学会说话。

接下来说说萨曼莎。16 个月大的她就已经很健谈了。不过，她并不喜欢像哥哥马特一样到处指认周围事物的名称。马特渴望学习目光所及之处的一切事物名称——不论是在家、在博物馆还是在马路上，这曾让爸爸妈妈哭笑不得。萨曼莎则喜欢和人打招呼，每见到一个人，她都会说"你好"和"再见"。虽然她的词汇有限，但她会使用一些社交用语，比如"请"和"谢谢"。

玛莎的情况则有点不寻常。2 岁的她已经成为小演说家，能够成段成段地讲话。与之相反，18 个月大的彼得语言学习进展缓慢。杰茜卡是彼得的母亲，她表示："每次送彼得去游戏班（playgroup），我都心神不宁。16 个月大的艾莉森和 17 个月大的杰克都已经会说很多词了，而我的彼得只会说两个词。"菲莉丝的孩子也参加了游戏班，这位经验丰富的母亲注意到大宝和二宝之间的显著差异。"我会为每个孩子记日记。苏茜 18 个月大会说 61 个词汇，而阿琳只会说 5 个。"后来菲莉丝的第三个孩子起步也慢，不过此时她没那么担心，因为她知道阿琳后来的语言学习能力和苏茜一样出色。

如果孩子的语言发展速度有巨大的个体差异，那我们怎么知道在什么情况下应该警觉呢？一些指标非常关键：如果孩子 2 岁时仍只字不说，或是到了 2 岁半还无法用两个词语组成句子，就需要检查孩子是否有语言方面的障碍。另外，如果孩子在听人讲话时没有眼神交流，看起来似乎在神游，你就应当开始警觉。如果确实存在问题，越早干预，效果越好。首要的任务是带你的孩子做听力检查，并与儿科医生进行沟通。[23]

家长的角色是语言搭档[24]

现在,你已经了解了研究人员眼中大部分孩子的语言发展情况。在语言学习过程中,孩子有很多可圈可点的表现,但仍有很多问题值得深思。家长和老师在孩子的语言学习中扮演着怎样的角色呢?如果孩子自然就能懂得这么多,我们还能做什么?我们已经阐释了为什么你无须教孩子语言课程。你要做的是与他们搭档合作,帮助他们推进对话。我们抓住越多与孩子交流的机会,他们可以分析的语料就越多,他们就能奠定越扎实的语言基础。大量证据已经证明了这一点。

推进对话

佛罗里达大西洋大学戴维校区的埃丽卡·霍夫(Erika Hoff)教授和一些其他科研人员致力于研究家长是如何在用餐和游戏时间与孩子进行交流的,以及这种交流与孩子未来语言驾驭能力之间的关系。[25]那些鼓励孩子对话、经常问孩子问题、接过孩子话茬、与之建立对话的家长培养出的孩子具备更强的语言能力。你该如何做呢?试着比较学历和收入相仿的玛丽和杰米两位母亲在晚餐时和3岁孩子的对话。

孩子:我想要面包。
玛丽:(递过面包)给。
孩子:妈妈。
玛丽:还想要吗?
孩子:嗯。
玛丽:(递过更多面包)给。

孩子:我想要面包。

杰米：面包口感很好，对不对？你是想要 1 片还是 2 片？

孩子：请给我 1 片面包。

杰米：（递过面包）你喜欢今天带到学校去吃的三明治的面包吗？

孩子：喜欢，很好吃。

杰米：我为你准备的午餐面包叫作黑麦面包，它是一种德国黑面包。你以前吃过这种面包吗？

玛丽回应了孩子的请求，却未能抓住机会扩大谈话范围。只要孩子表现出兴趣，对话就能朝着各种方向进展。而杰米意识到了这一点，把握住受教时刻，成为孩子的语言搭档。她不仅让孩子使用数字，为孩子提供选择的机会，还围绕孩子的请求引申话题，培养孩子的语言技能，甚至为孩子介绍了一种面包的名称。

家长基于孩子的兴趣展开对话，便能够刺激孩子的语言发展。大量研究告诉我们，此举效果显著。研究表明，只要家长经常跟孩子谈论孩子感兴趣的事物或活动，即使是 18 个月大的小宝宝也能拥有高于同龄人的词汇量。这些孩子以后上幼儿园或小学一年级时，会比同学拥有更大的词汇量和更强的阅读、算术能力。

请注意，不要认为我们在建议你采取极端的做法。你不必半夜叫醒孩子，和他讨论死亡和税收。你也不必热烈积极地回答孩子的每一句话。你只需铭记：当你基于孩子的兴趣和想法与之建立真正的对话时，你就能传递至关重要的知识，包括语言知识和其他知识。

多和孩子对话，越多越好

堪萨斯大学毕生发展研究中心的资深科学家贝蒂·哈特（Betty Hart）教授和托德·里斯利（Todd Risley）教授合作进行了一项研究，探讨了家长在孩子语言学习中扮演的角色，[26] 这项研究引起了巨大反响。他们把家长和孩子间的搭档式交流比作一种交际舞，孩子学习语言时，家长和孩子都会参与其中。这项研究历时 3 年，研究对象包括 42 个家庭。通过这项研究，两位教授揭示了家长在孩子的语言学习上发挥的举足轻重的作用。他们对不同社会背景的家庭进行研究，观察高知家庭、工薪家庭和困难家庭的亲子语言互动。研究结果发现：困难家庭的亲子交流频率明显低于工薪家庭和高知家庭。这一发现堪称头条新闻，发人深省。数据表明，困难家庭的孩子平均每小时仅能听到 616 个单词，而工薪家庭和高知家庭的孩子分别能听到 1251 个单词和 2153 个单词。据此推算，一年的时间里，数字呈现出巨大的差距：困难家庭的孩子只受到了 300 万词的语言锻炼，工薪家庭孩子受到了 600 万词的语言锻炼，而高知家庭孩子则受到了 1100 万词的语言锻炼。

研究不只局限于观察语言的量，还观察了家长对孩子说话的方式。一些家长对孩子说话时惯用研究人员所说的"消极语言"（disapproval），而另一些家长则更多使用"积极语言"（affirmation）。消极语言指惯用否定句，例如"错""不可以"或"住手"，这些语言会终止对话，而非鼓励孩子加入其中。与之相反，积极语言包含褒奖"干得不错"、鼓励"再试一次"和称赞"你真的做得很好"。接下来，请看 23 个月大的英奇和妈妈互动的例子。

英奇："球"，妈妈重复道"球"。英奇一边重复电视广告中的词汇，一边把球扔向电视。妈妈看到后说："你明知这样做不对，为什么还要这样做？"英奇拿着球坐在沙发上，跳下来的时候摔倒在地。妈妈见后嘀咕道："现在伤着了吧，我看你还要弄出些什么花样。"英奇回到沙发上，站起来，然后爬到沙发后面。妈妈呵斥道："喂，别爬沙发！"

我们都需要管好孩子，确保他们不会伤到自己。不过，我们可以在教育孩子的同时推进对话，比如可以说："不要在家里扔球，好吗？要不要去外面玩？"或是"需要我帮你找其他玩具吗？"

研究人员比较了消极语言和积极语言在各阶层家庭中的使用频率，结果令人大吃一惊。高知家庭的孩子平均每小时听到32次积极语言、5次消极语言，比例约为6∶1。工薪家庭的孩子听到12次积极语言、7次消极语言，比例约为2∶1。然而，这个比例在困难家庭孩子身上完全颠倒。困难家庭的孩子每小时听到5次积极语言、11次消极语言，比例约为1∶2。这些差异反映的家长向学习语言的孩子传达的信息的影响力不容小觑。高知家庭的孩子因为交流受到奖励，而困难家庭的孩子却没有，他们学会的只是服从指挥。高知家庭和工薪家庭的孩子经常受到鼓励和称赞，而困难家庭的孩子听到的内容不利于自尊心的发展。

哈特教授和里斯利教授表示，亲子交际舞的比喻最适合用来描述正在学习语言的孩子与父母的互动。他们写道："亲子交流除了能够鼓励孩子实践，为孩子提供语言经验外，还能促进亲子关系……家长最需要关心的是和孩子一起'跳舞'的次数……头三年的语言经历形成了词汇增长轨迹……这将会对孩子未来表现产生长期影响。头三年，孩子几乎完全依赖成人这个'舞伴'。2岁的孩子各方面技能尚且处于雏形阶段，对他们而言，比起语言专家，他们更需要愿意与之'共舞'的'舞伴'。孩子需要的是成人的时间，而不是技巧。"

换言之，孩子学习语言、掌握大量词汇的关键在于与父母对话。亲子交流不仅有助于孩子语言发展，还有助于扩展他们对世界的认知，让他们更愿意与他人进行沟通。我们在前文中讨论的亲子互动模式与孩子的词汇量及日后的智力水平密切相关。因此，家长和照料者的挑战就是和孩子跳好这支"交流之舞"。

这并不是什么难事，也没什么复杂步骤需要注意，你只需在孩子的带领下谈论他们感兴趣的话题。即使是晚餐时间，也会产生一些有利于语言学习的机会。爸爸常常会鼓励孩子"告诉妈妈我们昨天做了什么"，这一帮助孩子进行表述的过程就是一支赏心悦目的"舞蹈"。在用餐时间与父母持续对话的孩子能够倾听他人的语言表达，尤其是听到别人对过去事件的描述或做出的解释。因此，他们比晚餐时间得不到双向交流的孩子拥有更大的词汇量。

最佳教育时机

词汇发展

几乎每次交流都蕴藏着大量机会，可以提问或帮助孩子学习新词汇。例如，孩子整理玩具时（希望孩子会这样做），我们可以避免使用命令式语气"现在把它捡起来"，改用问询式表达"你能想出其他方法收拾这些玩具吗？"然后，你可以用某些出乎意料的语言或行为，给他一个惊喜，比如"我要用脚趾把这个玩具夹起来！"孩子通常会跟上你的节奏，乐在其中。他们不仅会积极践行各种收拾玩具的另类办法，还可能会想出更加好玩的主意——他们会一直滔滔不绝地讲话，不知不觉中进行了词汇量扩展练习。

提供刺激语言发展的环境

你现在应该可以了解，作为孩子的语言搭档，我们的一言一行对他们未来的语言发展有至关重要的影响。有关语言刺激和干预的研究表明，卓有成效的家庭育儿法同样适用于幼儿园等其他环境。美国国家儿童健康与人类发展研究所最近开展了一项大型研究，研究对象涉及来自美国10座城市的1300名儿童。[27]本书作者之一凯西·赫什-帕塞克就是该研究团队的一名成员，团队从儿童出生起便跟踪调查，广泛研究他们生活的各种环境如何促进或阻碍未来的发展。由于语言在儿童发展方面起到核心作用，这项研究调查了语言刺激对日后的入学准备技能的影响。研究表明，老师和照料者越多与孩子交流、问他们问题，便越能为孩子创造出刺激语言发展的环境。结果是，3岁时，经常与成人进行对话的孩子比那些不常进行对话的孩子认识更多字母、颜色及形状。该结果与许多文献的结论相似。因此，语言刺激是孩子未来词汇、阅读和算术技能的最佳预测指标之一，这一点毋庸置疑。

干预性研究发现的结论与之相似。在这些研究中，研究人员亲身介入缺乏刺激的语言环境，帮助该环境下的孩子提高语言水平。研究人员发现，当他们把语言和阅读刺激引入资源匮乏的环境，孩子受益匪浅，取得了惊人的进步。[28]

从这些研究工作得出的结论无疑表明，在学校和幼儿园环境中更多的语言交流是孩子以后学业成功的关键因素。现在，大部分四五岁的孩子都上幼儿园，因此当务之急是在幼儿园提供刺激语言发展的环境。有见地的父母在家中提供的语言刺激和回应，是学前教育工作者也需要坚持运用的。老师和照料者需要多和孩子交流——叙述故事、提出问题、朗读书本。

学以致用

本章的主要目的是让家长放下压力。家长不用做孩子的语言教师，但是需要成为孩子的语言搭档。我们的工作是给孩子听到语言的机会，让他们像小统计学家一样，分析各种语言使用的频率与适当时机。如此一来，他们便能发现语言的规律。我们还应邀请他们加入对话，允许他们发表见解，分享新奇想法。有时，他们的成果仅仅是打了个嗝或是牙牙学语；而有时，他们能讲出一个故事来。在生活中，我们需要给足他们发挥空间，放慢节奏，听他们讲话。

基于孩子的观察和行为展开对话。 如果我们的孩子专心致志地听我们说话，他们就会吸收、理解我们说的每一个字。不过，我们有时意识不到这一点，因此并不会践行这一原则。换言之，我们没有善加利用绝佳的教育机会。我们曾在费城著名的触摸博物馆（Please Touch Museum）听到这样一段对话：

孩子：（入神地盯着博物馆门口的大象阿蒂塑像[一]）

妈妈：走吧……啊，看那里，是"爱丽丝梦游仙境"展览。

孩子：（仍然盯着大象看）

妈妈：（感到不耐烦，牵起孩子的手）走吧，我们快看看这里有哪些好玩的东西……

孩子：（一边被妈妈拉去下一个展品，一边回头看大象）

我们中很多人都有类似的经历。我们花了很多钱去博物馆，可我们的孩子竟然只想看大象？其实，我们完全可以围绕大象展开对话，成为孩子的语言搭档，将对话推进下去。去博物馆到底是为了谁？孩子真的有必要看完博物馆的每件展品吗？我们需要记住，孩子的节奏比我们慢。我们能够快速处理信息，而孩子往往需要耗费更长时间才能完全吸收。对他们来说，所有事物都是新奇的。不论何时，当孩子沉醉于某样事物时，我们都可以把握机会，基于他们注意的焦点展开对话。

基于孩子的语言展开对话。科研人员把这称为"扩展对话"。这对孩子大有帮助，原因可能是我们向他们示范了很多方法来完整地表达他们之前表达的内容。同时，扩展对话还引入了其他信息，供孩子学习吸收以备下次使用。下面这个例子来自乔尔（2岁半）的爸爸。他下意识地根据乔尔说的话将对话进行扩展，推进对话。

乔尔口齿不清地说：看那头大奶牛！

爸爸：我看到了一只动物，但它不是奶牛，是一匹马。它的叫声是"嘶——"（做出演示）。你能模仿一下吗？

乔尔：（尝试发出马鸣声）

爸爸：真棒！马儿住在谷仓里，奶牛可能是它的朋友。你想试试骑马吗？

[一] 大象阿蒂塑像（Artie the Elephant's statue）由各种玩具的边角料组成，颜色多样，视觉冲击感强，属于环保艺术品。——译者注

乔尔：不！太大啦，我会摔！

爸爸：哦，你觉得它很大，你会摔下来，对吗？不会的，我会抓紧你，不会让你摔下来！

这段对话的重点在于，孩子能听到多种语言表达方式，同时，父母可以潜移默化地教孩子新词汇和知识。[29]

引出对话，而不是终结对话。想办法让孩子有兴趣参与对话，使对话进行下去。在交流中，我们需要不断提出问题，寻求答案。我们不仅需要扩展对话，还需要帮助他们构建语言。试着询问具体的问题，避免宽泛的问题。如果你问孩子"今天在学校发生了什么"，他们可能会回答"没什么"；但是，如果你问"今天的圆圈时间㊀你们做了什么"或是"今天珍妮去学校了吗"，就能创造机会，跳好"交流之舞"。

不要害怕使用婴儿语（baby talk）。[30] 与孩子交流时，家长常常下意识地注意让自己显得老练一点。他们担心，如果对1岁左右的孩子使用婴儿语，孩子长大后也会那样说话。然而，研究人员发现，使用婴儿语并没有问题（即使你会觉得有点儿蠢）。这种语言语调夸张、声音尖锐，再加上夸张的面部表情，能吸引孩子与说话人进行交流。你不必担心孩子上大学时还会用这种方式说话。孩子到了3岁左右，能独立说话时，家长便会下意识减少婴儿语的使用。

有研究表明，婴儿语甚至能给孩子带来切实的好处。尖声细语似乎会让孩子觉得这种语言是为他们准备的。因此，相比于成人语言，孩子更喜欢听婴儿语，这不足为奇。此外，婴儿语能向孩子传递情感，因此它具有很强的交际性。婴儿语的夸张特点可以帮助孩子发现语言的原理。斯坦福大学心理系教授安妮·弗纳尔德（Anne Fernald）在6个月大的婴儿身上证实了这一点。[31] 如果你用低沉的嗓音说赞美的话，婴儿会表现出害怕的样子；而如果

㊀ 圆圈时间即上课时间，在欧美的幼儿园和小学里，教师通常会组织孩子们围坐在教室中央的地毯上，以集体授课的方式带领他们活动，给他们讲授知识。——译者注

你用婴儿语说话,即使说话内容不那么友善,他们也会咯咯地笑着回应。因此,你不必忧心忡忡:没有证据表明婴儿语会阻碍语言发展;恰恰相反,倒是有证据表明,婴儿语能够加强孩子对语言本身和语言属性的注意力。

限制电视时间。[32] 说到玩具和电视,我们同样需要相信自己的直觉。科学知识告诉我们,孩子需要主动、灵活的语言搭档,而不是被动的搭档或是互动玩具。电视和电脑游戏并不是最佳语言学习工具,电视节目不能扩展对话或提出问题,充其量只能吸引孩子的眼球,让孩子对看到的内容发表评论。关于看电视和语言发展关系的研究仍处于起步阶段。不过,最新研究告诉我们,某些教育类节目确实能够教授孩子词汇,《芝麻街》《妙妙狗》《巴尼和朋友们》以及《天线宝宝》等节目都是不错的选择。最佳学习方式(尽管并不总是切实可行)是和孩子一起观看这些节目,这样一来,我们便可以和他们讨论节目内容。当然,必须有时间限制。18个月以下的孩子,每天看电视时间不能超过30分钟;18个月及以上的孩子不能超过1小时。相信你的直觉,每天看一点高质量的电视节目对孩子是有利无害的。

评估托儿所或幼儿园的语言环境。[33] "沉默是金"并不适用于保育环境,孩子需要互动交流。不妨花点时间观察孩子的保育环境,尤其注意良好语言环境所必备的五个要素。

1. 积极回应:孩子和照料者或老师说话时,后者有没有积极回答他们?
2. 积极情绪:回应孩子时,照料者或老师是否面带笑容、开朗活泼?
3. 老师是否能引起孩子的注意?她谈论的话题孩子是否感兴趣?
4. 扩展延伸:老师有没有提出问题,扩展与孩子的对话?
5. 阅读训练:教室里是否摆满书面材料和图书?老师会不会念故事书给孩子听?

如果想让孩子接触第二门语言,最好让孩子处于该语言环境中。世界正变得越来越小,会说一两种外语是一种优势。把那些标榜外语学习功能的玩具放到一边，试着把孩子送到有天然外语学习机会的幼儿园或学校，或是雇一个会外语的上门保姆。这是让孩子真正接触一门新语言的绝佳机会。试试吧，结果会让你喜不自禁。研究表明，对于学习两种语言的孩子而言，分开教学效果最佳。比如，爸爸说一种语言，妈妈说另一种语言；或是在校说一种语言，在家说另一种语言。在这种最优条件下，你会发现，天才宝宝可以从 2 岁或 2 岁半时开始学习两种语言，并正确使用它们。要不要让孩子学习外语？决定权在你。如果你确实想要为孩子做点有价值的事情，不妨在孩子具备学习能力后，尽早让其学习另一种语言。

学习语言的关键在于孩子和父母都乐于进行语言游戏。与你的孩子进行交流，从一开始就成为他们的对话搭档。没有必要纠正孩子的言语，只要给予他们足够的时间和丰富的语言经验，他们自然能够从错误中学习。毕竟，人类的语言技能已历经上千年的进化磨炼，婴儿生来就有驾驭语言学习的能力。想要孩子获得出色的语言能力，家长要做的仅仅是与之交谈。

Einstein Never Used Flash Cards

第 5 章

读写能力
字里行间的意义

　　一起来看看两种引领孩子进入阅读世界的做法——我们称之为"两个读者的故事"。你认为这两个家庭中,哪个家庭能更好地帮助孩子学习阅读?[1]

　　蕾切尔今年 2 岁,性格活泼,她和单亲妈妈安妮一起生活。安妮打算在女儿上学前就为她提供成为一名优秀阅读者所需的家庭经验。安妮几乎每天晚上都会为蕾切尔读睡前故事。但蕾切尔太活跃了,安妮有时为她读书时会有些抓狂。蕾切尔真正静下心来听她朗读时,安妮会尽量减少干扰。蕾切尔提出问题、指点或试图与妈妈讨论书本上的图画时,安妮会装作没听见、没看到。她会继续读下去,保证她和蕾切尔每晚至少能读完一本书。安妮还准备了一些秘密武器。她们读完书,安妮会用一套印有彩色大字母的识字卡帮助蕾切尔学习字母表。蕾切尔的房间也宛如遍布学习机会的金矿,她有一个新的机器人玩具,教她阅读和学前数学(包装盒上还承诺该产品能教孩子思考,帮助孩子学会解决问题、知书达理)。她还有最新的电子书,让字母学习变得"趣味无穷"。安妮确信,在这种学习资源丰富的环境下,蕾切尔上学前就能学会阅读。

2岁的纳特和父母以及姐姐克丽丝滕住在一起。他经常拿着书爬到父母或姐姐的腿上，要他们"读书！读书！"他们几乎从纳特出生就开始读书给他听，他的小房间里到处都是书、蜡笔和纸。纳特很喜欢听别人念故事书，一旦他手里拿到书，就缠着大人念。纳特会一直不停地问关于书上图片的问题。"那是什么？"他抬头看着读者的脸，用小食指指着某幅图片。不过，他的父母和姐姐对此并不介意。他们不但一一回答他的问题，指出书页上他可能没有注意到的内容，还问他关于故事的问题："你觉得欧文斯先生（书中人物）为什么要找他的小猫咪？""你觉得欧文斯先生找到他的小猫咪后会有什么感受？"纳特也许不能正确回答这些问题，但这些问题肯定会帮助他思考。尽管纳特的父母看出了他对文学的热爱，但他们还是时不时担心是否需要多做些什么来帮助纳特。商店里有很多教学产品，他们还时不时收到"培养儿童潜能"的早教公司的传单。他们有时也怀疑，是否应该像一些朋友那样，用识字卡教纳特学习字母。

你所听说的阅读学习

尽管两个家庭采取的方法不同，但家长都认为，需要在孩子上学前教孩子阅读。他们经常在电视节目和育儿杂志中看到这种说法。他们见证了学前教育界重拾对阅读的重视，甚至每次去玩具店都能感受到提高孩子阅读水平的压力。读完本章后，你将能进行有理有据的预测，判断是蕾切尔还是纳特上学后会在阅读方面能力更强。蕾切尔的妈妈决心让孩子上幼儿园之前就知道字母的名称，甚至能读书；纳特的父母则尽可能避免在阅读方面给纳特提供正式指导，但他们也有些担心，一直不确定自己所做的是否足够。两个家庭的家长都担心，如果他们不提供明确的指导，自己的孩子就会落后。毕竟，阅读是取得学业成功所需的基本技能，他们都认为这种技能不能留待学校来培养。即使孩子在上学前没有学会如何阅读，至少也该了解字母的名称。

这种想法正确吗？学习字母名称对日后在学校的阅读能力至关重要吗？识字卡练习比为孩子朗读故事更重要吗？应该在安静、无干扰的状态下阅读，以便孩子集中注意力（如蕾切尔的例子），还是应该允许中断讨论，一边阅读一边与孩子建立对话（如纳特的例子）？家长该如何培养孩子对阅读的热爱？孩子应该如何开始阅读？

所有这些问题的答案都一样：你能为孩子做的最重要的事情，是让阅读变得有趣，而不是例行公事。当你开始了解阅读的真正基石——词汇、讲故事、音韵意识和理解符号意义时，你会发现，随着孩子在阅读的旅程中达到一定的里程碑，他们会逐渐发掘文字间的重要部分。这些里程碑包括区分书中的图片和真实物体，在各种潦草的涂鸦和图案中辨别出文字，以及学习怎样读出文字。虽然其中每一种技能对儿童识字能力的发展都至关重要，但切勿在孩子还没有准备好的时候操之过急。这样做浪费时间事小，万一孩子因此排斥阅读或不喜欢发挥想象力讲故事，就会严重阻碍儿童读写技能的发展。

接下来，我们将告诉你，在家长关爱孩子又循循善诱的普通家庭中，父母如何为孩子提供学习阅读的亲子活动和技能训练。我们还将指出家长力所能及但可能经常忽略的事情，这些事情都有利于培养孩子的阅读习惯。在本章中，你不会看到任何劝你去买识字卡、机器人玩具、读写玩具或电脑程序的话语。相反，我们将解释为什么"老式的"阅读和讲故事环境能促进孩子的读写萌发⊖（emergent literacy），让读写萌发随着孩子自身能力和意识的发展而自然展开。读完本章，你会明白为什么美国国家教育研究院阅读委员会（National Academy of Education Commission on Reading）宣称，为孩子朗读是确保孩子在阅读学习中取得成功的"最重要的活动"。你可能会被在学前教育中增加阅读能力训练的外部潮流裹挟，我们会告诉你如何在不花太多钱

⊖ 美国国家百科全书将"读写萌发"定义为儿童在学习正式读写前的读写表现。——译者注

的情况下保持平衡，创造刺激孩子语言和读写能力发展的环境。

我们将解释为什么两三岁就学会阅读的孩子未必是天才（一些研究表明，那些在学龄前学会识字的孩子在一年级可能会领先，但到了三四年级，其他孩子可能会赶超他们）。此外，我们会告诉大家，与其花时间训练孩子，不如花时间抱着孩子一起读书，和他们讨论书上内容。毕竟，阅读就是为了了解书上各种文字的含义。读写萌发活动应该是有趣、愉悦的，这样孩子才会认为"书籍是人类的朋友"。

学习阅读真正的关键

许多家长认为"必须在孩子入学前正式教他们阅读"，这是怎么回事？罗格斯大学的阅读研究专家霍利斯·斯卡伯勒（Hollis Scarborough）教授为我们提供了一些见解："20年前，没人想过在家里开始阅读教育，孩子都在上学后才接受正式指导。因此，当阅读障碍出现时，人们在很大程度上将其看作一个早期没有任何预兆的教育问题。而现在人们很清楚，阅读习得从学龄前就开始了。因此，孩子入学时对读写知识和技能的掌握程度大不相同。"[2]

该领域的其他专家，如前美国中小学教育部助理部长苏珊·纽曼（Susan Newman）博士和马萨诸塞州牛顿市教育发展中心的高级研究科学家大卫·迪金森（David Dickinson）博士补充道："……人们现已普遍接受读写萌发观点，即认为读写能力的发展早在儿童开始接受正式教育之前就已经开始了。如今，人们对此已经达成共识……孩子从出生到6岁，一直在发展读写能力。"[3]

难怪我们会感到惊慌！我们被告知：孩子从婴儿时期就开始发展阅读能力了，这是有科学依据的。但是，这究竟意味着什么？我们能做些什么来帮助孩子发展这些能力呢？

仔细研究一下"读写萌发"[4]这一概念就能找到答案。这一概念于20世纪80年代出现在教育领域。可靠的实验研究支持这一概念——阅读并不是一上学就具备的技能，孩子需要许多丰富的读写经验才能成为一名读者。事实上，"萌发"正传达了循序渐进而不是一蹴而就之意。强调阅读的"先决条件"是好事，因为它能帮助我们为孩子提供合适的经历。而提供"合适的经历"是非常重要的。据估计，一年级出现阅读障碍的孩子有88%到了四年级仍存在同样的问题。[5] 不过，不用感到惊慌失措，阅读问题的发生率只有20%。不幸的是，这些孩子往往来自贫困地区，成长过程中很少接触到书籍。这些孩子患有阅读障碍的原因之一，便是父母从未或很少为他们读书。

根据1993年进行的美国全国家庭教育普查（National Household Education Survey），78%的受访家长表示，调查前一周，他们为学龄前儿童读书的次数在三次或三次以上。也就是说，有22%的孩子不会经常听到父母为他们读书。此外，调查还发现母亲的受教育程度和为孩子读书的频率之间存在关联。如果母亲上过高中，那么她们为孩子朗读书本的可能性比没有读完高中的母亲高出20多个百分点。矛盾的是，受教育水平越低的家长，越不遗余力地教授孩子学习字母、单词或数字；与受教育程度较低的母亲相比，受教育程度较高的母亲不常教孩子认字，而是更多地读书给孩子听。[6]

在其他研究中，研究人员试图缩小贫富之间的差距，想看看为贫困儿童提供大量的语言和读写经历是否有助于他们发展阅读能力。研究结果表明，老师向孩子示范如何使用语言进行沟通交流，以及老师和家长为孩子朗读并与孩子讨论书中的内容，都对孩子未来的阅读能力大有助益。例如，北卡罗来纳州的"初学者计划"（Abecedarian Project）对5至21岁的孩子进行了跟踪调查，其中一些孩子接受了丰富的语言和阅读训练，而另一些孩子则没有。[7] 研究人员是否发现了这些儿童之间的差异？当然，前者不仅入学时的阅读成绩更好，而且一直到上高中时，他们的阅读成绩与同龄人相比也更优异。他们继续升学的比例也更高，甚至比另一组没有接受丰富阅读训练的人结婚更晚。因此，该项目带来的获益是长期的！除了这种极端的情况，大多数孩子每天在家里和幼儿园都有读写萌发的机会。[8]

阅读的基石

孩子在开始阅读之前，需要先具备四种基本能力，其核心是对语言的熟练掌握。如果你曾尝试用外语阅读，你就会明白掌握语言对于学习阅读的重要性。许多传统的希伯来语学校课程要求犹太儿童学习"读出"书上的字母。在许多人看来，这表明他们会阅读希伯来语。但他们真的会阅读吗？不，实际上他们只是根据字母拼出读音，往往不知道自己所读单词或短语的含义。要想从认字过渡到理解含义（阅读的真正目标），首先你需要熟练掌握语言：拥有充足的词汇量、能讲故事、了解单词如何发音（"音韵意识"）等。这还不够，要学习阅读，孩子还需要了解"文字代码"、字的构成部分，以及字句如何组合成书中的故事。

词汇

阅读依托于孩子已有的语言体系。这就是说，中国婴儿比美国婴儿更容易学会阅读中文。这也意味着语言能力强的孩子在阅读方面会有优势。为什么呢？因为诠释书面文字时，我们会同时理出文字背后连贯的含义，这些含义远超文字本身。

通常，在进行早期阅读时，词汇量越大的孩子理解程度越高。事实上，词汇量是预测孩子日后阅读和读写能力最有力的依据。[9] 扩大词汇量的最佳方式就是不断进行对话。然而，父母没有必要在与孩子对话时刻意引入艰深的词语。父母和孩子交谈时，词汇学习是自然而然发生的。研究发现，父母会无意识地调整自己和孩子说话的方式。他们所用的表达总是稍微超出孩子的能力范畴。因此，如果孩子总说三个词组成的句子，父母常常只会在他们说的句子里用四五个词,而不会像和成年人对话那样,说大段大段的话。

讲故事

念出书上某个词不能算阅读,机器人也可以做到这一点。词汇知识固然重要,但还不够。第二个对孩子日后的阅读能力起重要作用的语言能力是讲故事。[10] 事实证明,讲故事的能力是让孩子从语言走向阅读的桥梁。

一些研究者研究了讲故事的能力和阅读之间的关系。首先,我们知道,讲故事使用的语言(叙事话语)是孩子慢慢发展出来的。苏珊·恩格尔(Susan Engel)教授就职于威廉姆斯学院,她在著作《孩子们讲的故事》(*The Stories Children Tell*)中,向我们介绍了讲故事这门日渐失传的艺术,并向我们展示了孩子是如何发展这种技能的。[11] 她提到了一个 2 岁孩子给妈妈讲的故事:"我们去找糖吃。我得到了糖果,一个大的红色棒棒糖,但是我的帽子丢了。"

作为比较,她还分享了一个 5 岁孩子讲的故事,这是一个更加完善的故事。

> 你知道吗?你知道吗?我们家前院有只浣熊,一只巨大的浣熊。它在树上,它正试图吃鸟食。我们想把它吓跑,但妈妈不想让爸爸把它吓跑。但是爸爸还是用石头把它吓跑了!也许它去找它的朋友,一会儿他们都会回来吃鸟食!

许多科学家重点关注的是叙述方式或"故事语法"的变化。例如,随着孩子年龄的增长,他们会增加更多的叙事结构。上面那个 2 岁孩子讲的故事有开头也有结尾,但是缺少 5 岁孩子讲的故事所包含的那种细节。好的故事通常包括背景、人物、人物遇到的问题、人物的目标、实现目标的过程以及最终实现目标的结局。[12] 到了 9 岁(大约三年级),孩子才能学会构成故事的所有部分。至于2岁的孩子，他们刚开始讲故事，我们必须努力理解他们的故事，才能弄清楚他们想表达的内容。

随着孩子一天天长大，他们的故事结构和语言结构都会越来越复杂。2岁孩子的故事通常以"我"为中心，而年龄较大的孩子可以讲述关于他人或虚构人物的故事。4～5岁的孩子开始使用一些连词，比如"和""但是"，甚至会使用"如果"。

这些与阅读有什么关系？一些研究发现，讲故事的能力与学习阅读的能力息息相关。[13] 从专业的角度来说，讲故事等于将语言"去语境化"。也就是说，要把故事讲好，你需要为听者选择合适的表达方式，供其理解消化。听众需要跟上故事的情节发展，还要"理解"这个故事。这与我们经常对朋友和孩子使用的那种"语境化"的语言截然不同。我们与熟识或共事的人对话时，可以省略交代背景和搭建结构所涉及的所有细节，只要开口说话，他们就能理解我们说的话。

发　现
孩子的能力

讲故事
适合年龄：3～5岁

观察你的孩子是如何讲故事的。一些研究者通过让孩子看图画书来研究孩子讲故事的能力，这些图画书能激发孩子的想象力，且不包含文字。买一本新的图画书。默瑟·迈耶（Mercer Mayer）的绘本《青蛙的故事》（*The Frog Story*）在这类研究中很受欢迎。[14] 任何有故事的绘本都可以用来做实验，让孩子成为故事的讲述者。和孩子一起读这本书，看看他能把故事讲得多详细。他是否描述了环境、人物？他是否提出问题、设定目标、找出解决方案？你可以每6个月尝试一次这个实验，观察孩子讲故事的能力是怎样一步步提高的。可以记录孩子在一段时间内讲述的同一个故事。等孩子开始自己写故事的时候，再看看这些记录会很有趣。

另一种评估讲故事能力的方法是给 3～5 岁的孩子一个提示，如"今天发生在我身上最有趣的事情是……"或"今天在学校发生的最好的事情是……"，然后让他们自由发挥，看看他们如何完成后面的故事。通过这种方法，你可以很容易看出所谓的个人叙事风格。

幸运的是，孩子天生就喜欢讲故事，我们还可以做很多事情来培养他们讲故事的能力。恩格尔教授提供了一些实用的策略。首先，她提醒我们要认真倾听。孩子说的很多话都是有价值的，需要我们认真对待。我们总是漫不经心，以至于错过孩子讲故事和分享生活的重要时刻。她还建议我们做出实质性的回应。抱着理解的态度而不是纠正的态度听故事，并且提出问题。最后，多进行合作——我们与孩子合作，延续他们所说的故事，往往会创造更动听的故事。做到以上这些，你就能帮助孩子掌握叙事时需要用到的去语境化的语言。

音韵意识："你是说单词由声音组成？"

语言是构成早期读写能力和日后阅读能力的基础，我们已经讨论了语言的两个方面：词汇和讲故事。第三方面是音韵意识（phonological awareness）。分离出"bat"（蝙蝠）中的"b"音或"follow"（跟随）中"l"音便是音韵意识的运用。这对幼儿来说，其实是非常困难的任务。

文字由语音组成，语音的最小单位甚至比音节还要小，叫作音素。音素组成了字母表中字母的发音（英语中有 40 个音素，包括"ch"和"sh"，却只有 26 个字母）。孩子花了很多时间来分析语言，试图分离出这些音素。但直到四五岁，他们才能熟练地分离音素。他们会对押韵的词感兴趣，这些词词首的音素各不相同，如"The cat in the hat found a bat with a vat"（戴帽子的猫找到了一只带着大桶的蝙蝠）。有时到了四五岁，他们甚至会喜欢一些冷笑话中的音素："他洗脸了吗？但愿'乳'此。"㊀（我们确实说过许多冷笑话。）这些事例都说明，孩子正在观察语言，试图将其拆解开来，理解如何运用语言。

孩子怎么知道"cat"这个单词是由三个不同的音组成的呢？我们一起思考一下这个问题。口语对于我们而言通俗易懂，我们不会注意说话时的语音。我们与人交谈时，只会关注对方聊天的内容。只有在与有外国口音的人（或孩子）对话的时候我们才会注意到语音，我们不得不努力辨识对方的发音，才能理解对方表述的内容。（"哦，她把'r'发成了'l'！"）那么孩子如何理解词是由不同部分组成的呢？学说话只是一个开始。孩子学说话时，必须把组成单词的各个独立的音（音素）结合起来发音，但他们不会意识到自己完成了"结合"的动作。阅读则要求孩子意识到书面文字是由不同的音（音素）组成。这就要求孩子对语言有更深层次的认识——音韵意识。

具备音韵意识是学习阅读的先决条件。因此，弄清孩子通常在什么时候形成这种意识有助于我们对他们进行适当引导。但我们怎么知道孩子是否形成了这种音韵意识呢？一些研究者要求幼儿拆解一个单词或分析其发音。例如，可以要求孩子说"top"这个词，然后再说一遍，并去掉"t"音；或者说"ball"，然后再说一遍，去掉"buh"音，换成"kuh"音。[15]此外，最吸引人的方法之一是由哈斯金斯实验室已故的伊莎贝尔·利伯曼（Isabelle Liberman）博士于20世纪70年代设计的音韵意识实验。[16]

在利伯曼博士的实验中，她给一些4岁的孩子每人一根木棒，要求他们听一些单词，每个单词听到几个音就用木棒在桌上敲几下。每个孩子单独进行实验，他们会听到42个单音节词，每个单词都有1~3个音素。下一步，

㊀ 原文为"Did he wash his face? Let's soap so"，其中"soap"音近"hope"，译文中采取类似的方式，处理为"但愿'乳'此"。——译者注

利伯曼博士单独测试另一组 4 岁孩子，要求和前一组孩子一样。这一次，孩子听到的也是 42 个单词，但每个单词都有 1～3 个音节。例如，利伯曼博士会要求孩子敲出"在'rocket'这个词中听到了多少个部分"。利伯曼博士规定，如果孩子能连续敲出 6 个单词正确的音节数，就可以完成其中一项任务。

实验结果如何？音素测试中，4 岁孩子敲出的都是错误答案。相反，音节测试中，大约有一半的 4 岁儿童通过了测试。孩子在音节测试中的表现比在音素测试中好得多，这说明了两点：第一，语音单位够明显（如音节）时，学龄前儿童能够分辨；第二，学龄前儿童对组成单词的单个音（音素）还不敏感。

学前班的孩子表现如何？大约有一半的孩子通过音节测试，只有 17% 的孩子通过音素测试。当然，你可能会想，一年级开始接受阅读教学后，所有孩子都应该能通过音素和音节测试。的确，几乎所有的一年级学生都通过了音节测试。但令人惊讶的是，只有 70% 的一年级学生能通过音素测试。即使上过阅读课，仍有 30% 的孩子没有意识到单词是由独立的音组成的。

第二年秋天，利伯曼博士继续研究孩子在音素测试中的表现是否与阅读技能有关。她发现，班上阅读成绩排名前三分之一的孩子全都通过了音素测试，而那些没有通过音素测试的孩子中，有一半阅读成绩处于班级的后三分之一，没有一个处于前三分之一。这个发现有力地证明了音韵意识对成功阅读很重要。

到目前为止，其他许多研究都支持这种说法。很明显，缺乏音韵意识是孩子出现阅读障碍的原因之一。我们还知道，具备音韵意识的孩子阅读能力更强。[17] 虽然我们还不确定孩子什么时候产生这种意识，但根据大量研究，我们知道如何培养孩子的音韵意识。简单来说，就是玩耍！你可能无法向学龄前儿童解释清楚这个概念，但你可以通过一些游戏来向他们介绍这个概念。

最佳教育时机

文字游戏

通过一起唱歌或读押韵儿歌,我们可以和孩子玩文字游戏。像"The cat in the hat that sat on a mat"(戴帽子的猫坐在垫子上)这样朗朗上口的句子有助于让孩子意识到,押韵词中的词首发音可以被其他发音所取代。可以阅读苏斯博士(Dr. Seuss)的作品,他是一个利用押韵讲故事的天才。另外,还有一首流行的英文童谣,用人名发音来玩游戏,这首歌是这样的:"Rory rory fo fory banana fanna fo fory: Rory"。你可以用孩子的名字和其他家庭成员的名字来玩这个游戏。这首歌替换了人名词首的发音,潜移默化地教导孩子,单词的组成部分是可以替换的。只需改变首字母,就可以从原来的名字创造出新名字。此外,还记得那首经久不衰的标准字母歌(A-b-c-d-e-f-g)吗?兴致高昂地唱一曲吧!这样孩子就能听到字母名称,甚至可能注意到某些字母的音素。

在车上也可以玩文字游戏。开车时,你可以让孩子找出以某个字母开头的东西。"你能找到名称以'm'开头的事物吗?哦,我看到了。那儿有个人(man)!"这个游戏甚至可以减少那个我们老是听到孩子问的问题:"我们到了吗?"另一种游戏是说一个熟悉的词,去掉其中的一部分,说出剩下的部分。"我要说的是'棒球'(baseball)!你能不说'球'(ball)吗?"另外,你还可以在车上播放儿歌、童谣,或给孩子唱,让孩子学习语言的韵律。

总之,阅读建立在语言的基础之上。坚实的语言基础扎根于词汇、讲故事和音韵意识,这是读写萌发的核心。当然,阅读不仅与语言相关,还与认识文字本身有关。

阅读文字

接下来，我们从孩子对语言的了解转向对文字代码的了解。我们之所以称它为"代码"，是因为正如口语由本身没有意义的声音组成一样，文字由纸上的线条组成，光看这些线条也是毫无意义的。只有当孩子破解了书上的文字代码，了解了线条的含义，他们才学会了阅读。儿童如何破解这些文字的含义？他们如何将书面文字与意义对应起来？

在从孩子的角度讨论阅读学习之前，我们首先要问，学习阅读有什么前提条件？想象一下，拿起一本你不熟悉的语言（比如希腊语）写成的书，要读懂书上的线条需要什么？

首先，你需要区分出字母或字。如果你不能区分一段线条和另一段线条之间的区别，你怎么能读懂这些文字呢？其次，你需要学习每个字母或字母组合的发音。毕竟，阅读是将书面的印刷字转换为语音的过程——即使是成年人在看书时，也会在心里读出文字。一旦我们对这一过程驾轻就熟，我们就会不假思索地读出文字。最后，你需要知道如何将字母及其发音组合成单词，将其融为一体。以英语为母语的成年人可以轻而易举地将英文的音形结合成单词，但如果面对的是希腊语就不那么容易了。这个过程是我们孩子在学母语时必须经历的。

完成阅读学习这块拼图还需要另外一种能力：在你认出字母或字符之前，你需要先知道外语文本的阅读方向。你可能会认为这种语言和英语一样，从左往右阅读。但是，也许是从上往下阅读（如某些中文的阅读方式）或从右到左阅读（如希伯来语）。如果不知道这一点，你就无法将字母和发音结合起来。最后，你要知道一本书的翻页方向。我们以为的一本书的开头，可能是一本书的结尾。希伯来语读者就从我们认为的封底开始阅读。我们是如何把所有部分融会贯通，以至于在一年级结束时，我们都可以自己阅读小故事书？我们是如何从看似毫无意义的线条中找到意义的呢？

阅读之旅

让我们陪孩子踏上这段重要旅程。当你消化了我们的论点并了解阅读的本质时，我们希望你放轻松，认识到你其实已经为孩子提供了大部分对孩子读写萌发至关重要的帮助。收起你的信用卡，拿出图书馆的借书卡，迈开脚步，和我们一起发现文字的奥妙吧。

宝宝何时开始了解什么是绘本

你刚成为一个漂亮的宝宝的父母，在略感疲惫之际，你已经注意到，有人送你童书作为礼物，这可能会让你有点震惊。你想知道孩子什么时候可以看书？在出生到 6 个月左右，宝宝会对书本感兴趣，就像他对周围环境中所有其他颜色鲜艳的物体感兴趣一样。在那之后，如果你给他读一些简单的书，他甚至可能看起来像在听。但通常情况下，他会更喜欢吃书，像探索其他东西一样，用嘴探索书本。你可能会有疑问：宝宝是否和我们一样看待书本？首先，他们是否能理解书中的图片和真实事物是不一样的？

美国弗吉尼亚大学的朱迪·德洛克（Judy DeLoache）教授和她在伊利诺伊大学的同事研究了两组宝宝拿到绘本时的反应——一组是 9 个月大的宝宝，一组是 19 个月大的宝宝。[18] 9 个月大的宝宝把图画当作真实的物体，戳一戳、拍一拍。很多宝宝都一直努力抓住图片，好像要把图片从书里拽出来。德洛克教授总结道："用手去抓图片的动作有助于宝宝开始从心理上理解物体的实质。"换言之，他们无法把图片从书上拽出来，这一事实告诉他们，图片不是真实物体，只是真实物体的一种象征。

19 个月大的宝宝的手部活动多是指点手势。指点手势的作用是把某个物体指出来，引起注意。指点不同于试图把图片从书里拽出来，表现出宝宝对平面物体更成熟的理解。但这并不代表19个月大的宝宝已经了解了关于图片的所有知识，孩子还需要几年时间才能完全理解图画的意思。例如，学龄前儿童还不清楚图片是否具有真实物体的属性。当你问学龄前儿童触摸冰淇淋的照片会不会感到冰冷时，他们的回答往往是肯定的。[19]此外，孩子也需要几年的时间来理解画面中表示动感的线条，比如关节处的小线条。[20]

发现孩子的能力

探索书本
适合年龄：8～20个月

你能重复德洛克教授的研究吗？等你的宝宝能够坐直之后，给他一本全新的硬纸绘本，让他坐在宝宝椅上探索。宝宝会对书本做什么？他会不会尝试把书页上的图片抓取出来？他会不会试着感受、摩挲、轻拍图片，就像那是一个真实存在的物体？每隔3个月，使用同样的书进行实验。如果你有记录宝宝成长的习惯，不妨记录下宝宝对书本做出的反应。6个月后，你有没有发现变化？宝宝有没有发现书里的图片是二维的？他是否开始用手指指向图片，而不是尝试把它们拽出书页？记录这些成长变化会很有意思。

等到孩子2岁时，那些坐得住的孩子喜欢听家长读书。他们甚至能够认出书上熟悉的人或物，并且尝试翻动书页。不过，他们也会尝试撕扯书页（弄出很大动静），这就是为什么布书和硬纸板书是很好的选择，这类书让你无须担心"人书大战"。此时，孩子能够自己坐着"读"一会儿书，他们可能会有一本最爱的书，让你一遍又一遍地读给他听。如果你递给孩子一本书，他大致知道哪一面朝上、该从哪个方向打开。这是新西兰奥克兰大学的玛丽·克莱（Marie Clay）教授设计的阅读前准备测试的一部分，叫作印刷文字概念测试（the Concepts about Print test）。[21] 测试内容是给孩子一本书，观察他们对于书本及其他一些概念了解多少。他们分得清书的正反面吗？知道文字是从左到右排列的吗？知道该朝哪个方向翻页吗？知道书中的故事来自文字而非图片吗？孩子的测试成绩与其阅读能力高度相关，甚至比他们的文字理解程度更具预测力。这是为什么呢？可能是因为在测试中表现优异的孩子经常听家长朗读，非常熟悉书本。

发现孩子的能力

翻页：熟悉书本
适合年龄：18个月～3岁

孩子18个月左右时，你可以递给他一本新书，看看孩子会做什么。他能将一本从没见过的书翻到正面吗？能用正确的方式翻页吗？每6个月测试一次，你可以评估孩子对书本熟悉度的变化。等到孩子的语言得到充分发展，能够回答问题时，你可以提问"我们该从哪儿开始阅读"或是"故事是在图片里还是在文字中"，观察孩子是怎样回答这些问题的，这会非常有趣。

对孩子来说，文字是什么，字母又是什么

如果你和孩子一起读书，他肯定会同时注意到书页上的图片和文字。你可能已经发现，在阅读的时候，你们经常谈论这些图片。2岁左右的孩子通常已经注意到印刷的文字。事实上，2岁半的美国孩子已经认识商标了。[22] 得知我们的孩子认识"麦当劳"和"汉堡王"这些商标是多么令人惊喜！不过，就像能够读出识字卡上的词汇不代表孩子能够阅读，能够认出商标也不

是真的识字，甚至不能保证孩子能够将文字（字母和单词）与图案、图片及符号区分开来。孩子何时能知道什么是文字，什么不是文字呢？美国纽约州立大学科特兰分校的琳达·拉文（Linda Lavine）教授对该问题做出了解答，让我们受益匪浅。[23]

在实验中，拉文教授制作了四种不同类型的卡片：图片卡、英语字母卡或单词卡（印刷体或手写体）、外语文字卡（例如希伯来语或汉语）以及涂鸦图案卡。然后，她对一些3~6岁尚未接受阅读指导的孩子进行测试，要求每个孩子把文字卡片放入一个邮筒玩具，把非文字卡片放入另一个容器。结束后，拉文教授要求每个孩子说出所有卡片上的内容。依照此法，拉文教授想要探究3岁左右（或是更大）的孩子能否区分文字与卡片上出现的其他图形。她发现了什么呢？

3岁的孩子在86%的情况下能够辨识真正的文字（英语或是希伯来语）；到了4岁，这个比例上升到了90%；而到了5岁，这个比例更是高达96%。然而，当教授要求他们说出卡片上的内容时，没有孩子能够真正读出单词，很多孩子甚至无法读出卡片上的3个字母（A、B和E）。不过，所有孩子都能说出图片内容，没有孩子把图片称作"文字"。

孩子是如何做到这一点的？他们怎么知道希伯来文字是文字？他们一定辨识出了构成英文字母的一些特征，并将这些知识运用到希伯来文字中。不可思议的是，没有人告诉孩子："听好，字母是由直线和曲线组成的，它们有时以字符串（单词）的形式出现。"孩子自己发现了这个规律。他们是怎么做到的呢？想一想我们的社会环境和无处不在的印刷文字。这些文字被称为"生活环境印刷文字"，它们随处可见——从麦片包装盒、路标到超市里的包装袋。接触大量印刷文字的孩子似乎不需要明确的指导，便能独立分析组成文字的图案。

从拉文教授的跨文化研究中我们得知，孩子身处的环境对于他们区分文字和其他种类的图案有十分重要的影响。拉文教授将她的卡片实验带到墨西哥的一个农村和一座工业化城镇。有趣的是,墨西哥孩子的实验成绩不如美国孩子,尤其是那些在农村长大的孩子,他们的生活环境中没有大量路标和麦片包装盒。

这些研究向我们传达了两个有关读写萌发的重要信息。第一,孩子能独立发现很多关于文字构造的知识。在没有任何提示的情况下,孩子接近3岁时便已拥有大量接触印刷文字的经验,已经可以区分图片和文字。孩子天生就是模式探求者,不用等大人来告诉他们哪些是字母,哪些是图片。他们依靠自己便能探知字母构成的特征,并将知识沿用到其他文字体系。第二,环境至关重要。探求模式的孩子终究还是需要依靠环境来发挥这一本能。如果孩子身处满是印刷文字的环境,那么他们探知文字特征的速度要明显快于那些身处文字匮乏环境的孩子。如果孩子常常听家长朗读、接触书面材料,他们会在上学前就发现很多关于书本、字母以及文字的知识。这就是读写萌发。

发现
孩子的能力

探知文字
适合年龄:2~4岁

拿16张小卡片,每张卡片上用相同颜色的粗线笔写上一个字或一个词,或画上一些图案(不规则曲线、形状等),或是画一幅画。每种类型的卡片制作4张,保证文字和图案占据整张卡片。准备完毕后打乱卡片。在孩子2岁左右进行这个测试,一次展示一张卡片,询问孩子看到的卡片内容是不是文字。或者,你可以伸出手,说:"把文字卡片放到这只手上(移动一只手),把所有其他卡片放到那只手上(示意另一只手)。"记录下孩子正确分类的卡片数量。分类结束后,问问孩子能说出哪些卡片上物体的名称(如有)。你看到孩子犯错的模式了吗？每三四个月测试一次，其间将卡片放在远离孩子的地方，保持孩子对卡片的新鲜感。你会见证孩子探知文字构成特征的过程，这是一项重要的读写萌发成就，你以前可能根本没有注意到。

学习字母名称对于学习阅读而言重要吗

是否需要教孩子字母名称？关于这个问题的争议由来已久。也许只让孩子能够分辨文字和图片还不够，也许他们需要知道字母的读法。换言之，学会把字母"A"读成"A"对于阅读学习而言重要吗？小布什总统认为这至关重要，学习字母名称是他早期教育计划的一个重要组成部分。[24] 他在一次发表于宾夕法尼亚州立大学的演讲中提到：

> 念书给孩子听不仅是件有趣的事，而且是一种重要的学前教育经历。想想这个惊人的发现——孩子在幼儿园阶段的字母表知识可以准确预测他们十年级时的阅读成绩。仔细想想，我们可以依据孩子在童年早期是否受到良好的教育……很好地预测他们在十年级时的阅读能力。那些上小学一年级时还不认识字母的孩子，可能会在后来的学习生涯中落后于人。

演讲对读写萌发的强调是中肯的，我们现在知道阅读和阅读前准备之间没有明确的界限。然而，人们担心布什总统的想法会如何实施。美国《教育周刊》（*Education Week*）专栏如此评述：总统对于将字母拼读教学作为其阅读计划的一部分的竞选承诺，以及对扩大教育责任的号召引起了一些教育工作者的担忧，因为"阅读优先"⊖（Reading First）教育资金可能被用于支持

⊖ "阅读优先"是美国一项联邦教育项目，属于《不让一个孩子掉队法案》的一部分。受到该项目扶持的学校需要采用"以科学为依据的"阅读指导。2008年的全美调查表明，该项目并不能提高孩子的阅读理解能力。——译者注

应试教育和灌输式教学。"[25]

既然数以百计的研究明确表明，关于字母名称和读音的知识与成功的阅读学习息息相关，[26]那么问题出在哪里？一些教育工作者担心，阅读会被以不当的方式强加给孩子。最坏的情况是，对学习字母名称和读音的强调会被错误运用，演变为"只要学不死，就往死里学"的强迫式课程，从而导致人们轻视真正丰富的、充满启发性的读写经历。[27]我们不应该强迫三四岁的孩子做练习题或是接受机械式训练。他们应该参与真正的读写活动，去阅读、写字、聊天和倾听。教育人士担心，这些读写萌发活动会被忽视，取而代之的是对于英文字母的机械式学习。在全美国强调考试制度的大环境下，这种担忧愈演愈烈。正如哈佛大学研究读写能力的带头人凯瑟琳·斯诺（Catherine Snow）教授所说的那样："显然，阅读不仅仅是认识字母名称。毕竟，需要记住的字母只有 26 个，而阅读所需的远胜于此。"[28]

孩子可以读出字母表中字母的名称，这到底意味着什么？思考这个问题很有帮助。最重要的一点是，认识字母能帮助孩子阅读。为什么？因为一些字母名称的发音类似于它们在单词中的发音。例如，字母"b"在所有英文单词中都发"buh"的音。然而，也有一些其他字母的名称发音与它们在单词中的发音不同，例如字母"w"，单词"when"或"word"中"w"的发音与其名称发音并不相像。同理，"you"中的字母"y"和"knife"中的字母"k"也是如此。那么，为什么认识字母似乎与阅读相关呢？重要的并不是知道字母名称这件事本身，因为即使是有阅读障碍的孩子也可能知道字母名称；而是学龄前儿童知道字母名称这件事透露的另一个关于他们阅读经历的事实：这些孩子经常听家长朗读，有幸参与很多读写萌发活动。对他们来说，字母名称只是他们在参与的许多读写萌发活动中顺带学会的。这就是为什么我们不确定不让孩子参与如前所述的非正式读写萌发活动，而只教授他们字母名称是否会对阅读能力有帮助。字母名称的教学应该在读写萌发活动中产生，其本身不应该作为教学目的。

我们的建议是：请不断为你的孩子朗读，为其提供能够鼓励他们主动探寻字词知识的读写经验。你可能会对他们的表现感到惊喜。

字母的发音是什么：形音对应

知道字母的名称只是成功的一半，更重要的是知道字母的发音。如前所述，要做到后者并不容易，因为字母发音并不完全与字母名称吻合。此外，有时一个字母有多种发音方式（例如"city"与"country"中的"c"）。绝大多数元音字母皆是如此。

孩子需要做的是将他们看到的字母与音素联系起来。这是一项艰巨的任务。如前所述，英文中只有 26 个字母，它们却有着 40 种发音。更何况，学会这 40 种发音还不能帮助孩子在阅读时将这些分散的读音拼接或组合成一个单词。毕竟，即使孩子连读三遍"buh-oo-kuh"，仍然无法真正读出"book"这个单词，他们只是将三个独立的音素快速连读出来而已。将字母及其发音联系起来的过程叫作"形音捆绑"，这是在阅读上获得成功的关键一步。那些能够将字母和发音联系起来的孩子将文字进行解码，转换成自己已经掌握的语言。到了这一步，孩子才能真正开始理解文本的意义。

那些字母组合在一起的意义

当孩子问你"妈妈，那上面写了什么"时，他开始以一种全新的方式理解阅读和书本。这个问题标志着孩子取得了巨大进步。你的孩子此时理解了书页上扭动的曲线（文字）对应着某种意义！他一直都知道图片包含有趣的信息，而今他开始意识到文字也是如此。文字以图片无法实现的方式讲述故事。

仔细思考你的孩子从阅读中了解到了什么。他们了解到书本文字对应着大人们所说的话，也了解到文字比图片承载着更丰富的信息。这些意义非凡的认识都有助于读写萌发。

发现文字的意义

一个有趣的方法可以帮助孩子理解书页上奇奇怪怪的曲线（文字）对应着他们听到的语言。在孩子3岁左右，能够成段讲话之后，你可以试试这种方法。让孩子讲一个小故事，用大号字体写下他所说的话，或者，把故事输入电脑。这便是"故事听写"（story dictation），是一个告诉孩子从他们嘴里说出的言语可以转换为文字的绝佳方法。记录完毕后可以给孩子朗读这个故事，并对他讲的故事赞不绝口！

从一页纸的中间开始记录故事，在完成记录后，让孩子在页面上半部分创作一幅画来讲这个故事。孩子讲故事可能需要你的引导，可以让孩子说说你刚刚在做什么，或是说说他认为惊奇有趣的事情。你的孩子可能还不了解如何讲述一个故事，因此你可能需要问一些诱导性问题（leading question），不要只让他回答"是"或"不是"。孩子讲故事时，照他讲的那样记录下来，不要美化他们的语言（好吧，或许可以有细微的润色）。孩子完成几次故事叙述后，我们建议你把写有故事的纸张装裱起来，挂在家中的某处。这是你孩子的第一部故事集。

在纸上写写画画只是为了娱乐吗

读写萌发不仅涉及阅读，还涉及书写。孩子什么时候会开始学写字？我们应该如何对待他们可爱的（有时是令人发笑的）书写成果？深受孩子喜爱的一种读写萌发活动是在纸上涂涂画画。不过，如果你秉持怀疑精神，可能会好奇，他们这么做是想写下什么，还是仅仅以这种方式活动双手和手臂？康奈尔大学已故教授詹姆斯·吉布森（James J. Gibson）是世界知名心理学家，他曾对 15～38 个月大的儿童进行研究。[29] 想象一下，16 个月大、一头卷发的艾莉森和妈妈唐娜走进了吉布森教授的实验室。教授的研究生助理给了艾莉森一块夹有一张白纸的写字板，分两次给了艾莉森书写工具，一次给一支——其中一支可以做出标记，而另一支则不能。助理只需拿着秒表坐在那儿，记录艾莉森使用每支书写工具的涂写时长，以及她说了什么，做了什么。唐娜告诉助理，艾莉森完全没有使用蜡笔或写字的经历，因此，受邀参加这项研究让她感到惊讶。交谈之际，助理先是递给艾莉森一支写不出字的笔。她没有尝试用它在纸上画画，而仅仅盯着它看。到规定时间后，助理拿走了这支笔，递给艾莉森一支可以写字的笔。她先是拿着它挥舞了一阵，然后无意间在纸上画了一笔。一瞬间，艾莉森注意到她画下的这一笔，开始很用力地涂画。唐娜惊喜交加，笑了起来。助理表示，艾莉森已经完成了"基础涂写行为"（fundamental graphic act）。其他孩子同样花了更多时间把玩那支可以写字的笔，他们想要看到自己的成果！

"书写"对于孩子来说趣味无穷，因为他们可以通过这种方式改变一些东西。他们拿起崭新的白纸，一会儿上面就能布满颜色和图案——完全随心所欲的涂鸦。对于那些总是听到"不"的孩子而言，这赋予了他们权利，魅力无穷。他们此时可以主宰一切，随性创作（只要他们不要恣意妄为，把墙壁当成自己的调色板）。他们渐渐学习写字所需的力度（看过一年级学生的练习纸吗？回到家时，纸页上布满一个个的铅笔洞，那就是用力过猛的结果）、如何握笔、如何画出直线或曲线。显然，这些都是孩子需要在上学前了解的知识。

> **发现孩子的能力**
>
> ### 涂鸦
> 适合年龄：15～24个月
>
> 你家孩子是否对拿笔在纸上乱涂乱画有兴趣？孩子多大会出现"基础书写行为"？若要辨认这些，你只需给孩子准备一支没有笔尖的铅笔和几张废纸。可以每隔几个月测试一次。使用无法书写的铅笔时，孩子做何反应？他是否以为自己能看到记号？他是否会让你换支笔，或是疑惑不解地看着手上那支笔？给他一支可以书写的笔又会如何？这可能是一个值得记录在婴儿日志上的时刻，这听起来多棒：宝宝的"基础书写行为"！想象一下，家庭聚会上，你会怎样向亲戚夸赞自己的孩子！

字词书写意味着真正的进步

终于，孩子开始尝试写字。他们也开始了解字有笔画顺序，有时会自创一些图案并称之为字。他们常常对自己的杰作很满意，认为自己离成人的期望更近了一步。如果幼儿在写字时混淆了字母（把字母"d"写成"b"），或是写错笔画顺序，甚至是在文字间混杂着涂鸦，放轻松，他总有一天会弄明白写字的正确方法。你告诉孩子"b"和"d"的区别时，便是他的受教时刻。前17次授课可能都是白费功夫，但是最后你的孩子总会充分理解的。孩子询问你的反馈和建议时，不妨欣然授之，并表扬他做得多么出色。

为什么孩子难以分清字的形态？为什么即使他们已经踏入校门，还是容易混淆"b"和"d"及"p"和"g"的朝向？这是因为字母是不多见的方向性重要的概念。思考一下，不论别人从左往右、从右往左还是上下颠倒着看你，你还是你。世上万事万物都是如此。事实上，我们习惯于忽略物体的方向性，否则，物体换个方向我们就无法识别了。然而，对于字母，方向性具有重要意义。字母"b"的"小灯泡"是在左边还是右边？换到左边是不是会变成字母"d"呢？字母的方向性尤其值得注意，孩子需要一段时间才能明白。大多数孩子都会犯这个错误，因此当你发现孩子犯错误时，不用杞人忧天，担心孩子患有阅读障碍。孩子刚开始学习与方向性有关的字母（例如"g"和"p"）时，会在阅读和朗读过程中出现很多错误。

学龄前阶段快要结束时，孩子的写字热情开始高涨起来。他们常常想出奇妙独特的拼写方法，让我们感到惊讶。他们常常以自己创造的发音来拼写单词，例如，把单词"ready"写成"RETTE"。[30] 这是一个"半杯水"案例，关键在于你看到的是"半空"还是"半满"。⊖ 这些拼写显然是错误的，但是思考一下背后隐藏的含义。这告诉我们，孩子正在运用字母原则⊖，尝试利用字母发音进行书写。这些孩子可不是学舌鹦鹉，他们没有死记硬背字母顺序，而是在开动脑筋进行思考。这让我们意识到，孩子在理解单词构成方面取得了巨大的进步。试想一下，完成这些错误的拼写需要哪些工作：他们需要切分单词的读音，需要仔细思考，比方说，在书写"bed"这个单词时，需要思考它的首字母发"p"还是"b"的音，思考哪个字母符合单词发音。这是学习拼读和增强音韵意识的大好方法。不要纠正孩子的错误，享受这个过程即可。如果孩子有意让你指出错误，可以用清晰的大号字体写在他写的版本下面。不过，不要强调他的错误，你应该表扬他的出色表现。[31]

读写能力培养中家长的责任

还记得本章开头有关蕾切尔和纳特的描述吗？基于上述研究，我们预测，纳特学习阅读会比蕾切尔更轻松。这并不意味着蕾切尔会有阅读障碍，

⊖ 如果看到的是半空，意味着消极思维；如果是半满，则是积极思维。——译者注
⊖ 字母原则表明，字母或字母组合是一种用来代表语音的符号，它基于书面文字、符号和言语之间的系统性关系。——译者注

只是她可能不会像纳特那样熟悉阅读方式和故事结构,以及构成单词的基本成分——音素。她也没有像纳特一样从对话式阅读中汲取丰富的词汇。而所有这些对于阅读学习都至关重要。虽然纳特没有接受过识字卡指导,但是他参与的读写萌发活动实际上比蕾切尔参与的丰富得多。

我们的预测意味着什么?我们想说的是,读写能力和孩子的智力无关,而是取决于孩子所处的环境。纳特的父母让他把阅读作为开阔眼界的机会,因此他以读书为乐。而蕾切尔的母亲则更侧重于阅读技巧的学习,强调学习字母名称。两个孩子都有读写萌发的经验,但是在学习如何读书方面,纳特的经验更丰富也更实用。

我们希望本章讲述的研究可以帮助你成为"纳特父母"而非"蕾切尔母亲"。我们希望你不要那么关注阅读技巧,而是为孩子提供大量的读写萌发经验。你可以相信阅读不是从一年级才开始的。孩子在家或是在日托中心与成人共同参与的所有读写萌发活动都为未来的阅读学习打下了基础。加拿大卡尔顿大学的莫妮克·塞内沙尔(Monique Sénéchal)教授和乔安妮·勒费夫尔(JoAnne Lefevre)教授发表了一项重要研究,表明我们在家为上幼儿园的孩子提供的读写经验可以预测他们三年级时的阅读成绩。[32] 例如,在家进行的亲子共读可以培养孩子的语言能力,这与孩子的音韵意识以及他们三年级时的阅读水平有着直接联系。

阅读学习是一项辉煌的成就。在孩子踏入校门之前,家长就已经为孩子提供了许多必要技能,当孩子开始在教室接受正式的阅读指导时,这些技能便有了用武之地。我们强调"在教室"这三个字,因为这才是阅读指导真正的归属地。在家,幼教的核心在于平衡——寓教于乐。我们需要成为孩子的阅读搭档和良师益友。我们需要意识到,朗读、画画、涂鸦以及大量对话交流等经历都是孩子学习阅读所需的。家长的工作在于,让孩子参与读写萌发活动,促进其技能发展,以便为以后的正式指导做好准备。你要做的,便是让阅读更加生动有趣。

学以致用

让阅读成为你和孩子生活的一部分。和孩子分享你的阅读热情，让孩子看到你沉浸于书本或是报纸之中，这就是在潜移默化地教育孩子阅读的重要性和趣味性。对孩子来说，听故事应该是一种奖励、一件特别有趣的事情。与孩子一起阅读能够带来情感和身体上的亲密，你们都会乐在其中，虽然有时候你可能要强打精神！当孩子反复要求你为他朗读同一本书时，要有耐心，不要想着跳过某些章节，你的孩子会注意到的。为什么他不厌其烦地想要听你朗读同一本书？你要记住：孩子的世界充满不确定，能够左右某些东西带来的满足感是不言而喻的——即使能够左右的只是书本内容。他们知道接下来的故事内容，能够补全缺失的细节，对此他们感到乐趣无穷。同样地，想象一下，有机会去图书馆挑选自己想看的书是一件多么激动人心的事情！

营造一个充满读写材料的环境。[33] 文字俯拾皆是，不仅仅出现在传统儿童读物中。试着创造机会让孩子接触文字，例如在冰箱上贴几个字母冰箱贴，孩子肯定会想让你拼出他的名字。你可以和他玩游戏，让他帮你找字母。你也可以从厨房的架子上拿一个带有标签的产品，让孩子用冰箱贴排出标签上的单词。此外，你的孩子一定喜欢各种不同颜色的纸和涂写工具，你可以把这些放在他们能够轻易够到的架子低层。字母和数字积木也是不错的选择，可以用来搭建高塔、拼词，也可以让孩子寻找所有含有直线的字母或含有曲线的字母……随便怎么玩都可以，以此让孩子在玩的过程中熟悉字母和字母发音。你还可以买一个布告栏，用来展示孩子的涂鸦作品。当孩子开始写字时，你可以将他的作品展示出来，大加褒奖，即使那些作品看起来并不太像文字。

利用印章帮助孩子学习字母。孩子喜欢玩印章（印在墙上或是纸上）。你可以写下孩子的名字，让他使用字母印章印出自己的名字。当然，还可以用同样的方法印出妈妈爸爸、亲戚和邻居的名字。这样一来，孩子肯定会分析名字里的字母，找到与之匹配的印章。如前所述，孩子不容易解决字母朝向问题。这个游戏让孩子在实践中学习区分字母。用印章印出名字中的字母只是一种儿童游戏。由此可见，玩游戏对于孩子读写萌发是多么重要。

建立对话。记住，语言是重要的读写材料。让你的孩子加入对话中来，多为他们讲故事。如果孩子听不到故事，自然不会讲故事。开始阅读后，孩子的口语能力与他们对书面材料的理解有着重要联系。[34] 无须惊讶：与孩子建立对话，鼓励他们做出回答有助于锻炼他们的语言理解能力。具备较大词汇量的孩子会把这些文字有效存储进自己的记忆中。

你可以和孩子一起讲故事。不妨这样开头："从前有一只小狗，它住在丛林里……"接下来让你的孩子将故事后面的部分补充完整。这个游戏适合多个玩家参与，可以在车上进行。假以时日，孩子讲述的故事会越来越充实。故事越离奇越好！孩子还喜欢将自身经历加进故事中。"记得我们去池塘的那天吗？我们看到了……"

试试文字游戏。文字游戏不仅具有教育意义，还可以非常有趣。有一个游戏，考察玩家可以说出多少个相同音素开头的单词。以字母"b"的发音为例，家长可以这样开始游戏："book""baby""bottle""bike"。接下来，轮到孩子扩充单词列表。双方依次回答，直到孩子说完所有他知道的符合条件的词。你还可以向孩子展示一些复杂的多音节词，让孩子崇拜你一下。另一个游戏是，选取一些由两个简短的单词组成的复合词，去掉其中一个单词，询问孩子剩下的是哪个单词。所以，家长可以这样问："去掉'棒'，'棒球'这个词还剩什么？"回答当然是"球"。此外，阅读押韵诗（rhyming poetry），例如谢尔·西尔弗斯坦⊖（Shel Silverstein）的作品[35]，对孩子和成

⊖ 谢尔·西尔弗斯坦（1930—1999）是一位美国作家，创作了很多漫画、歌曲和童书。他的儿童诗歌诙谐幽默，朗朗上口。——译者注

人来说都是一件趣事。玩耍是孩子学习的重要方式。你可以帮助孩子成为语言艺术家，而不仅仅是语言使用者。从创意游戏中，孩子更有可能在不知不觉中注意到文字的构成部分，即音节和音素。

参与对话式阅读。美国国家教育研究院阅读委员会宣称，读书给孩子听是确保孩子阅读学习取得成功"最重要的活动"。事实上，朗读某种类别的书要比其他类别的书高效很多，因此能够更快促进词汇发展和读写萌发。只给孩子朗读是不够的，不妨请孩子思考故事的其他结局，或是将书本上的内容与孩子的实际经历联系起来，抑或是与孩子讨论碰到的字母和字母发音。这些做法都比单纯朗读更有成效。这种阅读模式叫作对话式阅读。

命名这个术语的研究人员为我们提供了三种主要策略。首先，鼓励孩子在讲故事时成为主动的那一方。主动学习要比被动听故事效果更好。如果你的孩子还很小，可以在读故事的时候让他指出图片或是说出图片内容。孩子能说更多话后，可以让他猜猜接下来会发生什么，或是谈论一下人物感受。也可以请他想象一下，如果故事不以这种方式结尾，那么还可能发生什么（即"设计一个新结局"游戏）。这些活动让孩子有机会思考、发言，并主动参与阅读过程。

其次，给孩子提供反馈。反馈可以完全采用表扬的形式，例如宝宝说"恐龙"，妈妈说："真棒！那是一只恐龙！"你想要丰富孩子的表达时，也可以这么说。注意，欧文妈妈接过孩子的话题，把孩子省略的成分补全后又复述了一遍："那是一只恐龙！"丰富孩子的表达至少有两个益处。其一，告诉孩子"我听到你说的话了，我很欣赏你为我们之间的对话做出贡献"；其二，让孩子有机会听到他们所说的那句话的正确表达方式。这种"示范"是帮助孩子学习的有效方法。

最后，在阅读中不断"提价"。如果孩子知道了书页上的物体名称，那么可以试着询问孩子那个物体的用途；如果他们知道了书上整体物件的名称，那就让他们指出零部件的名称。你应该基于孩子当前的能力，找到方法让他们不断超越自己（每次进步一点点）。有了你的支持，孩子会逐渐成长进步。

让阅读有趣起来！ 如果你真的想要在家教授孩子阅读课程，我们能给你的最重要的建议是"寓教于乐"。确保阅读对孩子来说是一件趣事。和孩子讨论一些书页上的内容，你们可以轮流描述图片。轮流叙述的形式对于幼儿园的孩子来说很有吸引力。你还可以假装犯错，孩子喜欢纠正家长的错误，因为平时他们总是被纠正的那一方。跟着孩子的兴趣走。如果他想要就故事中发生的某件事或是某张图片进行延伸讨论，不要打断他。利用好这些机会，锻炼他的表达能力。

Einstein Never Used Flash Cards

第 6 章

欢迎来到乌比冈湖

解析智力

如果能生活在美国明尼苏达州乌比冈湖这个虚构的小镇，那该有多好啊！这个小镇是由广受欢迎的美国国家公共广播节目《草原一家亲》（A Prairie Home Companion）的主持人加里森·凯勒（Garrison Keillor）杜撰的理想国。在那里，"所有女人都很健康美丽，所有男人都很帅气英俊，所有孩子都智商超群"。

凯勒一语道破美国人内心的渴望——要不惜一切代价避免平庸（尤其是在智力方面）。我们都希望自己的孩子优于平均水平！事实上，这种想法已经发展到非常极端的地步。有新闻报道，一位母亲因捏造了儿子的智商分数而引发了灾难性的后果。和大多数望子成龙的父母一样，伊丽莎白·查普曼（Elizabeth Chapman）希望帮助孩子成功、出人头地。[1] 她捏造了儿子的智商分数，把一个平平无奇的孩子伪装成天才，声称他的智商达到了 298，是有史以来的最高智商！事情败露后，全美国媒体铺天盖地地报道这件事。最后，查普曼的儿子成为最大受害者，他有自杀倾向，只得被安置在寄养家庭。

查普曼的案例较为极端。不过，这确实体现出现代父母面临的巨大压力，他们要在这个危机四伏的世界为孩子寻得一席之地。他们不再认为孩子表现得"中规中矩"就够好了。各大公司现在正在推销含高脂肪酸的婴儿配方奶粉，据说这种奶粉可以提高智商。[2] 一份杂志广告甚至表示，婴儿喝了这种奶粉就会拥有"科学家的头脑"。《纽约时报》(*New York Times*) 的一篇文章中提到，一些父母甚至不惜花 3000 美元重金聘请顾问，帮助他们的孩子进入纽约市号称"婴儿常春藤"的私立学校。2002 年秋天，纽约著名金融分析师杰克·格鲁曼 (Jack Grubman) 操纵股票，只为让他的孩子进入心仪的学前班！[3]

这种对智商水平的焦虑和对孩子完美未来的担忧，已经直接渗透到本应享受玩乐的学龄前儿童的世界。学龄前儿童现在要通过智商测验，才能进入某些特定的幼儿园就读。事实上，小布什总统在开端计划㊀（Head Start program）中甚至要求所有 4 岁儿童通过考试，以确保他们得到了充分的"教育"。

那些上成就导向型㊁学前班的孩子情况如何？他们以前通常会有创造性游戏和自主探索、发现的时间，现在这些活动都被结构化的课程和练习题所取代。很多孩子很快就将学习等同于艰苦的工作和循规蹈矩的生活，并且担心自己无法"应对"未来的学业挑战——可他们还在上幼儿园！

在本章中，我们将告诉你为什么孩子的智商与未来成功之间关联不大。此外，当你了解到智商测验的内容后，可能会怀疑它是否真的足以衡量智力，更不用说预测成功的人生了。人们普遍接受的智力定义是：学习或应对新情况和挑战的能力，或者抽象思维的能力。[4] 问题是，这些品质在智商测验中并没有体现出来。

㊀ 开端计划是美国卫生与公众服务部（United States Department of Health and Human Services）的项目，旨在为低收入儿童和家庭提供全面的早教、健康、营养与家长参与服务。——译者注

㊁ 成就导向（achievement-orientated）是指重视孩子的成绩，以让孩子取得成就为导向。——译者注。

对儿童智商的关注也导致大众产生这样一种观点：孩子需要在学前教育中接受辅导和学业课程，最大限度地开发智商。然而，正如你将在本章中看到的，孩子在学习环境下并不能取得最佳学习效果。相反，当他们以玩乐的方式学习，如做游戏、社交互动、探索世界和享受环境时，才能取得最佳学习效果。

强调智商的误区

现如今，父母和照料者都感到了巨大的压力：他们要尽其所能提高孩子的智力。然而研究表明，了解更多知识的孩子不一定比同龄人更聪明。

本书作者凯西·赫什－帕塞克与特拉华大学的玛丽洛·希森（Marilou Hyson）教授以及布莱玛女子学院的莱斯利·瑞斯克拉（Leslie Rescorla）教授合作，探究了那些开设更多学业课程的学前班是否真的能培养出更聪明、更快乐、更有创造力的孩子。120 名儿童参与了这项研究，有些孩子上的是学业压力更重的学校，其他孩子则去了社交性更强的学校。我们的疑问是，接受过更多字母和数字教学的 4 岁孩子，是否在 5～6 岁更聪明、更善于社交、更有创造力。答案是什么？这些孩子 5 岁时确实比同龄人认识更多的数字和字母。然而，瑞斯克拉教授和宾夕法尼亚州阿德莫尔的一位私人治疗师贝齐·里士满（Betsy Richmond）博士的后续追踪研究发现，这两组孩子在正式上小学后表现不存在差异。据观察（借助智力和创造力测验），学业导向的孩子并不比同龄人更聪明，而且他们的创造力和对学习的热情相对较低。[5]

一次测验得分远远无法决定一个人成功与否。心理学家甚至已经开始发现高智商的人在某些方面一筹莫展，而智商平平的人却在这些方面表现得相当出色。自我意识、自我约束、共情以及理解他人的能力等因素都是真正的聪明和成功的一部分。

那么，智商与我们所认为的聪明人应该具有的品质之间有什么联系呢？

最重要的是，我们能否做些什么以促进孩子的智力发育呢？请继续阅读寻找答案。

到底什么是智商

1904年，法国政府请一位名叫阿尔弗雷德·比奈（Alfred Binet）的心理学家设计一个测验，帮助他们辨别哪些孩子无法在常规学校学习，以便将他们送到特殊学校学习。比奈及其学生西奥多尔·西蒙（Theodore Simon）想出了一个可以单独进行的测验，这个测验确实能预测孩子在学校的表现。以下是智商测验的典型过程：

8岁的亚历克斯坐在辛普森女士对面的桌子上。当亚历克斯渐渐放松后，辛普森女士就开始以友好、随意的方式提问。辛普森女士问道："石头是硬的，枕头是怎样的呢，亚历克斯？"6"软的。""很好。"她总是这样回答。接下来她会问："1夸脱是多少品脱[○]，亚历克斯？"他很肯定地说："6品脱。""很好。"辛普森女士说，丝毫没有表现出亚历克斯的答案错了。接着，她给亚历克斯看了四张不同的图片，这些图片是倒果汁的分解动作图。每张图片中，杯子里的果汁有多有少。辛普森女士说："把图片正确排序，让它们看起来顺序合理。"之后，她又对亚历克斯说"告诉我'地毯'是什么意思。"

这是一些典型的口头测验题目。其他测验包括要求孩子拼出积木图案，或凭记忆复述出一串刚刚听到的随机数字。

什么是商数

比奈设计出第一个智力测验时，提出了智力年龄（mental age，MA）的概念，因为他意识到不同年龄的儿童有着完全不同的能力。我们都知道什么

○ 英美制容积单位，1夸脱=2品脱。英制1品脱合0.5683升，美制1品脱合0.4732升。——译者注

叫实足年龄（chronological age，CA），智力年龄则指的是孩子在智力测试中正确回答的题数。例如，大多数7岁孩子能记住7个随机数字，但他们不能记住8个。所以这个测验可以区分不同智力年龄的孩子。

智商（intelligence quotient，IQ）是将一个人的智力年龄除以实足年龄，再乘100。也就是说，IQ=MA/CA×100。如果智力年龄与实足年龄相同，那么这个人的智商就是100。

智商分数基于个人得分之间的对比。我们为了比较个人得分，用图表表示得到每一分数的人数。我们发现，这张图看起来像所谓的正态曲线——就像驼峰。曲线表明，大部分的分数都集中在中心附近，形成驼峰的峰顶。中心那些人的智商分数都在100分左右。事实上，大部分人（68%的人）的智商分数都在84到116之间。加里森·凯勒说的没错，不仅乌比冈湖的孩子智商不低，其他孩子也大多如此。70%的孩子智商相似，智力正常。只有15%的孩子智商高于117，还有15%的孩子智商低于83。

即使是那些得分低于70分、被认为是智力迟钝的孩子，也可能结婚、参与各种社区活动并拥有一份稳定的工作。单靠智商测试根本无法预测人们适应环境的情况，也不能预测谁会出人头地。

什么是"天赋异禀"

天才似乎不受标准智商测验的影响，他们都有自己的人生。爱因斯坦的母亲从来没有使用过识字卡，其他天才的家长也是如此。看看以下例子，你会发现识字卡就像湿毯子一样无用。

出生于罗马尼亚的亚历山德拉·内基塔（Alexandra Nechita）2岁就沉迷于涂色书。[7]她的父母担心她会变得过于孤僻。他们不再给她买涂色书，希望她能跳绳，多跟玩偶和朋友一起玩。她的父母表示，从她身边拿走涂色书就像抽掉氧气一样。她索性开始在母亲下班带回来的废旧打印纸上画画，并给自己画的人物上色。入学后，她每天放学一到家就开始画画。亚历山德拉现在 18 岁了，住在洛杉矶。一周内，她将会完成几幅大型帆布油画，有的足有 150 厘米 ×270 厘米那么大。这些现代主义风格的画作，每幅售价高达 8 万美元。

是的，亚历山德拉真的很有绘画天赋。相关研究发现，天赋异禀的人和其他人一样快乐。那么，天赋异禀与智商有什么关系？一般而言，如果你的智商超过 120 或你在某方面有极高的才华，你就被认为天赋异禀。天赋异禀的孩子常常快人一步——他们比同龄人更早开始掌握某个学科领域的知识技能，而且学习也更轻松。他们与同龄人的学习方式有质的差异，鲜少需要家长帮助。事实上，他们不喜欢成人给出明确的指导意见，更倾向于自己探索，以独特的方式解决问题。最重要的是，他们似乎对自己感兴趣的事物干劲十足，聚精会神。他们不是那种需要父母督促的孩子，他们往往不待扬鞭自奋蹄。

智力游戏

不论孩子是否有天赋，他们都一定会对某些事情有很高的积极性。我们只需仔细观察，找出孩子的兴趣所在，并加以培养。凯西的儿子乔希 2 岁时，喜欢花很多时间把东西两两面对面排成一排。他会把一辆玩具汽车和一辆玩具火车排成一排，甚至鞋子和袜子都成对排列。父母给他提供排列东西的机会，就是在帮助他进行一一对应"练习"。我们从未想到，小时候喜欢把东西排成一排竟与他日后对数学产生的兴趣与敏感性有关。凯西的另一个孩子似乎喜欢烹饪。在蛋糕糊里加东西可以让孩子体验物理、化学实验。由此可见，你可以花些时间观察孩子对什么感兴趣，借此激励他们，让他们的游戏变成智力游戏。

也许你会想:"爱因斯坦和亚历山德拉真的很有天赋。那我的孩子呢?他不可能达到那样的高度。难道识字卡不能帮助他们吗?"对于掌握一些零散的知识,识字卡的确很好用,但智力远不止于此,请继续往下读吧!

利用智商

我们现在已经了解智商测验的构成,但它到底有什么用处(除了用于吹嘘之外)?智商测验显然与学校学习相关。假设三年级学生比利在很多学科中成绩为 C 或 D,老师会认为学习对他来说较为困难,但你一直认为他很聪明,所以你想了解是哪里出了问题。你给他做了智商测验,分数高达 135。你突然想到,也许问题出在他所在的学校学生数量太多,而且今年他换了三个不同的老师;也许问题出在学校课程安排缺乏一定的挑战性与奖励机制;又或者你和另一半刚离婚,这可能对比利产生了极大的影响,导致了比他表现出来的更多的问题,你意识到比利可能急需一些情感方面的帮助。

用智商测验来分析一个孩子应有的学校表现很有效。(当然,这也是智商测验本来的目的所在。)心理学家会说,智商和学校表现之间的"关联性"很强,你的智商测验得分与你在学校的学习成绩有关联。但智商并不是学习成绩的一个完美预测指标。有些孩子的学习积极性高,而有些孩子缺乏积极性,也缺少支持。家庭环境等因素也很重要。智商平平的孩子可能在学校考试不及格,也可能成为科学家,甚至获得诺贝尔奖。事实上,1962 年因协助发现 DNA 分子结构而获得诺贝尔奖的詹姆斯·沃森(James Watson)就智商平平(和我们大多数人一样,都在中间 68% 的范围内),他的老师也认为他并不出众。[8] "但我很喜欢问问题。"他解释道。

关于智商还有一点值得我们警惕:它与在学校的表现有关,也与中产阶级的标准有关。换言之,智商测验主要涉及中产阶级文化关注的知识。如果你住在一个与世隔绝的南太平洋小岛的村子里，你在智商测验中的得分可能是"智力迟钝"。然而你可能很聪明，是部落领袖，能够建造一艘不会沉没的船，能够运用星群、潮汐和波形的复杂知识在海洋中远距离航行。同样，如果你是一个近期移民或少数民族成员，你可能没有接触到一些中产阶级熟悉的知识。比如，以前智商测验中有一道题是"如果一个孩子打了你，你会怎么做"，正确答案是"走开"。但如果你在美国穷人区长大，那么你熟悉文化中的正确答案很可能是"还手"。虽然智商测验的设计者已经尽可能地避免这些偏见，但要完全消除偏见是不可能的。

婴幼儿也有智商

智商测验能够并且已经运用在婴儿身上。这项工作的初衷是很好的。以难产婴儿萨莉为例，她的大脑有没有因为分娩过程中一段时间缺氧而受损？我们从何得知呢？如果在给萨莉做婴儿发育标准化测验时，她的表现和其他同龄孩子一样，我们就可以放心了：她没什么问题。所以这些婴儿智力测验起到筛查的作用，用于辨别孩子是否发育正常。如果萨莉出生过程中大脑受到损伤，知道这一点非常有用，这样她能尽早得到特别的帮助。怎样对这么小的孩子进行测验呢？

可以给萨莉做贝利婴儿发展量表，这一量表因开发者南希·贝利（Nancy Bayley）而得名。它是为1个月到3岁半孩子开发的测验。其中的项目包括听到新声音时转头、抓取物体、用积木搭出塔或认出图片中物体的速度等。由此得出的分数是发展商数（DQ）。萨莉以后的智商得分可能会和发展商数有所不同，这并不奇怪，因为贝利婴儿发展量表与智商测验的内容不同。萨莉的发展商数不能预测她是否会成为哈佛毕业班的优秀毕业生，发展商数的作用主要在于找出那些需要特别帮助的孩子。

还有一种针对婴幼儿的测验，其结果可能与日后的标准智商分数高度相关。该测验考察的是婴儿处理或记忆信息的速度，处理速度越快意味着智商越高。为什么这样说？因为快速思考涉及一些基本的认知过程，如注意力、记忆和对新奇事物的反应，这些是所有年龄段智力行为的基础。

我们怎样测量婴儿接收和处理信息的能力呢？凯斯西储大学的约瑟夫·费根（Joseph Fagan）教授设计了一个巧妙的测验，观察婴儿会盯着图片上的一张脸看多久才转过头去。[9] 接下来，他会给孩子看两张不同的图片，一张是孩子已经看过的旧面孔，另一张是陌生的新面孔。然后，他观察孩子看新面孔的时间是否会比看旧面孔的时间长。

婴儿注视旧面孔的时长是其心理处理速度的一项指标。也就是说，注视时间越短，说明孩子能够越快记起其特征。如果儿童更喜欢看新面孔，而不是旧面孔，我们就更确定孩子记住了旧面孔。孩子对新奇事物有偏好，而他确实记得以前见过这张旧面孔。

一般而言，婴儿在这种测验中的得分将与几年后的智商得分相近。虽然用这种方法计算"婴儿智商分数"仍然存在争议，[10] 但值得注意的是，那些你认为会在这类测验中表现不佳的婴儿的确表现不佳。例如，智力发育严重迟缓的婴儿在这种测验中表现很差，[11] 母亲孕期饮酒过多的婴儿也是如此。[12]

家长应该怎样促进孩子智力发育

看过这些关于智商的信息后，那些孩子的智商处于普通人范围的父母应该怎么做呢？父母要努力提高孩子的智商吗？环境能在多大程度上改变根植于基因的智商呢？

环境似乎可以对智商产生 15～20 分的影响。20 分——你可以让自己平平无奇的孩子直接进入天才的行列，不是吗？问题是，环境的哪些方面会对孩子产生影响？你应该买电动玩具和识字卡片吗？要请家教吗？要报培训班吗？不要操之过急！没有充足证据表明这些强化环境的做法是行之有效的。环境对智商产生影响的证据，主要来源于对收养双胞胎的研究——一对双胞胎中一个孩子在贫困家庭长大，另一个在中产阶级家庭长大。

我们换个问法也许会比较好：孩子需要什么才能充分发展他们的天赋智力？还有一个问题：我们怎样做才能帮助孩子充分发挥智力潜能（不仅仅局限于智商测试，而是在生活中）？

智力的主要组成部分之一是语言能力。语言是我们认识环境的主要手段，是我们提出问题、获得答案的方式。因此，现代智商测验的所有子测验中，最能预测最终得分的应该是词汇量测验，这并不奇怪。一个人词汇量的大小是智商测验所测的"智商"的重要组成部分。扩大孩子词汇量的主要方法是日常和孩子进行交流，孩子通过和我们交谈来学习。当我们为他们读故事时，他们也在学习，这些故事提供了他们房间以外世界的信息。

除了和孩子聊天，你和孩子在家一起进行的其他活动也是促进孩子智力发育的关键。心理学家针对孩子出生后头 3 年的情况，开发了一项名为"家庭环境观察量表"（HOME）的测验。[13] 高 HOME 分数预示着良好的智力发展；而低 HOME 分数预示着孩子最终智商会偏低 15～20 分。HOME 测验通过对父母的观察和访谈，收集孩子的家庭生活质量信息。问题包括父母对孩子的鼓励程度、陪伴程度以及宠爱程度。父母会经常和孩子交流吗？对孩子包容吗？这些才是真正重要的环境因素，而商店里推销的那些号称能"提高智商"的产品并不是。

我们以凯瑟琳为例，她是一名需要在折扣店长时间工作的单亲妈妈。她对孩子肖恩的发展很焦虑，不断向肖恩施压，限制他孩子气的行为，认为克制就能显示出高人一等的成熟。"跑够了！坐下来！""球打够了，堆积木吧！"从她口中说出的总是这类训诫。家长这样干预实际上会让婴幼儿变得更容易分心，玩游戏时表现得更不成熟，智力成绩也受到影响。[14] 促进儿童智力发展的最好方法是认可并尊重他们享受世界的幼稚方式，和他们一起打球、讲故事、学唱歌、建沙堡……

智商的可塑性有多强

1965年，作为"向贫困宣战"㊀的一部分，美国联邦政府启动了"开端计划"，主张教育是促进人们脱贫的关键。贫困儿童入学时往往处于劣势。生活在中产阶级家庭的孩子，家长会和他们聊天，读书给他们听，让他们拥有各种各样的经历。因此，他们的智商很可能在正常范围内。相反，我们知道，贫穷会对孩子的智商造成负面影响，生活在贫困家庭的孩子智商分数会比生活在中产阶级家庭的同龄人低。一项针对在美国南方极度贫困环境中长大的非裔美国儿童的研究发现，年长的孩子通常比年幼的孩子智商更低。[15] 对这一发现的解释是，孩子生活在贫困家庭和差学校的时间越长，其智力受到的影响越大。

为什么贫穷造成的伤害如此严重？美国贫困儿童的家庭往往乱成一团。由于父母受教育水平不高，他们可能无法为孩子提供一些早期学习经历，帮孩子为在学校取得好成绩做好准备。幸运的是，鼓励亲子共同参与学前教育的"开端计划"非常成功。[16] 相比于生活在相同环境下而没有参加的孩子，参加该计划的孩子在智商测验中得分较高，在学校的表现也较好（至少小学前两三年都是如此）。虽然参与"开端计划"的孩子的智力没有持续提升（可能是因为孩子仍生活在贫困的环境里），但在实际生活中，参与"开端计划"的孩子确实遥遥领先。他们很少去特殊教育班或留级，大多都能从高中毕业。[17]

超越智商

现在你大概已经清楚智商测验的确有其局限性了。一些心理学家开始更多地谈论"多元智能理论"，并把智商测验根本没有涉及的内容纳入其中。

㊀ 1964年，美国总统约翰逊提出"向贫困宣战"。1962年，美国有3500万人人均收入只有590美元（全国人均收入1900美元的31%），大约有1/5的人口生活在贫困线之下。——译者注

例如，哈佛大学的霍华德·加德纳（Howard Gardner）教授提出，每个人有8种独立的智能，它们是与生俱来并在一生中不断发展的，分别是：语言智能、逻辑－数理智能、音乐智能、空间智能、身体运动智能、自然观察智能、人际沟通智能。[18]第一章中提到过的另一位理论家，耶鲁大学儿童研究中心社会与情感学习协会的创始人之一丹尼尔·戈尔曼认为，真正聪明的孩子应该拥有很高的"情绪智力"——自我意识、自律、共情能力等。[19]耶鲁大学的罗伯特·斯滕伯格（Robert Sternberg）教授曾感叹："如果人类所有的智慧都可以归为一物，那该多简单！"[20]他认为，智力的概念包括分析、创造和实践成分，这些成分共同构成了"成功智力"，即在生活中获得成功的能力。在你快被这些五花八门的智力因素搞得晕头转向之前，也许是时候告诉你更多有关孩子如何学习的知识了。

皮亚杰、快餐店和孩子的学习方式

我们给你讲一个小故事，以便你了解孩子是怎样学习的。去年夏天，我们在后院凝望着柳树下的一片湖泊。正值黄昏，天空中弥漫着一层橙色的雾气。突然，透过朦胧的雾气，湖面上出现了一个庞然大物，像旋转木马转台一样大，形状好似飞盘，在湖面上空盘旋。它似乎是金属材质。我们眨了眨眼，努力想看个明白。接着，那个庞然大物像陀螺一样移动起来，直冲云霄，最后消失不见了。

想想我们描述的画面。你有什么想法吗？我们当然神志清楚。是某种视错觉吗？我们不这样认为。你可能会问……是不明飞行物（UFO）吗？事实是，我们没看到。可以看出你努力想弄明白发生的现象。某人描述的内容并不符合你现实的认知，你想对其进行解释。最后，你把它归入 UFO 的笼统范畴。你的大脑可能飞速运转，想要解释这种不可思议的现象，理解现实呈现出的状态。但这种现象和你所知的知识并不相符，你努力对其进行解释。

这就是孩子刚开始学习时会经历的事情。对于他们来说，世界充满新奇事物，他们忙着为新事物找出合理的解释。孩子是主动的学习者，不断试图理解和掌控自己所在的环境。你根本没必要强迫他们学习。宝宝总是把东西放进嘴里——不一定是因为东西好吃，而是因为这是婴儿了解事物组成的方式。宝宝老是把勺子丢到地上，不一定是故意麻烦父母，而是为了了解：勺子每次都会掉下去吗？掉到地上的速度一样吗？我可以让它掉得快一点吗？他们正在发现重力和速度的特性。

伟大的瑞士心理学家让·皮亚杰的思想在发展心理学中占据了主导地位，他告诉我们，儿童所犯的错误远比他们在智商测验中答对的题目更有启发意义。毕竟，有时孩子做对一些事情只是在鹦鹉学舌。但当他们告诉你自己如何思考问题的时候，你就知道他们是否真正理解问题了。皮亚杰将智力定义为对环境的适应。[21] 为了了解幼儿的思维方式，皮亚杰对自己的三个孩子和其他数百个孩子进行了观察。他的发现令人震惊：儿童发展的动力正是他们自己。正如我们在第2章所论述的，儿童日常生活中的经历足以推动他们认识世界。孩子不会被动等待大人催促他们追求知识，也不会畏首畏尾地回避新经历。恰恰相反，儿童在日常生活和玩耍中，通过观察和积极尝试，创造了许多属于自己的学习机会。因此，父母可以放松一些，不必把孩子认知发展的重要责任扛在自己的肩上。

孩子能从最简单的日常活动中学习，这真是令人难以置信。以去快餐店吃午饭这一平常之事为例，孩子能学到什么呢？也许不是关于健康饮食的知识，而是很多关于自己所在世界的信息。想象一下，4岁的玛丽和妈妈萨拉一起走进一家快餐店。玛丽知道该怎么做，她冲到队伍的后面排队点餐，她也知道问妈妈有哪些食物可供选择。这意味着玛丽已经有了一个关于快餐店如何运作的"脚本"。你不可能在快餐店坐等服务员来点菜，你也不可能吃到世界上所有能吃到的食物。当孩子了解快餐店如何"运作"的知识后，无论到哪种快餐店就都能轻车熟路了。

这还不是孩子可以在快餐店了解到的全部知识。孩子可以学到当地人是怎样进食的（例如可以直接用手拿着薯条吃，而不是用叉子叉着吃）；学到怎样用喷射的物理原理将番茄酱涂到薯条上；学到该坐在哪儿，以及座椅是怎样旋转的。排队时交换点餐意见也是学习对话的好机会，你还可以和孩子讨论身边来往的有趣的人。孩子每时每刻都在学习，甚至有很多时候，我们根本没想到他们在学习。婴幼儿经常做的那些重复又恼人的事，就是他们了解世界的方式，他们制造状况不仅是为了好玩，还为了看看会发生什么。

皮亚杰发现，婴幼儿的学习是以一种独特的方式自然而然地发生的，这种方式与他们大脑和身体的发展相契合。如果你给 2 岁的孩子看一些数字卡片，那么他只会学着模仿你说话。而如果你让他玩巧克力豆，他就会对数量产生极大的兴趣。如果你给他读彼得兔的故事⊖，他甚至会记得所有的细节。情境学习才是智慧学习的关键。

从拨浪鼓到物理学的渐进

皮亚杰是解密情境学习过程的天才。尽管我们之中很少有人能够具备与之相似的观察力，我们仍能学着以一种独特、丰富的方式看待孩子的世界。例如，如果你仔细观察 3 个月大的艾丽斯，会发现她像小小科学家那样用她自己的身体做实验。一开始，她偶然把大拇指放进了嘴里，但是她不知道如何重复这个动作。于是，她挥舞着自己的小手，多次尝试之后终于成功做出了这个动作。艾丽斯渐渐开始得心应手。

皮亚杰把这种过程称作"婴儿感知运动阶段的循环反应"[22]。这个阶段之所以叫作感知运动阶段，是因为该阶段涉及五种感官和身体反应。循环反应是婴儿不断重复自己喜欢动作的过程，是智力发展的基石。循环反应刚开始以婴儿的身体为中心，后来发展为探索周围的世界。一旦婴儿发现如何操

⊖ 英国图画故事。——译者注

控身体去做一些他们想做的事情，他们便开始注意到眼前世界发生的有趣的事情。4～10个月大时，婴儿开始出现"次级循环反应"。这些重复性动作基于他们对自己身体以外事物的观察，作用于外部世界，例如，他们通过踢腿摇晃自己的婴儿床。

在下一阶段，婴儿的行为会让家长抓狂。"三级循环反应"大约出现在10～18个月的婴儿身上。这时候，婴儿会不断重复做一件事，每次只有细微的差别。如果家长不理解孩子操纵外部环境的动因，他们可能会感到恼火，甚至会辱骂孩子。孩子可能会连续14次将麦圈从宝宝椅上扔下去。这正是"三级循环反应"阶段的行为：在重复事件中创造新变化。此时，孩子好比一个小小科学家，像做实验一样改变每次抛掷的方式——用力扔、轻轻扔、往左扔、往右扔……这些实验都是为了观察将会发生什么。正如我们在第4章提到的，婴儿是天生的模式探求者。他们在重复动作、评估动作的过程中，发现了这些动作的模式（"原来这些东西只会往下掉，不会往上！"）。

这是如何发生的：理解因果

快到2岁时，孩子已经发现了许多世界运行的规律。这是他们通过玩耍自行发现的，不需要特别指导。他们也已经发现因果关系，知道事件的产生有其原因。在我们生活的世界里，事件并不是随机发生的，这是多么令人欣慰的一件事。如果你完全不了解世界上的事情是如何发生的，你也会像婴儿一样哇哇大哭！

若要理解世界运行规律和事件产生原因，就需要认识到人与物是不同的。我们可以差人办事，也可以用物体办事，但两者的做法完全不同。宝宝会渐渐发现，需要通过交流呼唤别人，才能让他们按照自己的想法行事，而物体只需操纵。在宝宝的世界中，他们很早就开始区分有生命的实体和无生命的物体。即使是3个月大的宝宝，也能辨别物体（汽车和卡车）与生物（人类和动物）运动方式的区别。[23]

本书作者之一罗伯塔·格林科夫做过一个实验，发现 16 个月大的婴儿已经对生物和物体的功能产生不同的预设。生物能够在静止状态下独立移动，而物体不能。换言之，如果一个原本处于站立状态的人突然在房间里走来走去，你并不会觉得奇怪；然而，如果一把椅子在没有人推它的情况下在房间里移动，你可能会大惊失色。想象一下，如果生活在一个无法确定哪些物体能够独立运动、哪些物体不能独立运动的世界里，生活会是什么样？在孩子发现这些规律之前，世界上的很多事物对他们而言都是无法预测的。

请和我们一起进入婴儿实验室，看看我们如何让婴儿透露对生物和物体的想法。克丽丝滕是个 17 个月大的小姑娘，性格腼腆。她的爸爸弗兰克把她带到实验室，她发现实验室里有许多玩具，大人们坐在地上，亲切友好。于是她很快适应了这个新环境。不过，克丽丝滕并不知道在一块活动挡板后面坐着一位学生。这位学生手里拿着透明硬塑料钓鱼线，钓鱼线的一头系在一把普通椅子的后腿上。椅子离后面的木质挡板约有 1.2 米远。实验人员向弗兰克解释接下来将会发生什么之后，将一个新玩具放在椅子上，此举吸引了克丽丝滕的注意。她靠近椅子去取玩具，此时，藏在挡板后面的学生突然拉动透明钓鱼线，椅子开始向后退。克丽丝滕怔在原地，她看了看椅子，又看了看爸爸，随即飞快地跑向爸爸，紧抓着他的腿不放。显然，克丽丝滕的反应"告诉"我们，在她的世界里，椅子并不会自己移动。很多 16 个月大的孩子的反应都显示他们认为这件事不该发生。24 个月大时，孩子能够肯定椅子并非自己移动，有时还会尝试推动椅子，让"奇迹"再次发生！这是婴幼儿仅靠自己便能认识世界的又一例证。

孩子对所处世界的变化了解多少

皮亚杰最有趣的发现之一是 5～7 岁孩子的发展变化，这一年龄段即"前运算阶段"与"具体运算阶段"之间的时期。你可能在大学课程中学到过这一理论，然而近二三十年里，该理论的许多内容受到了质疑和驳斥（事实上，学龄前孩子比皮亚杰认为的更聪明）。不过，他提出的某些观点十分有趣，值得继续探讨。其中之一是，学龄前儿童很难同时从两种角度观察世界。皮亚杰将这种儿童缺乏的能力命名为"守恒"（conservation）。以 4 岁的皮埃尔为例。一次实验中，皮亚杰往两个相同的 20 厘米高的玻璃杯中各倒了半杯果汁，并把两杯果汁放到皮埃尔面前。两人的对话大概是这样进行的。

皮亚杰：皮埃尔，这里有两杯果汁。是你的那杯果汁多，还是我的这杯果汁多，还是我们两人的一样多？

皮埃尔：（仔细研究两个杯子）我们两人的一样多！

皮亚杰：如果我把我的这杯果汁倒进这个盘子（一个浅平小烤盘）里呢？就像这样。

皮埃尔：（目不转睛地盯着）

皮亚杰：现在我们俩的果汁还一样多吗？是我的果汁多，还是你的果汁多？

皮埃尔：（毫不犹豫地）噢，我的果汁多！我的果汁这么高，而你的果汁那么低！

成人会觉得这个回答匪夷所思。毕竟皮埃尔目睹了皮亚杰倒果汁的全过程。果汁没有增添也没有减少，孩子怎么会认为自己的果汁更多呢？

如果你有不止一个孩子，他们是否常常因为玻璃杯大小的不同而争论谁的果汁更多？他们之所以这样争论不休，是因为幼儿容易受到物体外表的干扰。他们不理解，某一维度（玻璃杯中果汁的高度）的变化可以通过另一个维度（果汁的平铺面积）的变化弥补，以维持平衡。他们无法同时考虑两个因素，并加以平衡抵消。在其他方面，幼儿也表现出同样的认知特点。爸爸妈妈外出度假时，幼儿有时会感到不安——如果妈妈烫了发或是爸爸留长了胡子，他们就不再是爸爸妈妈了！

发现
孩子的能力

守恒
适合年龄 3～6 岁

你可以在自己家做守恒实验。拿出两个一模一样的玻璃杯、一个容量相似但形状完全不同的玻璃杯，并准备一些果汁或水。首先，告诉孩子现在要玩一个游戏。向他展示两个盛有等量液体的相同玻璃杯，告诉他一杯是你的，另一杯是他的。询问他两杯中液体是否一样多，是他的更多还是你的更多。在孩子肯定两人拥有等量液体之后，实验才能继续。接着，你或孩子可以把你杯子里的液体倒入那个不同形状的玻璃杯。现在继续询问上面的问题：谁的液体更多？两人的一样多吗？看看孩子的反应。面对这些问题，他的行为有什么变化？有没有那么一瞬间，他对自己的答案表示怀疑？问问他为什么这么回答，看看他判断的理由是什么。实验结果会让你感到惊讶。如果家中还有六七岁的孩子，你可以对他进行同样的实验，观察他和弟弟妹妹论证的理由有哪些不同。

尽管物体看起来不同，但只要没有东西加进来或拿出去，物体的总量就保持不变，这就是守恒。你能教孩子这个概念吗？研究文献表明，你可以以多种方式帮助孩子了解重要的是量而非物体的外表（我们在第 3 章阐述了一个有关"神奇"老鼠的实验，在该实验中，罗切尔·格尔曼教授教会孩子数目才是重点）。[25] 不过，你真的需要教孩子守恒概念吗？我们并不这样认为，他们最终会自己领悟。我们和你分享守恒实验的研究结果，并不是想让你匆匆忙忙地训练孩子，而是为了告诉你，这是发现孩子思考能力局限性的机会。你也许会惊讶于发现孩子没能完成守恒任务。这应该作为一种警示：如果我们一味机械地训练孩子说出正确答案，那么根本无法真正了解孩子对于世界的思考方式。

推理的萌芽

一天，朱莉来到我们大学的实验室，告诉我们她孩子的一次奇妙经历。她认为这件事肯定能证明孩子聪颖过人。在她的孩子米凯拉还是幼童时，朱莉就带她去上健身课。课程最后，教练会在每个孩子的手上盖一个小丑印章（看起来像一个文身）。某天下课后，朱莉带 29 个月大的米凯拉去麦当劳，他们在一个身上满是文身的男士旁边排队。米凯拉用她那高分贝的大嗓门欣喜地喊道："妈妈，那个叔叔身上全是小丑印章！"米凯拉做了一次推理！根据她的经验，她将男士身上的文身与小丑印章画上了等号。她过去从没见过那个男士，也没有见过其他有文身的人，她是在归纳总结：将自己已有的知识应用到新的案例中。这便是一个归纳推理的例子。

幼儿不仅在观察世界的过程中学到了大量知识，还不断利用自己学到的知识，对遇到的新情况形成范畴概念，做出归纳推理。事实上，这是概念意识最重要的功能之一。你肯定知道"动物"这个概念，如果我告诉你"snook"是一种动物，除此之外不为你提供其他描述或图片。那么，请思考一下，你对"snook"了解多少：

- 它能呼吸。
- 它能繁殖后代。
- 它能运动。
- 它需要进食和排泄。

只要你对动物有所了解，所有这些知识就都能"自动"获得。我们观察世界的范围是有限的，归纳推理能力帮助我们做出概括和推广（参考上述列举的特征)。婴儿什么时候能够做出这种关于事物范畴的推理呢？婴儿什么时候能够知道动物、交通工具及家用设施是不同类别的事物，具有不同功能呢？婴儿还小，不会说话，我们该从何而知呢？加州大学圣迭戈分校的琼·曼德勒（Jean Mandler）教授与纽约布鲁克林学院的拉雷恩·麦克唐纳（Laraine McDonough）教授想出了一个新颖独特的方法来探知婴儿对于物体范畴的了解程度。[26]

他们在婴儿面前摆出了一些小物件（例如玩具小汽车、玩具飞机、狮子玩偶、奶牛玩偶），观察婴儿是否可以推理出与这些物体相对应的行为。[27]比如说，一位研究人员假装用钥匙去开玩具汽车，婴儿会模仿着对玩具飞机还是动物玩偶使用钥匙？如果研究人员假装给狮子玩偶喂水，婴儿会尝试着给玩具飞机还是奶牛玩偶喂水？研究人员发现，年仅9个月大的婴儿可以做出正确推理，只对交通工具使用钥匙，只给动物喂水。这些行为并非婴儿在生活中观察到的：他们什么时候见过有人用钥匙开飞机？或者见到有人给奶牛喂水？但是婴儿是聪明的，不需要花里胡哨的玩具和各种各样的补习班，他们能自行探究出许多规律，只是我们没有发现而已。大自然赋予了孩子学习世界上各种知识的能力，他们并不需要特别辅导。婴儿阶段的智力萌发就像吃饭、睡觉一样，都是自然而然的。

给予孩子一点帮助

和皮亚杰一样，苏联卓越的发展心理学家列夫·维果斯基同样认为孩子在构建对世界的理解时非常积极主动。[28] 维果斯基的研究旨在探究社会环境在儿童认知发展中起到的作用。家长、老师、兄弟姐妹甚至其他孩子都能帮助幼儿了解世界。维果斯基引入了一个当今颇为流行的术语：最近发展区。他指出了这样一个任务范围或是区域：其中的任务孩子无法独自完成，但是可以在有经验的同伴的帮助下完成。当然，这里的有经验的同伴，就是指家长和照料者。我们一起看看下面这个情境。

3岁的马修在厨房的地毯上拼拼图。但是，他越玩越焦躁不安，无论怎么摆放，他就是无法把一片木质拼图拼进去。平时他可是拼拼图的好手，然而今天他没有睡午觉，现在耐心有点消磨殆尽了。他的母亲正在做晚饭，她用余光注意到他自己摸索有一会儿了，于是陪孩子在毯子上坐下来。母亲一言不发，只是把拼图框旋转了一个角度，使其与孩子手里的拼图相吻合。瞧！孩子把拼图填进去了。于是，母亲开口道："哇哦，马修，你真的很擅长拼拼图！"类似的情况重复了七八次之后，整幅拼图终于完成了。马修似乎对自己颇为满意，于是又去干其他事情了，他的母亲也回到料理台旁。

最近发展区指个体独立完成任务时，刚好超过自身能力范围的发展区域，也就是说，这一概念描述了我们能够独立完成的事情与在他人帮助下能够完成的事情之间的差距。马修能够独立完成的事情是一回事，而马修获得一点帮助后能完成的事情又是另一回事。正如披头士乐队的老歌唱的那样："获得了朋友的一点帮助，我终走过困境。"如果维果斯基的研究有主题曲的话，这首歌再恰当不过了。维果斯基认为，这就是认知发展的模式：孩子在与他人的互动中，不断拓展自身的能力。我们可以帮助孩子多跨出一步，每天进步一点点。我们该怎么做呢？另一位世界知名的心理学家将这种教育方法命名为"支架式教学"（scaffolding）。纽约大学的杰尔姆·布鲁纳（Jerome Bruner）教授表示，支架式教学这一概念鼓励家长成为孩子发展过程中的参与者，而非旁观者。[29]

支架式教学

这次，我们要来发掘成人拥有的一种"隐藏技能"。你可能很难在与孩子互动的同时，以一种客观、科学的方式进行观察，所以不妨请另一位家长或成人与孩子进行互动，你在一旁观察即可。你需要观察成人是怎样为孩子搭建支架，帮助孩子完成任务的。孩子的年龄最好在3岁以下。请成人给孩子一个新玩具——这个玩具需要操作，并且刚好超过孩子的能力范围。你可以坐着观察成人如何将孩子推向最近发展区。观察成人怎样操作物体和调整环境，以便你的孩子可以成功玩玩具。我们把这些称为"动作提示"（motor hints）——成人帮助孩子用自己的身体让玩具动起来的动作。动作提示包括：重新调整玩具的位置、调整孩子的手势、把物体推得离孩子近一点，以及帮孩子拿着玩具以便他们用小手操作等。同时观察"语言提示"（language hints）——成人用以提示孩子应该怎么做才能让玩具动起来的语言。观察成人的鼓励和赞扬，例如："没错，你可以做到！再用力一点！"所有这些动作和语言都包含支架式教学。在这种教学模式下，成人以各种方法帮助孩子完成他们自己设定的任务，让孩子觉得自己是个聪明的宝宝。

需要注意的是，由孩子而不是成人决定要完成什么"任务"时，最近发展区能产生最好的效果。家长或照料者需要跟随孩子的脚步，让他决定自己想要完成的具体目标。家长常常惊叹于幼儿的注意力持续时间之长。当孩子在成人的帮助下完成任务时，他们往往能长时间集中注意力，被大人牵着鼻子走时则不然。

混淆智力与成绩的危险

我们已经说明，智力的核心在于如何学习、如何迁移知识，以及如何应对周围发生的事情。然而，当今社会的重压迫使我们更关注孩子知道什么，而非孩子是如何知道或如何学会的。80岁的贝贝阿姨就是一个鲜明的例子。每周到亲戚家玩纸牌时，贝贝阿姨都会请4岁的乔希背诵字母表。他们玩《战争》游戏时，乔希能够说出纸牌上所有的数字，阿姨对此赞叹不已。在大人看来，乔希是一个聪明的孩子，原因是他的"表现"很好。我们总是要求孩子做出表现："给奶奶唱你在学校学的那首歌。""特迪会写自己的名字。要不要他写给你看？"如果孩子想要展示或表达，那么表现一番并没有错，只是我们需要知道，展示他们的知识面并不能代表他们智力超群，而是表明他们所获成绩。

这种对广义上的智力和成就的混淆十分普遍，可能造成非常严重的后果。能够完成某些任务与能够灵活运用所学知识是两回事。在美国，早教问题被推到了风口浪尖，很多人对此激动不已。美国各级政府都将儿童视为最宝贵的自然资源。教育者和政策制定者正努力确保我们能为孩子提供优质的教育项目和能让他们真正学到知识的学校。小布什总统的早教计划"良好开端，聪明成长"（Good Start，Grow Smart）以及与之相关的《不让一个孩子掉队法案》的初衷都很好。这些措施旨在让美国社会中的贫困儿童在年少时充分汲取知识，以便在日后的学习中成为具有竞争力的学习者；帮助推动幼儿园教授孩子需要学习的知识，从而确保我们的孩子在智力和社交方面健康发展。

为了落实政策，政府规定，每个参与开端计划的孩子每年需要接受两次测试，从13个方面监测他们的进步，其中包括对词汇量、书本概念（例如书本的打开方向）、音韵意识以及数字知识的评估。表面上看，这是一个出色的计划。然而，许多专家担心，以这种形式测试孩子的成就会迫使老师采用应试教育，从而使他们偏离原本的促进智力和解决问题能力的教学目标。诚然，孩子需要知道字母名称，可是实现这个目标只是一种有限的成就。玛丽安娜是缅因州的一名幼儿教师，教的是一群4岁的孩子。她担心地表示："现在我耗费更多时间教字母和数字，而不是为孩子朗读故事或是让他们画画。"

读写、语言、数学和社交技能领域的学者一致认同这样的看法。本书作者之一凯西·赫什-帕塞克曾在费城的天普大学作为联合召集人召开了一次会议，以详细探讨这些问题。在场的科研人员达成高度共识：目前对儿童的评估方式带有文化偏见，过于注重结果（亦可解读为"成绩"），而非学习过程。幼儿需要学习如何学习和思考。如果我们仅仅测试他们是否知道字母名称，而不测试他们是否懂得运用所学知识，便会因小失大；如果我们仅仅测试他们认识多少个单词，而不测试他们能否将单词与故事情节和叙述联系起来，便无从得知他们是否已经为阅读做好准备；如果我们仅仅注重他们是否知道数字符号的名称，便无从知晓他们是否对"多和少"的数量概念有所了解，是否意识到加法和减法是互相关联的；如果我们仅仅测试表面的成绩，便永远不会知道自己是否真的在促进孩子的智力发展；如果我们仅仅测试语言和数学，便会完全忽略对社交技能的培养，而后者对孩子的成长至关重要。

参与费城会议的学者向政府提出了建议，他们一致赞同花一年时间观察幼儿园的孩子，看他们如何学习和成长。这些信息是我们设计幼儿园课程的关键。学者们提醒道，如果我们想要准确衡量孩子的进步，我们必须进行正确的观察。许多家长、政策制定者以及专家抱有根深蒂固的错误观念：学习等同于智力，成绩与智力同义。这是危险的结论，可能会对我们的育儿方式造成严重的负面影响。

学以致用

如你所见，在人生的头几年里，孩子会用尽全力学习、了解周边的世界。他们天资聪颖，获得知识的过程神奇有趣。他们独自探索世界，我们在这里讲述的故事只是冰山一角。不过，宝宝聪明并不意味着家长在其认知发展过程中毫无作用。如果你想把本章内容付诸育儿实践，可以参考以下做法。

以孩子的发展区为限。记住，鼓励孩子在感觉自在的情况下更进一步，此时学习效果最佳。你很有可能已经在某些时刻和孩子一起实践了以下某些做法，相信阅读这些做法能够帮助你理解自己育儿职责的重要性。

- 跟随孩子的兴趣。不要尝试让孩子完成你布置的任务，而要发掘孩子自己想要做什么。让孩子决定自己想要解决的问题，不论是把不同形状的物体放入与之对应的洞中还是完成一张拼图。

- 减少孩子完成自己设定的目标所需经历的步骤。打个比方，很多孩子都有这样一种玩具：一个玩具盒子上面有各种形状的洞，孩子需要将不同形状的物体放进与之相匹配的洞中。如果你的孩子想要将物体放进盒子，却无法在固定盒子的同时将物体放进去，你可以帮他固定盒子。如果你的孩子需要开门按压某物以完成某种活动，却无法打开门，你可以帮他开门，以便他完成接下来的步骤。

- 孩子受挫时，鼓励他坚持完成任务。不要尝试命令他完成任务，试着说一些鼓励他的话，比如"我们可以一起完成""让我来帮你"。挫折感常常代表孩子想不出下一步该怎么做。必要的话，可以回到上一步：把任务分解成小步骤。

- 演示。当孩子积极性减弱时，就是你向他展示如何完成任务的好时机。在演示的时候，可以不断口头鼓励孩子，例如："看到了吗？球进盒子里了！现在你试试看！"演示通常颇具成效，毕竟我们都是通过模仿他人来学习的。

- 讨论孩子的做法与正确方法之间的差异。通过描述孩子的做法，你可以帮助他理解为什么这样做不行而那样做却行得通。例如，你可以这样说："用蛮力是不行的，如果你轻轻放进去，也许就能成功。"通过把孩子的注意力集中在不同做法间的差异上，你教会他换一种方式达成目标。

- 帮孩子将新任务与其会做的事联系起来。不论学生处于什么年龄段，循循善诱的老师总能帮助他们将正在学习的新知识与已知知识联系起来。你可以对孩子说："这和你在安德烈亚家玩的玩具相似。你还记得吗？它们的玩法几乎一模一样！"这样可以帮助孩子把熟稔于心的旧知识迁移到自己设定的新任务上。

强调努力而非成就。如果永远不做尝试，那么孩子100%会失败。如果我们带着批判性的眼光，只关心结果，便会教孩子不要尝试做没把握的事。而我们真正需要教会他们的是人无完人，大人也会犯错。我们欣赏的是他们付出的努力，而不是取得的结果。与之相反，过分强调早教会让孩子囿于思维定势，这与真正能培养聪明宝宝的做法背道而驰。我们应该教孩子培养创新性思维，让他们意识到盒子的四壁并没有那么牢不可破——它们只是硬纸板罢了。

你一定听说过这句名言：天才是10%的灵感加上90%的汗水。名言有时蕴藏真理。人们获得成功的关键在于动机。哥伦比亚大学的卡萝尔·德韦克（Carol Dweck）教授毕生致力于研究儿童学习的动机。在被问及智商是否是衡量儿童真正能力和潜力的可靠指标时，她这样回答："智商测验可以评估当前的能力水平，但无法衡量一个人的潜力……基于创造性天才的研究表明，很多天才小时候看上去都是平平无奇的孩子。然而，在某个时间点，他们开始痴迷于一样事物，如痴如狂地进行长时间的探究……这些努力是智商测试无法预测的。"[30]

那么，我们如何才能培养出热爱学习的孩子呢？皮亚杰已经给出了明确的答案——孩子天生热爱学习。他们就像吸收力超强的海绵，为了让他们保持学习热情，避免好奇心枯竭，我们需要鼓励他们，而不是批评他们。我们需要称赞他们解决一个问题用到的策略，而不只是表扬他们的聪明才智。这样做可以暗示孩子，只要运用正确的方法，天底下几乎没有他们做不到的事情。这样一来，孩子便可以从害怕让家长失望的焦虑中解脱（否则，他们可能会这样想："如果我尝试新事物并且失败了，妈妈就不再觉得我聪明了。"），在困境中做到专注与坚持。这样，我们可以培养出掌握导向[一]的孩子，他们面对困难任务时不会放弃，而是接受并享受这些挑战。以下这些建议可以帮助你培养出一个掌握导向的孩子。

不要坚持解决问题的方法只有一个。如果你的孩子想出了一个解决问题的新方法，那真是太棒了！强调正确答案会促使孩子把智力当作一种不变的实体。相反，强调创造性则会鼓励孩子相信，智力会上涨，问题可以一一解决。

向孩子表明你也会犯错，让孩子纠正你！这不仅可以让你的孩子卸下凡事必须做到完美无缺的压力，还可以教会他们终身学习的道理。

着重发展孩子的创造精神和独立思考能力——21世纪必备技能。孩子用新方式摆弄各种物体并学习将知识联系起来的过程，其实是在学习21世纪职场所重视的技能。我们的计算机可以帮助我们把信息输入表格，运算速度比以往都快，瞬间就能完成复杂的数学函数运算。但是没有一台计算机可以替代人脑利用创新思维解决问题。因此，作为21世纪的家长和老师，我们必须从广义的角度看待智力，我们应该支持孩子的天赋，让他们成为富有创造力的独立思考者，激发他们的好奇心。如果我们只注重测验成绩，强加给孩子大量知识，孩子会因此失去发展真正的聪明才智的活力。

[一] 掌握导向（mastery-oriented）指以培养自身能力为目标，而非以展现能力为目标。——译者注

Einstein Never Used Flash Cards

第 7 章

我是谁
自我认知的发展

1928年，著名心理学家约翰·布罗德斯·华生（John Broadus Watson）发表了不同寻常的言论。[1]他写道："给我12个健康的婴儿，形体良好，我用自己的方式将其抚养成人。我保证能将每一个孩子培养成选定领域的专家——医生、律师、艺术家、知名商人。我甚至也可以将他们中的任何一个培养成乞丐或小偷，不论其天赋、爱好、性格、倾向、能力、种族背景如何。"

华生是行为主义心理学的创始人，在科学原则指导下，他坚信环境会塑造个性。然而，后来的发展心理学家发现了一些关于遗传力量的证据，这些证据可能会让华生有些犹豫。环境确实很重要，没人否认这一点。但每个孩子编码在DNA里的独特遗传特征，也会对孩子日后成为什么样的人，以及他认为自己是什么样的人产生影响。

孩子如何发展自我认知

很多父母都深信华生环境论的观点，相信父母对孩子的影响，直到他们有了第二个孩子。看到二胎似乎从出生起就和头胎大不相同，父母才对他们塑造孩子自我认知的能力有了更实际的认识。

孩子是怎样了解自己的？想想我们对自己认识多少。例如，我知道自己是个女人，知道自己的年龄、种族、长相，能认出自己的照片；我知道自己喜欢吃西兰花，却不爱吃花椰菜；我知道被逼急了我会发脾气，但很快就会释怀；我知道自己善于交际，活泼开朗；我知道自己想成为一名领导者，而非追随者；我知道自己不擅长数学，但英语很棒。

我们成年后，会对自己有一套复杂而全面的了解，对自己的优缺点有平衡的认识。但孩子并非一开始就有这样的自我认知，而是一点点建构自我认知。注意动词"建构"，这个动词意味着从底层开始搭建某物，暗示着自我的塑造有其过程，不是一蹴而就的。动词"建构"也让我们联想到环境在这个过程中的重要性，事实上确实如此。

在很多方面，孩子在没有父母帮助的情况下就形成了自我概念。这并不是说父母不重要，事实上父母非常重要，但孩子不会等父母和照料者来告诉他们他们到底是怎样的人。正如我们将在本章中讲述的，孩子会独立找出关于自己的一切信息。

许多揠苗助长的父母自认为是孩子性格和自我认知的"雕塑家"。这个谬见给父母带来了巨大的压力，因为这必然导致家长努力成为完美的父母。孩子出现任何不足肯定都是父母的错：约翰尼不喜欢吃菠菜？一定是他小时候我介绍菠菜的方式有问题。萨莉不喜欢拼拼图？一定是上次我们一起拼拼图的时候，我表现得太消极了。如果你这样认为，那么一旦孩子没能闯过脑力难关，或是没能进入顶级幼儿园，你一定会将这一切归咎于自身。对于关心孩子智力发展的父母来说，有一个与之相关且更为具体的谬见。许多家长认为，如果他们夸奖孩子聪明，孩子就会相信自己很聪明，在学校会表现得很好。这种想法并不出格。如果我们告诉一个孩子他很帅，他可能也会接受这种观点。如果别人说你很聪明，难道你不应该相信自己确实是个聪明人吗？如果别人说你很聪明，难道你不应该在学习时表现得更加出色吗？不幸的是，答案是真的不会。正如我们将看到的，夸奖孩子聪明会适得其反，只会让他们成为保守的学习者。他们不敢充分发挥自己的潜能，担心可能会面临失败的风险。夸奖孩子聪明会将他们锁在家长营造的良好形象里，他们会不惜一切代价去维护这个形象。

学龄前儿童失真的自我认知

孩子是如何发展自我认知的？这种学习的速度有多快？一个孩子在3个月和3岁时对自己的认识大相径庭，8岁时又会有所不同……丹佛大学的苏珊·哈特（Susan Harter）教授是研究儿童如何发展自我认知的专家。她通过对不同年龄段的孩子进行访谈，将三四岁孩子的自我认知归纳为以下范例。[2]

> 我今年3岁，和爸爸、妈妈还有哥哥贾森、姐姐莉萨住在一个大房子里。我有双蓝色的眼睛和一只橙色的小猫咪，我的房间里有一台电视机。我会背字母表，听：A、B、C、D、E、F、G、H、J、L、K、O、M、P、Q、X、Z！我能跑得很快。我喜欢吃比萨，在幼儿园有个很和蔼的老师。我能数到10，想听我数数吗？我爱我的狗狗斯基珀，我可以爬到攀爬架顶上，我不害怕！我从不害怕！我总是很高兴……我真的很强壮。我可以举起这把椅子，看我的！

想象一下，一个孩子飞快而又热情洋溢地告诉访谈者这一切，在讲述这些内容时充满自信。他告诉我们他什么都能做，从搬椅子、数到10到背诵（他自己版本的）字母表，无所不能！这是学龄前儿童的典型特征，他们总是自我感觉极其良好（也许不止学龄前儿童如此……一些好莱坞明星和独裁者可能也有这种想法）。

为什么学龄前儿童明明各方面能力还未成熟，却会想象自己无所不能呢？首先，他们似乎只关注一件事的一个方面，而不能全面考虑。例如，凯西的儿子班奇5岁时，他们全家出门旅行。在泳池边，他显然被几个十几岁、有着男子汉气概的少年迷惑，他们怂恿彼此从很高的跳台上跳下来。大家还没注意，班奇已经拾级而上，来到跳台旁，母亲转身时，他一头扎进水里。班奇正处于对男子汉气概充满崇拜的时期，他甚至都没有停下来想想自己小小的身躯是否支持自己那样做。他只专注于自己感兴趣的事——做有男子汉气概的事。

一个与这种单一思维有关的事实是，学龄前儿童通常会将遇到的挫折或失败归咎于其他因素而非自身。例如，有一次凯西看到儿子米奇狠狠地打了另一个孩子。凯西训斥了米奇，而他的回答是"不是我打的，是我的手打的。"如果他挥棒击打棒球却没打中，他会告诉投手："你投球有问题。"[3] 事实上，一项研究表明，即使学龄前儿童在同一项任务中失败好几次，他们仍然认为下一次他们会成功！从某个角度看，对自己能力的高估其实是一种天赋，让他们从不轻言放弃；但从另一个角度看，这可能会为学龄前儿童带来危险，因为他们愿意尝试所有事情。只有随着年龄增长，孩子才会开始了解自己能力的特点和范围；也只有慢慢长大，他们才会在对自我的认识中考虑更多因素。

学龄前儿童过于自信的另一个原因，与他们无法进行心理学家所说的社会比较（social comparison）有关。我们成年人很擅长社会比较，许多人心里常常坐着一个小人，不断将我们的所作所为与他人进行比较，做出评判。事实上，对某些人而言，社会比较造成的压力是巨大的，把他们压得喘不过气来，因而扼杀了他们尝试新事物所需的冒险精神。但学龄前儿童还没有这种判断力,他们不会有"她打保龄球打得比我好"这样的想法,因为他们不会把自己和别人比较,对差异没有概念。他们认为自己是最好的!这才是最重要的。

更为平衡的自我认知

8岁的孩子会比学龄前的孩子更全面地看待自己,他们的自我描述变得更平衡、更抽象。到这个时候,他们开始发现自己并非十全十美。他们心中做评判的小人逐渐出现,他们开始认识到同龄人在某些方面比自己优秀或是不如自己。我们能在孩子上阅读课分组讨论时观察到这样的现象:孩子能很快判断出小组的优劣。他们知道蓝色组比红色组更好,即使老师从未公开这么说。他们还知道在下午的游泳课中哪组同学游得最差。

大一点的孩子能够平衡地评价自己的优缺点。当他们认识到自己在某方面不太擅长时,会索性认为这件事对他们来说不那么重要("谁会在乎我会不会游泳呢?我踢球踢得很好啊!")。这样,尽管他们认识到自己不够完美,但总体上仍自我感觉良好。孩子8岁时,已经从通过外在特征来定义自己转变为意识到自己的心理和社会特征。所以,一个典型的8岁孩子可能会对自己有如下评价。[4]

> 我挺受欢迎的,至少在女生中如此。那是因为我待人友善,乐于助人,能保守秘密。大多数情况下我对朋友很好,不过心情不好的时候我会说一些尖酸刻薄的话……在学校,我觉得自己非常擅长某些科目,比如语文和社会学科,但我觉得自己在数学和科学上表现不佳,尤其是当我看到很多同学学得很好后,这种感觉尤为强烈。尽管我在这些科目上表现得不是很好,但我还是喜欢自己,因为数学和科学对我来说不是很重要。长得好看和受欢迎对我来说更重要。

看看学龄前孩子和 8 岁孩子的自我描述差距多大!

发现
孩子的能力

自我意识
适合年龄：2 岁半～6 岁

苏斯博士的《关于我自己的书》[⊖]（*My Book About Me*, *by Me Myself with Some Help from My Friends*）是一本适合这个年龄段孩子阅读的好书。你可以在封面上贴一张孩子的照片，然后和孩子一起描述自我的组成部分，必须是两三岁孩子认为重要的部分。这本书让你和孩子一起做各种有趣的活动，比如数一数孩子有几颗牙齿，以及在纸上描出他的脚，看看他的脚有多大。这个年龄段的孩子肯定喜欢这些活动，这些活动有助于他们学习认识自我。

自我认知发展的故事激动人心。孩子出生后的五年里，自我认知会逐渐发展、变化。就像一个不断扩大的同心圆一般，孩子对自我的看法从生理方面发展到社会和情绪方面，再到智力方面。

生理自我

宝宝首先产生的是对自己身体的感觉。例如，即使是新生儿，偶尔也会把手放在脸上——不管是无意还是有意的。重要的是，宝宝的手和脸能感受到彼此的存在。心理学家将这种现象称为双重触摸（double touch）。双重触摸的感觉可能告诉宝宝，他所触摸的身体是他自己的。

宝宝知道自己的身体和别人的身体之间的区别吗？菲利普·罗沙

⊖ 《关于我自己的书》是苏斯博士创作的绘本故事，画风独特，内容天马行空，文字押韵又富有节奏感。——译者注

（Philippe Rochat）教授和苏珊·赫斯波斯（Susan Hespos）教授为找出答案想到了一个绝妙的主意，他们探究了新生儿能否分辨出自己触摸自己的脸颊和别人触摸自己的脸颊之间的区别。[5] 触摸脸颊的动作会激发孩子与生俱来的反应——"觅食反射"⊖（rooting reflex）。你轻抚婴儿的脸颊，他们就会表现出这种反射，将头转向一边。大自然把婴儿设计得很好，他们只向感觉到触摸的那一侧转头。触摸右脸颊，他们的头向右转；触摸左脸颊，他们的头向左转。这是一个重要的反射，朝着触摸的方向转头，宝宝很可能找到母亲的乳头，就像大自然的旨意一样！

研究人员对出生不到一天的新生儿进行了实验。当实验者触摸婴儿的脸颊或婴儿自发地触摸自己的脸颊时，研究人员进行观察，看看会发生什么。如果婴儿能分辨出自我触摸和他人触摸，那么在自己触摸脸颊时就不应该表现出觅食反射，毕竟他们不能给自己喂奶；相反，在别人触摸时他们应该表现出觅食反射，转向被触摸的那一侧。结果发现，婴儿在实验者触摸时表现出觅食反射的次数比自我触摸时多2倍。在昏暗环境下，仅1天大的宝宝就能分辨自己的身体和别人的身体了！

区分你我

婴儿能意识到自己的身体是怎样运动的，也能区分自己和别人的身体，那么他们从什么时候开始能认出自己呢？佛罗里达国际大学的洛兰·巴利克（Lorraine Bahrick）教授进行了一项研究，让3个月大的婴儿看自己的视频和另一个同龄、同性别婴儿的视频，比较婴儿看哪一个视频的时间更长。[6] 巴利克教授发现，相比于自己的视频，婴儿看从未见过的婴儿视频的时间会更长。

这是否意味着3个月大的婴儿就能认出自己了呢？并不尽然。这可能只

⊖ 觅食反射是一种新生儿无条件反射。当新生儿的面颊触到母亲乳房或其他部位时，便会出现寻觅乳头的动作。用手指抚弄新生儿面颊时，他的头也会转向刺激方向。该反射约在新生儿0～3个月大时出现并在3～4个月大时逐渐消失。——译者注

意味着婴儿已经熟悉自己身上的特征,因此另一个婴儿更能吸引其注意力。从这项研究中,我们并不能真正了解 3 个月大的婴儿是否意识到那个看起来很熟悉的婴儿就是自己,但至少这项研究告诉我们,婴儿能辨别自己的某些特征,否则他们为什么要花更多时间看另一个婴儿呢?

我知道自己长什么样

自我认知的发展道路上有许多里程碑,一项研究揭示了自我认知是如何逐渐发展的。罗伯特·伍德·约翰逊医学院的迈克尔·刘易斯(Michael Lewis)教授和哥伦比亚大学教育学院的珍妮·布鲁克斯 – 冈恩(Jeanne Brooks-Gunn)教授进行了一项非常巧妙的研究,以观察孩子是什么时候认识到自己的长相和生理自我的。

研究人员让妈妈们偷偷地在孩子的鼻尖轻抹些口红。然后,他们观察孩子看到镜子里的自己时是否会多看一会儿,甚至试图擦掉口红,这样做说明他们认出了镜子中的自己。研究人员发现,一般而言,婴儿 15 个月大之前不会认出镜子中的自己,而到了 21 个月,几乎所有婴儿都能认出镜中的自己。

对外貌的自我认知
适合年龄:2 ~ 4 岁

孩子知道自己的长相了吗?每隔几个月试试口红测试,看看会发生什么。你需要偷偷把口红涂到孩子的鼻子上,然后在一面大镜子前观察孩子的反应。孩子是否只是长时间地看着镜子里的自己?会不会试图把口红擦掉?孩子是否会笑着向你展示鼻尖上的口红?还是会视而不见,一副没事的样子?

在婴儿对外貌的自我认知发展过程中,父母扮演了什么角色?其实这种自我认知的发展和父母没多大关系。婴儿几乎都是靠自己搞清楚这些事情的,并不需要专门的课程或是益智玩具。婴儿日常的生活经验与他们与生俱来的能力相结合,便足以为其提供发展这些基本而影响深远的自我认知的机会。

自我分类:我是男孩还是女孩

生理自我认知不仅仅局限于知道自己和别人的生理构造不同,还包括从性别、种族和族群等类别的视角来看待自己。我属于哪些类别?我怎么知道自己是女人,即使穿上男人的工装裤或把头发盘起来藏在帽子下面,我仍然是个女人?孩子很小就能辨别自己的性别,这令人称奇。然而,同样奇怪的是,这一认知又能轻易颠覆。大人所认为的性别标志——生殖器或DNA,并不是幼童区分性别的依据。对他们而言,人的外表(他们有长发吗?他们穿裤子吗?)才是决定他们是男孩还是女孩的关键。

现在,你可能已经意识到,孩子对于性别的了解甚至在摇篮中就开始了!想想看孩子出生时会发生什么?人们的第一个问题总是"男孩还是女孩"。从那一刻起,宝宝的生活便再也不一样了。宝宝会因为性别而受到不同的对待。我们是怎么知道的呢?又是巧妙的实验室研究让我们看到了自己的一些惊人之处。

早在20世纪70年代,研究人员便做了一些调查研究,我们现在称之为"X宝贝"研究。康奈尔大学的约翰·康德瑞(John Condry)和桑迪·康德瑞(Sandy Condry)进行了其中一项研究。他们请一些大学生观看一段展示一个婴儿对蜂鸣器反应的影片。[8] 该研究的重点是大学生对影片中婴儿的反应。研究人员要求参与实验的大学生判断婴儿的情绪,但那些学生不知道的是,他们中一半人的手册上写着"达娜是9个月大的女婴",而另一半人手册上却写着"达纳是9个月大的男婴"。给婴儿穿上中性服装,人们真的很难分辨他们的性别。片中身穿中性服装的婴儿似乎很不高兴。认为婴儿是男孩的大学生表示，婴儿此时愤怒多于恐惧；有趣的是，认为婴儿是女孩的大学生得出的结论却恰好相反——恐惧多于愤怒！事实上，他们看到的分明是同一个婴儿！人们对性别角色的刻板印象竟如此根深蒂固。

婴儿是什么时候开始真正知道自己性别的呢？研究人员系统地观察了数百名儿童的游戏模式，他们注意到，孩子12～18个月时开始喜欢玩契合他们性别的玩具。[9]女孩喜欢玩洋娃娃和粉色的物体，男孩则会选择卡车和武器这类玩具。在某种程度上，这不足为奇。一项研究表明，男孩和女孩房间里摆放的物体全然不同，[10]所以即使他们还没有被广告所吸引或是学会索求特定的玩具，他们也已经获得了非常明确的性别信息。父母是购买者，他们为孩子的房间配置了很多特定性别的物品。

如果孩子不到2岁就开始偏好一些符合其性别的玩具，那么他们什么时候可以确定自己和他人的性别呢？似乎两三岁的孩子就能做到这一点了，他们先是能认清自己的性别，然后是他人的性别。[11]这应该不奇怪，他们总是听到别人将自己称为男孩或女孩。而要判断其他孩子的性别，幼儿不得不借助一些特征来进行猜测（头发长度、眼睛颜色）。不过，考虑到最近中性化的流行趋势，这些标准根本不清楚！

尽管孩子早在2岁就知道自己是男孩还是女孩，但他们真的明白（即使他们已经会说话）性别是怎样确定的，以及为什么性别（通常而言）无法改变吗？这些知识看似很基础，但孩子并没有真正明白。为什么呢？因为孩子往往受限于他们所看到的东西，他们的衡量指标似乎与成年人大相径庭。

你有没有注意过玩具店是怎样布置的？走进任何一家玩具店，你一定会看到一个满是粉色、紫色和白色的区域。通常情况下，这个区域位于进门左手边，大家都知道那不是属于男孩的区域！事实上，那块区域的颜色告诉你，那儿有洋娃娃、简易烤炉套装、化妆包、用于学习购物的棋牌游戏，以及一大堆芭比娃娃。当然，这一片区域不会吸引你家的小比利，相反，他一定会径直走向深色区域。那里的人偶被称为战斗武士；此外，孩子的选择面更广——从科学实验玩具到体育用具、视频游戏等。如果你是和平爱好者，希望孩子以后成为爱好和平的大人，不希望他玩枪支、坦克和配有激光的超级英雄玩具，那么想都别想了，你不会成功的。他在这个年龄甚至可能把郁金香当作枪。为什么呢？因为孩子的认知发展正处于对世界（尤其是人类世界）进行分类的阶段，他们对此非常感兴趣。而他们最感兴趣的莫过于对自身性别进行分类，他们正忙于学习社会中恰当的性别规范。

学龄前儿童看似对性别有所了解，但他们还有很长的路要走。康奈尔大学著名发展心理学家桑德拉·伯恩（Sandra Bern）教授描述道，她的小儿子杰里米有一天决定戴发夹去幼儿园。[12] 班上另一个男孩坚称杰里米一定是个女孩，因为"只有女孩才会戴发夹"。虽然杰里米辩称自己是男孩，因为他有阴茎，但另一个男孩坚持叫他女孩子。杰里米恼羞成怒，脱下裤子证明自己的性别。另一个男孩不以为然："每个人都有阴茎，但只有女孩才会戴发夹。"他骄傲地说道。

从这个例子可以看出，正处于性别认知发展过程中的幼儿通常对男女性别持有非常狭隘的看法。如果一个男孩偏爱芭比娃娃或粉色的化妆套装，可以肯定他的男性朋友会对其进行纠正。的确，孩子在儿童期会比其他任何时候都更坚定地区分性别。[13] 由于幼儿无法整合那些看似矛盾的信息片段，他们也经常否认一些信息。比如，他们无法接受妈妈同时也是建筑工人。他们首先要学习一个比较僵化的观点，也就是那些社会上约定俗成的内容，随后才能拓宽他们的范畴概念，使之更符合实际。如果他们看到自己的父母都在照顾宝宝，也都会烤饼干，那么他们可能就更难坚持僵化又刻板的性别分类。一旦搞清楚真正的性别规则，他们就会更容易摒弃那些刻板的性别标准，特别是在父母为其做出表率的情况下。

我的种族：自我分类的另一方面

因为孩子经常听到关于性别的话题，所以他们在搞清楚自己所属的种族之前就弄清了自己的性别，这也许并不奇怪。科罗拉多州博尔德市社会问题研究所（Institute for Research on Social Issues）所长菲莉斯·卡茨（Phyllis Katz）博士是一位心理学家，她毕生致力于研究儿童是怎样了解性别和种族的。她发现，77%受测的3岁欧裔儿童能说出自己的种族，但只有32%的3岁非裔儿童能做到这一点。[14] 这并不是因为非裔儿童不善于进行分类，他们与欧裔儿童在同一时期形成性别范畴概念。四五岁的时候，所有孩子都能确定自己所属的种族（或民族）。有趣的是，在被问到希望自己是什么种族（或性别）时，黑人儿童更希望自己是白人，而白人儿童却没那么希望自己是黑人。类似地，女孩比男孩更希望成为异性。考虑到社会权力差异，以及少数族群和女性常常遭到贬低的事实，这也许并不奇怪。[15]

孩子关于性别和种族的认知发展要经历三个阶段。[16] 首先，孩子开始意识到差异，意识到不同类别的存在。这一阶段发生在婴儿期。婴儿可以通过他们对外表的反应告诉我们，他们能够区分男性和女性的面部特征，也可以对婴儿的照片按种族进行区分。认识到差异之后就进入第二阶段，那时孩子2～3岁。在这个阶段，孩子可以辨识自己的性别，也能找到同性别的儿童群体。但记住，性别认同不等于性别观念保持不变。也就是说，他们不一定能意识到性别和种族是恒定不变的。种族恒定性似乎比性别恒定性发展得更晚，在美国少数族裔如非裔儿童和亚裔儿童中更是如此，他们可能很难理解自己的少数族裔身份。[17] 这种发展顺序与儿童的认知发展相联系，你不应强迫孩子提前理解这些问题，也没有现成的训练方案来加快这种发展。

发现孩子的能力

性别与种族认同
适合年龄：2～7岁

每隔6个月左右进行一次这个实验，以此衡量孩子的进步。用一本杂志（例如《芝麻街》等幼教杂志）进行实验，杂志上要有不同种族和性别孩子的照片。[18] 和孩子一起坐下来，说你们要玩一个游戏。让他分别指出男孩、女孩、白人儿童和非裔儿童。如果有穿着或发型与性别不相符的孩子的照片，那就太好了。例如，试着找一张长发男孩或短发女孩穿着工装裤的照片。有趣的是，幼儿辨别成人性别比辨认孩子性别更容易。当你提问孩子图片中成人的性别和种族时，请使用你和孩子谈论成人时使用的用语。例如，你是否常用"男士"和"女士"这些词？如果是，就在提问时也使用这些词。试着找一些挑战孩子判断力的成年人图片，例如一个穿着苏格兰裙的男人、一个扎着马尾辫或长发的男人，或者一个女性消防员或建筑工人的照片。在孩子做出判断后，继续提问，让孩子解释为什么做出这些判断："你为什么说这是女生？"无论孩子说什么，都不要笑，也不要批评他的反应。你会对孩子的思维方式有更深刻的理解。

社会 / 情绪自我

生理自我只是自我概念的一个层面，我们还有社会 / 情绪自我。过去 20 年里，科学家发现，孩子最初的人际关系对正常发展来说尤为重要。新生儿还不能很好地调节自己的情绪状态，他们能够避开不愉快的刺激，情绪紧张时会吮吸，但是很容易被情绪压垮。事实上，你不可能真的"宠坏"婴儿——他们完全依靠照料者的安抚才能调整情绪反应。婴儿需要你把他们抱在怀里，轻轻摇晃，轻声细语，帮助他们建立稳固的情绪自我。

2～4 个月大时，宝宝大脑中的大脑皮层部分会逐渐发育，增强婴儿对刺激的耐受性。照料者可以通过与宝宝玩一些面对面的小游戏来促进婴儿耐受性的增强，不过还是要注意调整节奏，以免婴儿不堪重负。[19] 这些早期人际关系会成为日后人际发展的原型,我们将在下一章论述其重要性。我们先来探讨一下这些早期人际关系如何间接地让婴儿认识到所处世界的反应性,以及他们能在多大程度上改变世界。

毫无疑问,父母不必对宝宝发出的每一次不安的声音(甚至哭闹)做出回应。话虽如此,父母到底应该多快、多频繁地回应宝宝的哭闹呢?父母应该以何种程度尽力减轻宝宝的不适感?父母的反应程度,会不会潜移默化地影响宝宝应对环境的效能感?关于这些问题,长久以来一直有两种说法(这是常有的事)。

让他们大哭一场就好了吗

毫无疑问,你大概已经注意到宝宝在一岁之前经常哭闹。伟大的行为主义心理学家华生劝告父母,如果孩子每次哭闹的时候都抱起他们,就会强化他们哭闹的习惯(这样日后他们会变成恼人的爱哭鬼,而不会有所成就)。根据华生的理论,父母应该任由孩子"大哭一场",免得宠坏他们。[20] 也有人对此持相反的意见,典型代表是弗洛伊德和埃里克森。他们认为,对孩子的哭闹做出回应有助于他们了解自己的力量,并给他们空间学习用其他方式提出诉求。

幸运的是,一些研究人员决定通过观察母亲和婴儿的实际互动来检验上述理论。任由孩子"大哭一场"的母亲与孩子一哭就抱起孩子的母亲相比,谁的孩子会哭得更多?约翰斯·霍普金斯大学的西尔维亚·贝尔(Sylvia Bell)和玛丽·安斯沃思(Mary Ainsworth)教授发现,9个月大的时候,那些一哭就很快得到回应的孩子比那些很少得到回应的孩子哭得少。[21] 似乎照料者对孩子的哭喊做出反应是在告诉孩子他们会得到照顾——这也许能建立孩子对环境反应性的信任感。

如果孩子的需求总是得到满足,那么他们会用什么来代替哭闹呢?小手指指点点、嘴里咕哝几声,或是与母亲或照料者进行眼神交流。毫无疑问,相比于哭闹，孩子使用这些交流信号是很大的进步。由此可见，对宝宝的哭闹做出回应会促进他们的沟通能力。

个性的根源：华生再次出局

你可能很清楚，孩子并不像华生所想的那样简单。孩子并不是一块黏土，不能被任何科学技术塑造为成人所希望的样子。每个来到这个世界上的孩子都是独一无二的存在——比如格雷西和安妮姐妹。

南希轻松地坐在餐桌前，14个位子上都装点着木制的叶片。这是有史以来最棒的感恩节大餐，她现在已经是两个孩子的母亲，小女儿格雷西24个月大，正坐在她身旁享受漫长而快乐的用餐时光。事实上，他们喝着咖啡、吃着南瓜派、聊着天时，南希才回过神，发现格雷西已经在那儿坐了将近2个小时了！格雷西也高兴地和大人交流："外公快看！"她举起盛满红薯泥的勺子，让外公看看红薯有多好吃。"还要牛奶"，她把杯子递给妈妈，要求续杯……两个小时了，格雷西还在满足地享受用餐时光！南希想到，安妮在格雷西这个年纪时，在感恩节大餐上的表现截然不同。安妮就像一架喷气式飞机，几分钟都坐不住，吃起饭来就像赶场一样——从餐桌跑到玩具堆，再跑到厨房，一刻也停不下来！事实上，安妮还躺在婴儿床里时就总是扭来扭去，非常活跃，甚至连帮她换尿布都会忙出一身汗。

南希在两个女儿身上注意到的这一切，就是心理学家所说的气质。气质一词刻画了人们在情绪反应、活动量、注意力时长、毅力和情绪调节能力等方面的差异，这些差异从出生时起就存在了。[22] 早在20世纪50年代，医学博士及精神病学家亚历山大·托马斯（Alexander Thomas）和医学博士斯特拉·切斯（Stella Chess）就开始研究这种现象，并观察气质在人们一生中的恒定性。[23] 他们对141名儿童进行研究，从婴儿期追踪到成年期，确定了三种基本气质类型："易养型孩子"生活较为规律，性格开朗，很容易适应新经验（占样本的40%）；"难养型孩子"生活作息很不规律，较难接受新的经验，往往对新事物的反应消极而强烈（10%）；"迟缓型孩子"对环境变化的反应温和、低调，情绪消极，对新的经验适应较慢（15%）。其余的孩子似乎不属于任何特定的类别，被归为普通孩子。

托马斯博士和切斯博士发现，不同气质的孩子和不同类型的父母互动之后，原本的气质会有所改变。他们还发现，某些气质能帮助孩子克服情绪上的困难，有些则会让他们更加脆弱。例如，难养型孩子与非常敏感的父母在一起时表现最佳，因为父母知道何时该督促孩子，何时不应插手；而对于易养型孩子来说，父母的反应就没那么重要了，因为这些孩子会很配合。

关于孩子最初的气质如何影响他们未来的发展，还有很多问题值得探讨。我们都知道，快乐的孩子也会让为人父母者感觉更好，更愿意与孩子互动。难养型孩子则让父母避之唯恐不及，即使是同一对父母，似乎也会产生截然不同的互动。所以在某种程度上，孩子的气质也会影响他得到哪种类型的养育。

社会自我也包含内心的是非观。我们应该怎样做以示对他人的尊重？我们如何学会做一个公平、公正的人？这些问题构成道德自我的基础。

道德感萌生

道德感一直是许多心理学理论家（实际上是西方思想家）所关注的重要议题，这些理论家包括弗洛伊德、斯金纳以及皮亚杰。自我认知的一个重要部分是，感觉自己能做正确的事情，并做出公平、公正的判断。但是孩子和成人不一样，面对真实或想象中的不公正现象，幼儿会抗议道："这不公平。"家长常常发自肺腑地回答："人生就是这样，不会总是公平。"

幼儿有时会违背道德规范，这是因为他们道德观念薄弱，还是人性本恶，抑或只是无知？孩子不听教诲，似乎没有道德羞耻感，这是不是意味着他们正一步步走向罪恶的深渊？

想象一下，22个月大的爱丽丝把手指放到电源插座里。你冲过去制止她说："不，不行！"但她再次把手指放进去，于是你把她抱起来，放到房间的另一边，重复道："不能那样做！"可是当你把视线转移到厨房，想要寻找防护插头堵住插孔时，她又回到了插座旁。爱丽丝是个任性的小孩吗？长大后她会不会变得乖张顽劣？你是不是在某种程度上没能向她灌输是非观念？

也许，这些问题还有更简单的解释——这与爱丽丝自我认知的发展有关。之所以爱丽丝对你的惩罚毫无反应，可能是因为她还没有把自己当作一个可以被评估的独立存在。如果她没想到自己的行为会被自己和别人评估，那么为什么要抵制诱惑？你转身后她依旧会犯错。如果爱丽丝意识不到自己的行为受某种行为准则的约束，自我管理这一说法就根本不存在。正因如此，在做错事时，她也许不会像大孩子那样体会到羞耻感和内疚感。事实上，一些研究人员报告称，幼儿常常不带情感地告诉家长自己做错事了。[24]"看到了吗？我弄坏电视了。"为什么这些孩子完全不会难过呢？可能是因为他们没有意识到自己干了一件坏事。

为了验证该理论，加州大学洛杉矶分校的德波拉·斯蒂佩克（Deborah Stipek）教授和同事请123个14～40个月大的孩子的母亲在家填写调查问卷，该问卷包含22个问题。[25]他们要求母亲根据问题观察自己孩子的行为，然后做出"是"或"否"的判断。例如，其中一个问题是"孩子是否能够认出镜子中的自己"（自我识别的标志）。另一个问题是"孩子是否对自己使用过概括性的评估词，例如'我是个好女孩'"，这样的问题可以评估孩子能否将自身作为评估对象。最后，母亲会被问到，孩子做错事时是否会表现出情绪反应。斯特派克教授和她的同事们发现了什么？

像爱丽丝这么大的孩子在做错事被家长责备之后还会继续犯错，并不是因为她本性顽劣，只是因为她还没有学会自我评估，行为不端并不会让她产生内疚感。宝宝首先需要意识到自己会被评估，并且世间存在行为准则，之后才会产生内疚感！所有孩子的认知发展过程都是如此。母亲们的反馈表明，孩子很小就能认出镜子或图片中的自己，或是注意到与自己外貌相关的东西。80%左右14～18个月大孩子的母亲表示，她们的宝宝能够做到这一点，这与我们提到的口红测试相符。接着，一旦孩子能意识到自己是独立的存在，他们便能做出自我评估及自我描述。19～24个月大的孩子中，约有50%可以做到这一点；25～29个月大的孩子中，有80%可以做到；几乎所有（91%）30～40个月大的孩子都能做到。因此，宝宝需要很长时间的发展才能把自己当作客体进行描述，并对与自身相关的事物进行评估。最后，孩子会在违背道德规范时表现出情绪反应，他们会尝试克制自己，避免做出自己认为错误的事情。但这需要很长时间的发展才会出现。25～29个月大的孩子中，只有51%的孩子会在做错事时感到伤心或羞耻，或是试着克制自己。30～40个月大的孩子中，能评估自身行为的孩子占比似乎仍不高——只有59%的孩子在"做坏事"时出现情绪反应。

如果孩子不认为自己是一种社会存在，没有认识到自己的行为可以参照某种行为准则评估，那么道德行为就不可能出现。如果他们在违背道德规范时都没有自责感，又怎会考虑道德行为？那么，道德行为是如何产生的呢？要理解这一点，我们需要再一次回到孩子的思维模式以及他人对待孩子的方式。也许，只有孩子头脑中产生某种行为准则，并将其与实际情况做比较时，他们才会开始评估自己。孩子可能会这样想："黏黏的可不好——从身体感受以及以前妈妈的反应可以判断出来。现在，我的手黏黏的，这样不好。"孩子能够在头脑中产生某种准则，并根据准则对现实情况进行评估是认知灵活性发展的表现。或许学会更多的词也有所帮助。现在孩子学会了"好""坏""黏黏的""干净的"等描述性词语。

调节情绪自我

最后，社会自我来自我们调节情绪的能力，这种能力使我们能在不过度反应和逾越规则的前提下，获得自己想要的东西。情绪自我调节指我们用来调节情绪状态的策略，我们将情绪状态调整到合适的强度，从而顺利实现我们的目标。26 在出生后的头几个月里，婴儿管理情绪的能力十分有限。他们能够通过转头避开不愉快的刺激，情绪紧张时会吮吸，但是他们很容易被情绪压垮。此时，就需要家长的介入。家长可以将他们抱起来，轻轻摇晃，和他们轻声说话——这些都可以帮助他们调节情绪。

随着大脑皮层不断发育，婴儿对刺激的耐受性也会增强。在婴儿2～4个月大时，照料者可以开始利用面对面游戏来引起他们对物体的注意，培养婴儿对刺激的耐受性。家长激发婴儿的愉悦感，灵活调整自身行为的节奏，如此一来，婴儿便不会感到压力太大或是痛苦。这样，婴儿对刺激的耐受性会不断增强。4个月大时，婴儿会在遇到令他不舒服的事物时转过头去；快到1岁时，他们可以爬来爬去，远离令他不悦的事物以管理情绪。照料者帮助孩子调节情绪，有助于孩子发展情绪自我调节的能力。到了2岁，孩子还可以借助语言调节情绪。他们积累了一系列表达情绪的词汇，例如"快乐的""喜欢""讨厌的"以及"生气"。小女孩苏西听妈妈讲怪兽的故事时抽泣道："妈妈，我怕！"妈妈马上把书放下，给苏西一个安抚的拥抱。苏西自己还不能控制情绪，但是她把自己的感受告诉了妈妈，因此得到了安慰。

表达情感

孩子常常通过面部表情、紧紧抓住我们的手的动作，以及迟疑的步伐向我们传达感受。我们可以利用这些宝贵的时机，和孩子谈谈感受，做情绪的倾听者和分享者。家长和老师常常不愿意花时间谈论自身的感受，但这么做却能产生巨大收获。我们可以教会孩子相关词汇，帮助他们学会与他人分享喜悦与痛苦。这些孩子将来一定能够说出"我爱你"。

- "我就要那个,我现在就要":学会控制情绪的重要性

在一家百货店里,蒂姆"就地罢工",哭闹不止——这是他要求妈妈买巧克力豆的协商方式。你可能对 2 岁这一可怕的叛逆期不寒而栗。他 32 岁的时候会不会还这么做?幼儿是否应该具备控制沮丧和失落感的能力?他们的撒野是不是一种问题行为?心理学家所说的情绪调节的过程并非一帆风顺,并且由于孩子脾气秉性不同,单一的调节方法无法对所有孩子奏效。

想象一下,如果你一遇到不称心的事情就号啕大哭,或者如果有人阻止你获得想要的东西,你就立刻对其大打出手,你能保住工作吗?你会拥有朋友吗?你会因此进监狱吗?不过,要想找到控制情绪的最佳方法,需要多年的智力发展。情绪管理包括应对积极情绪和消极情绪的能力(有趣的是,对于成人而言,好消息和坏消息都可能诱发心脏病)。

我们都知道如何从喜悦或悲伤的情绪中恢复平静,这是因为在我们的孩提时代,家长和照料者曾帮助我们管理情绪。回想一下"我要抓住你"⊖和"躲猫猫"等悬念游戏(suspense game),表面上看,它们似乎只是一种消磨时间的娱乐方式,而实际上,它们能够帮助孩子学习调节情绪。康奈尔大学医学中心的医学博士丹尼尔·斯特恩(Daniel Stern)系统分析了"躲猫猫"游戏,帮助我们了解家长如何帮助孩子调节情绪。27

想象一下,9 个月大的欧文坐在自己的婴儿床里,爸爸杰夫看着他。我们现在看到的这个游戏他们以前一定玩过多次。杰夫拿起欧文的毯子,把它盖在自己的头上。杰夫一动不动地站了一会儿,欧文开怀大笑。他的脸上洋溢着期待,他甚至眨了眨眼睛,盼望着爸爸揭下毯子。杰夫揭开毯子,大声说道:"躲猫猫!"欧文咯咯地笑着,往婴儿床里钻,似乎是要躲开杰夫。欧文有感到一丝害怕吗?杰夫又这样玩了两次,延长了揭开毯子前的等

⊖ "我要抓住你"(I'm gonna getcha)是一种亲子游戏,通常由爸爸和孩子一起玩。爸爸一边说"我要抓住你",一边将脸靠近宝宝,手指从宝宝的肚皮往上移动。逐步加快节奏,制造悬念,最后趁宝宝不注意时说出"抓住你!",并挠宝宝的胳肢窝。宝宝常常会哈哈大笑。——译者注

待时间。这次，悬念感让欧文十分不安。他等了又等，爸爸迟迟没有揭下毯子。就在欧文快要失去兴趣的时候，杰夫突然再次揭开毯子，大喊道："躲猫猫！"这次，欧文受到惊吓，笑意寥寥。杰夫判断欧文接收的刺激够多了，于是把毯子放回了婴儿床里。

斯特恩博士指出，这个典型的亲子游戏通常会循环几次，高潮迭起。欧文无法自己玩这个游戏，这个游戏需要两个人的互动。整个游戏过程充满快乐的悬念感和期待感，或许还有一点恐惧感。爸爸对欧文的情绪状态颇为敏感，他认为欧文应该玩够了，因此在几轮游戏后及时收手。这就是我们为孩子所做的事情：我们为他们创造兴奋感，并从中调节他们的情绪。很少有家长会玩过头（可是确实存在这种家长，他们的所作所为近乎虐待），在游戏中把宝宝吓得哭起来。

从很早开始，我们便帮助宝宝调节消极情绪。宝宝一哭，我们就将其抱起。但在深夜，我们可能会狠下心来让宝宝自己想办法恢复平静。在美国文化中，绝大多数宝宝都是和家长分开睡的，他们需要学会如何在身边没人提供温暖呵护的情况下独自入眠。

情绪调节无法在课堂上或是视频中学到，而是从现实生活中学到的。只有现实生活才会引起幼儿深刻而丰富的情绪，让他们的情绪宣泄出来。你是否记得孩提时代，你曾号啕大哭很长时间，哭得上气不接下气？情绪失控的滋味可没那么好受。虽然一些儿科医生可能会建议家长对哭闹的孩子"置之不理"，但真正了解孩子的是家长。2岁半的萨拉的母亲玛丽告诉我们："若是顺其自然，不去理会她的脾气，萨拉便无法'恢复情绪'。我发现转移她的注意力是更有效的方法。如果我任由她发脾气，她会需要一个小时的拥抱和安抚才能恢复。"这是因为萨拉还不擅长调节管理，无法阻止自己哭泣或是控制情绪。没有万能的解决方案！孩子各有独特的气质。一些孩子比其他孩子更加敏感，他们对事情的感受似乎更深刻；而有些孩子却可以从失望的情绪中快速恢复，重整旗鼓，好像什么事都没发生过。此外，孩子的年龄，更确切地说是孩子情绪调节的发展程度也是影响孩子情绪表现的重要因素。换言之，有些事会让 18 个月大的孩子大发雷霆，但到了 20 个月大时，他们可能会觉得那只是小事一桩。

一旦孩子找到调节情绪的方法（转移注意力、找一个替代品来满足愿望、用最喜欢的毛绒玩具安抚自己等），他们会获得征服消极情绪的掌控感。然而，这样的情绪调节方式需要家长和照料者与孩子进行沟通，帮助他们理解发脾气不是唯一排解情绪的方法。在孩子能充分受益于这些"沟通"前，家长必须先为其提供外部支持，帮助孩子调节情绪，例如，在孩子情绪失控之际，家长可以分散他们的注意力。渐渐地，家长把控制权交给孩子，指导孩子如何积极处理已经产生的消极情绪："你真的生我气了，对吗？能告诉我怎样才能让你开心吗？"

研究指出，家长与他们 2～5 岁的孩子用语言交流时，谈论积极情绪与消极情绪的次数一样多。但由于消极情绪会带来更多的痛苦和不愉快，因此需要在情绪调节上花更多功夫。研究人员发现，关于积极情绪的对话完全不同于关于消极情绪的对话。家长可能会在游戏过程中说："看，兔子现在很开心！"而谈论消极情绪常常是在事后："你昨晚为什么在床上哭？"家长也常常提出与消极情绪有关的开放式问题（"你觉得人为什么会哭？"），或是让孩子注意别人感受到的消极情绪（"你知道昨天爸爸为什么对你生气吗？"）。

这些对话有什么作用？事实证明，常常与父母交流这些问题的孩子，以后会对自己和他人的情绪有更好的理解。知识就是力量：了解自己和他人的情绪有助于你做好准备，应对可能产生的负面情绪。学会情绪调节对成年人也有好处。正如丹尼尔·戈尔曼指出的："帮助人们更好地管理他们的负面情绪，如愤怒、焦虑、抑郁、悲观以及孤独等，是预防疾病的一种方式。"

2002 年，美国儿童发展研究协会（Society for Research in Child Development）基于大量研究，发布报告称："……学校教育的头几年似乎需要以孩子的情感和社交技能为基础……有些孩子无法集中注意力、服从指挥、与他人和谐相处以及控制自己的愤怒和悲伤等消极情绪，因此他们在学校的表现更差。"这些科研人员甚至给出了上述技能的习得方法。孩子自身的气质、家长和照料者与孩子的互动都会影响孩子对消极情绪管理的学习。要学会管理消极情绪，孩子必须学会两个技能：一是发现或感受到情绪时能够识别情绪；二是能够描述情绪（例如"我生气了"）。家长和照料者与孩子谈论情绪，教孩子如何应对遇到的各种情绪，在这个过程中，孩子便能学会这些知识技能。

理解情绪
适合年龄：3～6岁

你可以尝试使用图画书帮助3岁或3岁以上的孩子理解或谈论情绪。如果故事中发生了特别好或特别糟糕的事，问问孩子这件事为什么会发生，这有助于孩子思考导致情绪后果的原因是什么。进一步询问孩子，受到坏事或好事影响的人物会作何感受。"兔妈妈找不到兔宝宝，你认为她会开心还是伤心？""为什么小男孩在笑？"记住，有些问题在你看来似乎不成问题，因为你具备生活常识，知道故事的叙述方式。但是这些对于幼儿来说，没那么显而易见。除了能帮助孩子理解情绪的产生原因及不同情绪之间的相互关系外，与孩子谈谈故事书里的情绪话题也能帮助他们成为更棒的读者！

智力自我：溢美之词的危害

埃丽卡和蕾切尔坐在日托中心桌子旁的小椅子上，手里拼着专为她们这个年龄段设计的拼图。拼图有挑战性，埃丽卡一片片地尝试，小心翼翼地拼出森林里动物的图案。而蕾切尔则摆弄着手里的拼图块，四处张望，看了一眼埃丽卡的半成品，又看了看自己只拼了几片的拼图。她放弃了，走到娃娃区，开始斥责芭比娃娃："妈妈对你很生气，你是个笨孩子，拼出拼图之前不许看电视。"[28]

蕾切尔便是心理学家所说的"半途而废者"（nonpersister）。卡萝尔·德韦克教授和她的同事发现，某些育儿方式会导致孩子缺乏毅力。他们还发现，孩子与毅力对应的自我认知能决定孩子日后是否成功。你还记得小时候因为篮球比赛落败或拼写错误而自怨自艾时，妈妈不断对你唠叨的那句顺口溜吗？"再接再厉，终会胜利。"如果父母经常对你说这句话，你很可能会对智力自我有很好的认识。这是一个动员口号，告诉你不要把失败归结于本质或不可变因素。也就是说，你不应该将失败归结于自己的蠢笨或懒惰，而应根据自己为达目标付出的努力来评估自己。如果家长总是强调并夸奖你的能力和智力，你可能会像蕾切尔一样，在面对有难度的任务时半途而废。

孩子如何发展出对智力的健康自我认知？研究这个问题的心理学家有时将其称为自尊的发展。乔治·贝尔（George Bear）教授和凯西·明克（Kathy Minke）教授是儿童自我认知领域的一流专家。他们表示，美国教育界的自尊运动㊀已经跌入谷底，自尊与学习成绩之间存在的联系受到严重质疑，目前已被归为谬见。[29] 其中最根深蒂固、危害最大的谬见就是强调自尊的教育计划可以提高孩子的学习成绩。研究表明，要想提高成绩，只夸奖孩子聪明是远远不够的。然而，在研究人员采访家长对孩子成绩的看法时，85% 的幼儿家长认为他们应该夸孩子聪明，让孩子知道自己很聪明。[30] 你可能会想，告诉孩子他们有多聪明不可能是坏事吧？即使你并不期待这样做会

㊀ 自尊运动（the self-esteem movement）兴起于 20 世纪 80 年代，其理念为不论是在育儿还是在教学上，都鼓励指出孩子的优点，增强他们的自信心，激励他们朝着目标努力。——译者注

让他们真的变聪明，以这种方式增强他们的自尊又有何不可？

德韦克教授的研究为我们提供了答案。她提醒我们，要对夸奖孩子在学业表现上很聪明持审慎态度。她写道：

> ……自尊心强的人执着于一件对他们极其重要的事情——得到夸奖，这是他们的保命盔甲，也是强大的工具。正确使用夸奖，可以帮助学生成长为乐于接受智力挑战、理解努力的意义又善于应对挫折的成年人……但若是使用不当，夸奖会产生反作用。那时它就像毒品，不仅无法给学生带来好处，还会让他们变得消极、依赖他人的意见。[31]

想象一下，如果你做了一件你觉得很简单的事，但仍得到了夸奖，你会作何感受？你可能会认为表扬你的那个人觉得你蠢笨无比，他把这种小事看作对你的苛求。前文中的蕾切尔可能经常受到夸奖，而且是针对其智力而非努力的夸奖。因此，遇到问题时，蕾切尔退缩了，担心自己如果解决不了问题，就会显得蠢笨。在实验和现实生活中，那些因为完成任务被夸奖聪明的孩子，会认为智力是某种"骄人的天赋"，而不是帮助他们解决问题、可供他们使用的工具。[32]

与之相反，埃丽卡在面对艰巨的任务时没有退缩，她表现出很强的适应力。适应力强的孩子不会担心丢脸或看起来蠢笨，因为没人向他们强调智力。埃丽卡这类人不会轻言放弃，他们只会把第一次失败归因于动错脑筋。对他们而言，失败意味着他们需要付出更多的努力，运用一些新策略。显而易见，这就是我们说这种模式适应力强的原因。

夸奖孩子的勤奋努力，会让他们坚持不懈地攻克难题；而夸奖孩子的聪明伶俐，只会让他们轻言放弃！德韦克教授及同事发现，即使是幼儿园的孩子，在听到"聪明"或"真棒"等溢美之词后，反应也会有所变化。[33]他们会像蕾切尔一样，[34]遇到挫折畏缩不前，无法做出积极的回应。[35]

有些孩子才 4 岁,就已经在面对挑战时开始轻易放弃。想必你可以从蕾切尔在娃娃区的自娱自乐中猜出,这些孩子的家长会因为小错误斥责他们。埃丽卡的父母则更有可能根据她的能力调整对她的期望值,表扬她付出的努力,让她自己选择想要面对的挑战,而不是一股脑地强加给她。[36] 埃丽卡的父母可能是"权威型"父母——嘘寒问暖,尽职尽责,寄予的希望恰如其分且立场坚定。而蕾切尔的父母则恰恰相反。他们很可能是"专制型"父母或是"压迫者",他们向孩子灌输的想法是孩子无法独立完成任务。还有第三种类型——"放纵型"父母,无论孩子做什么,他们都会表扬孩子,给孩子树立一种错误的自尊意识,这种自尊意识迟早会导致孩子在与人共事时,一出差错便认定是别人的错。你是哪种类型的父母?你的另一半和你是同一类型的吗?

那么,是不是最好不要夸奖孩子呢?并非如此!只是必须把学习当作一个过程,而非个人能力的证明。德韦克教授建议我们不要夸奖孩子聪明,因为这会让他们对溢美之词产生上瘾般的依赖感,认为失败是无能的标志。让孩子学会持之以恒的方法是大力夸奖他们运用的策略,他们的坚持不懈、专心致志,以及一以贯之的态度。[37] 如果孩子完成任务很轻松,我们应该为交给他们的任务过于小儿科向他们道歉,而不是告诉他们我们对简单任务也要求尽善尽美。总之,"夸奖孩子的智力可以培养孩子对学业的自尊"实际上是广为流传的一大谬见!

再议谬见

不管华生的著名论断如何,事实上,孩子在自我建构方面造诣颇高。大自然创造的每个孩子都是独一无二的,在孩子出生头几个月中,我们便已经能够看出他们的一些特质倾向。婴儿不是黏土,可以任人塑形,但华生的观点中有一点是正确的,即照料者对于孩子的自我意识培养担负着重要责任。

影响孩子物质倾向最重要的方式是与孩子进行互动：照顾他们、与他们交流、陪他们玩耍——通过这些互动，孩子学到了有关生理自我、社会/情绪自我以及智力自我的重要信息。他们知道了自己的种族和性别身份，学会了管理情绪的方法，具备了做出正确道德判断的能力。

换言之，"父母在塑造孩子的自我认识方面无所不能"是一种谬见。同样，"只要不断告诉孩子他们有多聪明，他们就会有更强的自信心"也是一种谬见。孩子需要家长夸奖他们付出的努力，而非他们的过人天赋。我们已给出很多例子证明孩子自我认知的建构是一个漫长的过程，这一发展过程在许多层面都有所体现，涉及生理自我、社会/情绪自我以及智力自我。我们作为孩子的家长或照料者，可以为孩子提供帮助，促进其发展。接下来，我们提供了一些策略，帮助读者实现育儿目标。

学以致用

意识到自己确实对孩子自我认知的发展负有一定责任之后，我们必须睿智地运用这份影响力。

注意你在孩子面前谈论他们的方式。绝大多数家长认为幼儿缺乏自我意识，因此他们不知道自己正在被别人谈论。的确，18个月大的婴儿拥有的口语词汇量只有50个词；2岁时，他们的词汇量也只增长到了200个词左右。但是心理学家发现，孩子听懂的语言要远超他们能够说出的语言。我们曾对婴儿的语言理解进行了研究，结果令人震惊：即使是幼儿也能理解很多话语。例如，几乎不会开口说话的17个月大的婴儿可以理解5~6个词的句子，例如"大鸟在哪里亲吻饼干怪兽？"他们可能不会开口说话，但这并不代表他听不懂你说的很多话。如果孩子听到我们用贬损的词汇谈论他们，他们的自我认知可能会受到严重的负面影响。

有个关于两位心理医生的经典笑话：两人在路上相遇，都面带笑意，向对方问候了一句"你好"。不过两人同时暗忖："他那句话是什么意思？"虽然我们大多数人并不是心理医生，但我们还是会怀疑他人言语的真实含义。大人尚且如此，更何况是幼儿呢？他们又会有何感想？幼儿懂得的语言不多，他们还无法正确分析讽刺含义，因此他们的自我认知主要基于我们谈论他们或与他们交谈的方式。"干得漂亮！""你真是个漂亮的小女孩！"这些评价都为孩子自我定义提供了参照。孩子对语言的理解远远超过他们所能表达的内容，正因如此，孩子在场时，家长要注意自己对孩子说的话以及谈论孩子的话，这一点至关重要。

把孩子看作独立的个体。这个建议很难落实，尤其是你已经有一个大孩子以后，因为你心中已经形成了先入为主的期待和某种固定的发展模式。让孩子做自己的关键在于让孩子自由发展，毕竟他不会以你的视角去看待世界。育儿过程中最困难的事情就是培养一个脾性与你完全不同的孩子。如果你以前是个害羞的孩子，而你的孩子开朗活泼，那么你可能会为之欣喜，但同时会感到有点奇怪。如果你以前活泼开朗，而你的孩子害羞慢热，那你可能感觉更加不自然。试着不要强迫孩子做一些让他们觉得不舒服的事；相反，你只需要给予他们鼓励。有些孩子只是需要更多的时间来适应各种事情。如果你让孩子知道尝试他们不太确定的事情是多么有趣，他们下次就可能会主动尝试。

让孩子知道一切皆有可能。研究表明，孩子能自己弄清楚男孩和女孩、男人和女人分别可以做什么事，而多让孩子了解男人和女人实际能够从事的工作范围，可以帮助他们拓宽思维。如果孩子一开始拒绝接受男性可以成为护士，千万不要惊讶！他们看到女性从事"男性相关"工作，或是男性从事"女性相关"工作的次数越多，越容易改变自己的观念。无论你的孩子长大后最终选择从事什么工作，让他们知道个人职业选择不受性别限制有利无害。你可以时不时向孩子提及一些非刻板的、男女都能从事的工作。比如，你可以问："你看到那位驾驶卡车的女士了吗？"或"你知不知道，儿科医生朱迪也是一位母亲?"

  与孩子谈谈感受。一个人自我认知的形成与他人如何对待他、如何与他交流息息相关。如果我帮你理解世间的事情,理解你弄坏一个小男孩的玩具后他会伤心不已,你就会变得更加善解人意。感受是内在的,家长与孩子谈论感受,实际上是在帮助孩子表达感受,将其一五一十地呈现出来。这样,孩子内心的感受就能得到分析、评估和理解。商店里并没有哪种学习工具可以培养他们的共情能力,让他们变得更加善解人意,这些技能只能通过与至亲至爱之人的互动才能习得。孩子需要我们的时候,我们要陪在他们身边,帮助他们理解自己或他人的行为与感受。如果我们不懂得利用日常的宝贵机会教养孩子,而是急于改变孩子的认知能力,以便他们被常春藤名校录取,继而跻身业界翘楚行列,那么最终只会是白费力气。如果孩子成为"成功人士",但无法管理情绪,无法理解人们的行为方式,因此郁郁寡欢,那么这种成功何益之有?与孩子谈论情绪对孩子的自我调节能力和人生成就都有着长远的影响。

  了解情商与人生成就之间的关联。情绪自我至关重要。丹尼尔·戈尔曼的著作《情商》很好地证明了这一点。无论你多聪明,在学术能力评估测试中得分多高,如果你不知道如何与人相处,不会辨识他们发出的信号,不懂得考虑他人的感受,那么你仍可能成为一个失败者——至少无法达到巅峰。戈尔曼在书中描述了他与哈佛大学心理学家霍华德·加德纳的访谈,后者也强调了情商对于成就成功人生之路的重要性。加德纳教授谈到了"内省智能"(intrapersonal intelligence),即我们对自身及自身感觉的了解,以及我们如何运用这些知识指导自身行为。与之相对,"人际智能"(interpersonal intelligence)指的是我们对于他人的了解程度:我们感知他人情绪、意图和动机的能力。这两种能力是成功的关键。加德纳教授简明扼要地指出:"很多智商 160 的人只能给智商 100 的人打工,因为前者的内省智能不及后者。日常生活中,没有什么智能比人际智能更重要。如果你不具备人际智能,那么,你无法在婚姻、事业等重要人生决策中做出明智的选择。"

换言之,成功人生的决定因素远不止高智商或优异的学术评估测试得分那么简单。然而,在许多家长为孩子营造的竞争激烈的环境里,人们过度强调培养智力自我,而忽视了情绪自我这一孩子发展的重要构成因素。我们生活在人际社会,都想让孩子幸福快乐,也许是时候承认科学事实,承认我们可以做一些事情来培养开心快乐、适应能力强的孩子。也许我们的重心需要转向对孩子自我认知的关注,帮助他们形成高质量的自我认知。

Einstein Never Used Flash Cards

第 8 章

很高兴认识你
孩子的社交智力是怎样发展的

保险核保人阿曼达和股票经纪人杰夫享受着初为父母的喜悦,也开始担心无法为 4 岁的女儿考特尼提供足够的"优质时间"。他们买了许多书和益智玩具,尽可能在晚上和周末多安排些时间陪孩子。结果令人满意,考特尼已经学会了字母表中所有的字母,现在可以阅读短篇故事书。她会拉小提琴,甚至可以做小数值的加减法。作为父母,阿曼达和杰夫以女儿为傲,但他们又产生了一些新的担忧。考特尼现在在家表现良好,那么在学前班能否适应?她会不会因为其他孩子在音乐和阅读方面没有她优秀而感到厌烦?她会不会对学校失去兴趣?考特尼已经在幼儿园遇到一些问题,她常被一些孩子欺负。杰夫和阿曼达认为那些孩子欺负她是出于嫉妒,因为她在学业上比那些孩子领先很多。他们担心同样的事情会在学前班发生。他们如何才能既保护考特尼,又确保她在一个激发成长的环境中学有所成呢?

社交技能入门

杰夫和阿曼达的反应和许多父母一样——只关注孩子的智力发展，却忽略了社交能力的发展。事实上，许多父母常常认为孩子的智力发展需要培养，而孩子的社交能力会自然发展。我们认为孩子不需要学习社交技能。由于社交发展和情绪发展不像学校学习那样有迹可循，所以对我们来说，这两者似乎不那么重要。毕竟，社交能力会自然而然地发展，不是吗？

但父母的这些假设正确吗？我们不这么认为。如果你反思一下社会交往需要什么，你就会开始意识到，社交环境危险重重，人在其中举步维艰。社交需要你能调节自己的情绪（例如，你知道发脾气对实现目标毫无帮助）；需要你能理解他人的情绪，发现他人情绪的细微波动（到别人家做客时，难道要别人穿上睡衣，你才意识到自己应该回家了吗？）；也需要具备向他人表达想法的能力，让别人愿意做你希望他们做的事（你知道人们对"命令"并不会积极响应）；另外社交还需要你懂得与自己不喜欢的人的相处之道（例如，在工作中要避免和上司打交道几乎是不可能的）。你如何确保孩子在社交中取得成功？

众所周知，在美国的文化观念中，是否快乐、交友广泛与在学校的学业表现无关。我们倾向于认为那些"呆板"的孩子很聪明但不善于社交。《星际迷航》中的斯波克先生[一]就是一个典型案例：他很聪明，但却在社交方面十分笨拙。令人惊讶的是，研究结果与媒体的报道恰恰相反：那些广受欢迎的孩子也是在学校成绩优异的孩子。[1] 波士顿学院的玛莎·布朗森（Martha Bronson）教授在其广受推崇的著作《儿童早期的自我调节：先天与后天》（*Self-Regulation in Early Childhood: Nature and Nurture*）中，通过回顾一系列研究证明：在学校与同龄人间的互动技巧和受欢迎程度与学习成绩和日后

[一] 斯波克先生是《星际迷航》原初电视剧的主角之一。他是该剧长期角色中唯一一位外星人（半人类半瓦肯人），在詹姆斯·T.柯克上校担任舰长的进取号星舰上担任科学官及大副。——译者注

的人生成就高度相关。[2] 信不信由你，幼儿园孩子结交新朋友和被同学接纳的程度，可以预测他们以后在课堂活动中的参与度，以及是否能独立完成学业任务。[3] 这意味着，越是善于社交的孩子，独立学习能力越强。交到新朋友的幼儿园孩子，似乎也能更好地融入学习环境，提高学习能力。

研究表明，社交能力是习得的。社交智力不会从天而降，而是在"工作"中获得的，需要孩子在生活中与他人进行有意义的互动。孩子长大后成为什么样的人，很大程度上是我们在家庭、幼儿园和学校中与他们的人际互动的结果。

我们普遍过度强调提高孩子的智商，因此儿童的社交智力受到忽视也就不足为奇了（事实上，目前心理学和教育学的一个新领域正在发展，其目标是向正常儿童传授社交技巧，而不是向表现出严重问题的儿童传授。正常儿童可以从学习一些基本的社交技巧中受益，这些技巧是那些随俗浮沉的父母没有教会他们的）。孩子会从父母对待他们及对待他人的方式中学习社交技巧，然后在同龄人身上进行练习。幼儿园和学前班正是这种练习集中发生的地方。在孩子与同龄人交往时，老师和家长还会为孩子提供社交方面的支架式教学，推动孩子社交技能的萌芽。

社交学习的同心圆

我们通过不断扩大的社交圈学习社交技能，层层的社交圈就像一组同心圆。在同心圆的第一层，宝宝开始区分人和其他事物。向外扩展到第二层，宝宝开始察觉他人的情绪，并与他人分享情绪。在接下来的最后一层，宝宝开始懂得别人的想法和视角与自己不同。本章我们将追溯婴儿时期的社会学习，给出例子以证明日常生活中的互动会影响孩子未来成为怎样的人。

认识他人的身体

婴儿必须能将人和他们世界中的其他事物区分开来,这是一种基本能力。幸运的是,进化似乎使婴儿能被生物的一些特征吸引,例如,婴儿喜欢物理上的对称性,这可以从他们对面孔的偏好中看出。在一项研究中,研究人员将两张图片并排放在一起:一张图片中人脸的五官错位,另一张图片则是正常的同一张人脸。研究人员发现,婴儿更喜欢看面部正常的那张图片。小宝宝出生后不久,就能很容易地分辨出五官错位的脸和正常的脸。[4] 他们会花更多时间看那张两只眼睛对称位于鼻子上方、脸部从上到下三分之一处的脸。

如果你要"打造"一个婴儿,那么你自然希望它被照料者(父母)的样貌特征所吸引。这似乎正是大自然所做的。人类拥有的生理特征都能够吸引宝宝。相比于动物世界的幼崽,人类新生儿显得更加无助,所以对他们而言,成年人比沙发、云朵这类物体更有吸引力是件好事。

除了对大人的外貌感兴趣,你希望宝宝能做的一定更多,比如你可能希望宝宝天生就初步具备与居住在他们小世界里的其他人建立社会联结的能力。这种与生理上的他人建立联系的初级阶段被研究人员称为"模仿"。华盛顿大学的安德鲁·梅尔佐夫(Andrew Meltzoff)教授是婴儿模仿方面的专家。他发现,即使是刚出生(只有 2 天大)的婴儿也能模仿面部表情,这一发现震撼了科学界。[5] 考虑到其中涉及的复杂心智活动,这确实令人惊奇。

发现孩子的能力

模仿
适合年龄:出生~2个月

把宝宝抱在你腿上,和他面对面,向他慢慢吐 10 次舌头,仔细观察他,看看他是否也会伸出舌头回应你。如果他这样做了,这可能是你唯一一次享受别人向你吐舌头！或者尝试张大嘴巴，慢慢地张开 10 次左右，看看宝宝是否也能这么做。知道新生儿已经能够模仿你的动作，流露出与你交流的意图，这真令人兴奋。[6]

宝宝能与他人建立联结，这有什么值得注意的呢？为什么人们在发现宝宝能模仿面部表情时会感到如此震惊呢？我们再仔细研究一下这个现象。当你向宝宝吐舌头的时候，宝宝会看到你对称的脸及其底部奇怪的突起。你吐舌头、收舌头的样子真的很傻。当宝宝模仿这个动作时，他必须把看到的内容转化为实际动作，将自己的舌头也一吐一收。

显而易见，宝宝会主动与父母和照料者进行社会交流。在这些缺乏实质内容的简单社会交流中，宝宝获得了一种经验共享的感觉。这种社会交流中的交互性有助于创造一种"你和我"的感觉，让宝宝感觉到有多种与其他人建立联结的方式。

这种社会联结是了解他人的重要途径。此外，我们还做了很多工作以帮助宝宝适应社会。在观察任何父母和宝宝的互动时，你都会发现，父母会对自己的表现做出一些调整。首先，我们会模仿宝宝的动作，如果我们在与成年人交谈时模仿他人的动作，他们一定会觉得我们不礼貌。其次，我们会夸大自己的面部表情，如果我们和其他成年人交流时这么做也会显得很奇怪。我们睁大眼睛，张大嘴巴，把眉毛抬得很高，高到快碰到发际线了，并用灿烂的笑容表达兴奋的心情。夸张其实是我们教养方式的一部分——我们感觉到宝宝需要这些能吸引注意力的夸张表情，以便和我们进行互动。

认识他人的情绪

你是否有过待在满是婴儿的房间里的经历，比如说待在儿科医生的办公室里?一旦某个宝宝开始哭闹,房间里便会掀起一阵哭闹的浪潮——毫不夸张,所有的宝宝都会尖声哭闹。这种情绪传染是婴儿拥有共情能力的第一个迹象——他们可以对别人的情绪感同身受。没有共情,我们可能会变成无情的反社会分子,只做对自己有利的事情,丝毫不关心这些事情对他人的影响。共情能力促使我们为他人着想,即使这样做对我们而言没什么好处。共情的发展始于摇篮。

康涅狄格州一所幼儿园的园长谢里专心致志地看着一群22个月大的孩子从清晨的雪地里走进教室。第一个孩子跌跌撞撞地走进来,又累又烦躁,开始号啕大哭。第二个进来的孩子看起来也很疲惫(雪装太重了),但他更关心朋友的眼泪。他摇摇晃晃地走过去拿起自己的毯子递给朋友。"这就是经营一家幼儿园快乐的原因之一。"谢里说道,"即使只有2岁的孩子也能敏感地察觉到其他孩子的心情!他们还不怎么会说话,但他们能感受到别人的沮丧和难过,他们总是尽力安抚别人。"

实验室研究验证了谢里在幼儿园注意到的情况。[7]研究人员要求2岁宝宝的妈妈假装悲伤,她们的宝宝做了惊人的举动。宝宝把自己的毯子递给妈妈,试图分散妈妈的注意力,或给妈妈拥抱以安慰妈妈。我们究竟为什么能与他人建立情绪联结?我们如何学会调节自己的情绪,使自己在不开心的时候不会打砸东西?在发展心理学领域,依恋和情绪调节是两大重要研究议题。

共情

适合年龄:1岁~2岁半

看看你能否在家观察到孩子共情能力的发展。在孩子面前假装你受伤了,你在为之哭泣,看看你的孩子会怎么做。大多数2岁半的孩子在别人伤心时会有所反应。如果你的孩子对你的痛苦没有表现出任何共情，不用担心他们最终会成为罪犯，你精明的孩子可能只是发现了你在装！

依恋：早期人际关系的基础性影响

让宝宝在社交领域有一个良好的开端并非难事，不需要特别的课程或教学视频。关键是互动，而且是大量的互动。重要的是，这些互动必须是回应式的，家长要根据孩子的表现给予回应。或许有老人家提醒你说，不要过度刺激宝宝，正是因为你和他说太多话、玩太多游戏，他才不肯睡觉，其实他可能是对的。研究明确表明，宝宝只有在想要与外界沟通时，才能从沟通中有所收获。宝宝似乎会提示我们他们是否想与我们互动。如果宝宝看着你，不断发出声音，就是在说："来和我聊天，来陪我玩耍。"如果宝宝背过身去不看你，就表示："我累了，让我一个人静静。"这些适应性的社交反应构成了对话和后续社会关系的基础。对时机的把握是最重要的。如果我们对孩子的需求很敏感，对他们的需要做出回应时，我们就能向孩子示范如何你来我往，参与互动。

- 母爱还是母乳

宝宝喜欢和大人互动，很快就会对照料者产生感情。大自然帮宝宝做好准备，使他们能对生活中一些特殊的人产生强烈的情感纽带。心理学家将这种现象称为依恋。半岁时，宝宝已经对熟悉的人（不仅仅是母亲）产生了依恋，他们对回应他们的需要、照顾和刺激他们的人都会产生这种依恋感。

弗洛伊德是最早提出婴儿与母亲的情感纽带是日后所有人际关系的基础

这一观点的心理学家之一。但他认为，这种爱起源于母亲对于婴儿进食需要的满足。斯金纳的行为主义理论也认为，喂养是依恋关系的核心，只是原因略有不同。斯金纳认为，婴儿把饥饿感的减轻与母亲联系起来，母亲给婴儿喂食，消除了饥饿带来的紧张感。

然而，在20世纪40年代，心理学家发现，孩子情绪满足真正的核心内容并不是喂养，而是照料者始终一致的关怀。事实上，20世纪50年代，威斯康星大学的一位年轻教授哈里·哈洛（Harry Harlow）以猴子为对象进行了一项经典研究，以此来检验婴儿到底是需要母爱，还是仅仅需要母亲"喂食"。

- 猴子选择妈妈

哈洛教授想出了一个实验，将弗洛伊德和斯金纳的母亲"喂养"理论与主张母亲扮演关爱、抚慰和抚育角色的理论进行比较。哈洛教授及其同事用两种类型的"母亲"养育小猴子。[8]一种"母亲"是一个铁丝网围成的圆柱体，身体前倾45度，"胸前"嵌入奶瓶，只有"乳头"伸出来。另一种"母亲"与前者体型一模一样，胸前没有嵌入奶瓶，但身上裹着一层舒适的毛巾布料。两个"母亲"都被装上矫饰的笑脸。令世人惊讶的是，小猴子做出了明确的选择。两个母亲同时出现，小猴子会紧紧地抱住毛巾布料制成的"母亲"，完全不理会另一个"母亲"。当它们饿了时，才会爬到铁丝网"母亲"身上，以最快的速度进食，然后跳回毛巾布"母亲"身边。由此可见，亲密舒适的身体接触是满足婴儿安全感需求的重要条件。

实验的结论很清楚：母亲给你喂食并不是你对她产生依恋的原因；相反，在早期关系中，持续的、亲密的抚育才是最重要的。

- 依恋是怎样发展的

对猴子进行的研究对精神分析学家约翰·鲍尔比（John Bowlby）博士产生了巨大的影响，他后来成为依恋理论（attachment theory）之父。[9]在其著作中，鲍尔比博士为新的依恋观奠定了基础，并且勾勒出依恋关系的发展阶段。鲍尔比博士认为，依恋始于婴儿出生后的头 6 个月，婴儿用各种肢体或声音信号让照料者注意到他。这个阶段的婴儿会哭闹、注视着你的眼睛、微笑，甚至会抓着你的小指。婴儿正在以各种方式对你进行探索，这将促进你们之间的互动，为他对你的依恋做准备。

接下来几个月，婴儿真正开始表现出亲疏——他在和父母在一起时，比和不常来家里的叔叔、阿姨在一起时更自如地咯咯笑、发出咿咿呀呀的声音。

一旦关系建立且有规律可循，幼儿甚至会允许（有时候）他最喜欢的照料者离开，并确信他们会回来。用鲍尔比博士的话来说，接下来的过程是儿童建构一个关于依恋对象可得性的"内部工作模式"。鲍尔比博士最初的作品中认为依恋对象必须是母亲，但现在已经有大量研究表明，婴儿依恋的不是单个人，而是一群人构成的网络。妈妈不在身边时，宝宝和爸爸玩得很开心，而当妈妈和爸爸都外出时，宝宝也能和一个体贴、反应灵敏的照料者或保姆待在一起。事实上，婴儿似乎与我们一样，与许多人建立了感情，而且也会和一些人关系更亲密。

进一步的研究也表明，早期依恋关系的性质会对儿童的情绪和学业方面的适应能力产生重要影响。威斯康星大学的艾伦·苏劳菲（Alan Sroufe）教授及同事做了很多研究，表明婴儿时期拥有良好依恋关系的孩子，日后在很多方面的适应能力都更强。[10] 例如，他们发现，在婴儿时期拥有稳定依恋关系的 2 岁孩子，会设计更复杂、更高级的假装游戏，遇到新的问题时，他们会更努力、更有毅力。4 岁时，婴儿时期建立了安全依恋关系的孩子比依恋关系出现问题的孩子表现出更高的共情和自尊水平。但是，只有一直处于充满爱和支持的环境中，早期安全依恋与日后适应能力之间的联系才会成立。[11] 换言之，婴儿期良好的依恋关系会让你赢在起跑线上，但爱和安全感并不会维持一生。成长过程中，父母需要保持体贴、负责任地对待你，才能保证你良好地发展。环境也会发生变化：父母离异、家人失业、亲戚去世……所有这些压力因素都会影响到亲子关系。因为依恋的性质会随着这些压力因素而改变，所以维持孩子生活的稳定性一直是热门的研究话题。如果你来自一个压力较少的家庭，依恋关系可能会比较稳定；但如果你生活的环境中存在很多变化及风险，依恋关系的稳定性就会降低。[12] 幸运的是，我们也可以从另一个角度来看这个问题：婴儿时期依恋关系不稳定的孩子，并不是注定要失败的，孩子的依恋并非在早期就确立并在之后的人生中一成不变，未能建立起安全的依恋可能会导致婴儿日后遇到更多的困难，但如果他们能遇到给予他们关注与回应的人，他们仍然有机会与他人建立安全的依恋关系。

- 职场妈妈与托儿所

关于依恋关系的研究正在如火如荼地进行，与此同时，美国越来越多的妈妈进入职场。双职工家庭不得不考量儿童保育的核心问题：如果孩子整天和其他成年人待在一起，还会爱我们，会对我们产生依恋吗？即使孩子仍然会对父母产生依恋，依恋关系的质量是否会受到影响？是否存在儿童保育时长的临界点，如果把孩子扔在托儿所超过那个时长，就会破坏他们与父母的依恋关系？21世纪初，美国6岁以下儿童的家庭中，有66%是双职工家庭。[13] 儿童保育已不仅是一个家庭的问题，更是一个全国性的问题。

20世纪80年代到90年代，科学界一直在仔细研究儿童保育相关的问题。步入21世纪，人们对于这些经常被问及的问题终于有了一些答案。第一个答案与目前依恋研究的潮流是一致的。科学家发现，婴儿会依恋不止一个照料者，他们会同时与多个照料者产生情感联结。因此，日间待在托儿所（甚至是多个托儿所）的孩子仍然会对父母产生依恋，这不足为奇。事实上，本书作者之一凯西参与了一项具有里程碑意义的研究——美国国家儿童健康和人类行为研究所对早期儿童保育和青少年发展的研究。[14] 该研究发现，即使孩子每周在托儿所待 30 小时以上，家庭对儿童在社交和认知方面的影响也比托儿所的影响更大。父母很重要，即使孩子每天被送到托儿所，也会对父母产生依恋。

你可能会想，这样的依恋质量总归会打些折扣吧？这些孩子对父母会不会没那么依恋？答案似乎仍是否定的。67% 被送到托儿所的孩子会有安全型依恋，这一数值与没有被送到托儿所的孩子持平。此外，那些去过托儿所（至少是高质量的托儿所）的孩子的学业与社交能力都处于正常范围内。不过，对于这一点，并非没有任何异议。一些专家认为，去托儿所的孩子会表现出一些情绪问题，他们比那些不怎么去托儿所的孩子更容易发脾气或更具攻击性。我们稍微偏离主题，回顾一下相关研究发现。

2000 年 4 月，各大新闻头条大肆报道了一项研究结果，即长时间待在托儿所的孩子对未来学习准备更充分，但是也更容易霸凌他人。[15] 然而，仔细研究数据就会发现，去过托儿所的孩子并不是注定要成为学校的霸凌者，也没有暴力行为的风险，他们只是在嘲笑或欺负他人等行为上，处于正常范围中频率较高的部分。注意，仍处于"正常范围"。一个孩子和一群孩子在一起，想要得到他看中的玩具，就必须要坚定一些，否则就可能被人欺负。这种坚定会使他们变成独断专行的人还是未来的首席执行官，有待进一步研究。这个现象强调的正是本章的重点：孩子需要学习如何在社会环境中与人沟通协商，而父母、照料者和老师需要学会推动这一进程。

有关依恋关系的研究向双职工家庭中的父母传达了什么样的信息呢？我们了解到，对于如何照顾孩子，父母有多种选择。如果父母选择让孩子待在家里，那么只要他们体贴孩子，关注孩子的需要并提供适当的回应，孩子就能与父母建立起安全的依恋。如果他们选择把孩子送到托儿所，那么他们所选择的托儿所同样应该对新生儿做到以上几点。托儿所作为孩子的成长环境，应该干净、安全，能为孩子提供适量刺激。如果你既营造出高质量的家庭环境又送孩子上高质量的托儿所，那么孩子就会与你和托儿所工作人员形成许多情感纽带，而且父母和孩子之间的纽带永远是这些纽带中最牢固的。

- 评估托儿所的质量

只要做些功课，你一定能确保孩子去最好的育儿机构。美国家庭有许多不同类型的儿童保育安排，包括亲戚在家帮忙带孩子、保姆在家里带孩子，以及把孩子送到托儿所。无论采取哪种方式，你都要确保你选择的保育安排不仅给你带来便利，还能给孩子提供强烈的幸福感和安全感。高质量的托儿服务对于建立牢固的依恋关系至关重要，这样即使你不在孩子身边，他们也能感受到呵护和爱。

你在选择保育安排时，有几件事必须特别注意。在高质量的托儿所中，保育员受教育程度较高（他们拥有教育学学士学位或儿童发展心理学方面的学位），工作经验也较为丰富。每个工作人员负责的儿童数量也较少，一个保育员负责不超过 4 个婴儿，或不超过 10 个学步期到 4 岁之间的幼儿。不过，美国每个州对这些数字的规定不同，有些州允许每个保育员多照顾几个孩子。在某些州，托儿所需要持有经营执照，获得经营执照的托儿所多半比没有经营执照的托儿所更好。一般而言，高质量的托儿所是指那些干净整洁、有一套规律的作息时间表的托儿所，而不是毫无管制的托儿所。

你要和保育员面对面谈一谈，这很重要。对保育员的工作及托儿所的运作情况进行一些了解，询问他们一天的工作流程，问问保育员在那儿工作多长时间了。高质量的托儿所比低质量的托儿所人员离职率更低。参观一家托儿所时，如果保育员中断与你的交谈，对孩子的要求做出回应，这是个很好的线索，说明这家托儿所会对孩子的需求做出积极的回应。保育员对孩子的照顾体贴入微——对孩子的需求反应迅速，又对孩子渴望获得关注的需求反应积极，这就是高质量的保育工作。高质量的托儿所会提供适合孩子年龄的课程，给予孩子适量刺激，比如所有年龄段孩子都能读的书籍，为 3～5 岁孩子提供的积木，以及化妆游戏角。托儿所不是一个保育员整天抽烟，或者和孩子一起看电视的地方。

如果你选择的托儿所提供了高质量的环境，那么孩子很可能会在那里扩展自己的社交和情感网络，并和保育员建立良好的情感纽带。

把我们的情绪作为孩子行为的向导

依恋是情感纽带形成的基础。我们最初的依恋可以说是一张地图，指导着我们长大后与他人建立关系的方式和模式。年幼的时候，我们把依恋对象作为感知世界的重要参照物，这种现象叫作社会参照（social referencing）。9个月大时，我们就能解读家长和照料者表达的情感。

社会参照对孩子来说是一种复杂的能力。仔细思考这项能力的实质，它意味着："我知道你看到了这个物体（知道他人可以观察事物），我也知道你对它的评估可能与我不同（知道你我是两个独立的个体，做出的评估也彼此独立）。事实上，你对物体做出的评估对我来说很重要，因为据此我才能做出判断，对新事物采取正确的行动（逃之夭夭或是一探究竟）。"如你所见，这是一项非常重要的生存技能。

- 情绪管理：我是哪种类型的家长

我们不仅要为孩子遇到的事情做出情绪方面的解释，还要帮助他们在应对事情时调节自己的情绪，孩子从中学习如何待人接物。天普大学的阿曼达·莫里斯（Amanda Morris）教授和珍妮弗·西尔克（Jennifer Silk）教授在研究生阶段进行了一项研究，揭示了我们帮助孩子学习情绪管理的多种方法。[16] 请你思考以下情景。

艾莉森是个4岁的卷发孩子，她的家长邀请了一个研究小组到家里来。莫里斯和西尔克进行了自我介绍并向家长解释了这个实验。他们告诉艾莉森，走的时候会给她发一个奖品。他们请艾莉森将10个备选"奖品"从好到坏排序，奖品包括一辆玩具卡车、一个洋娃娃、一副破太阳镜、一双袜子等。事实上，艾莉森做排序时兴奋不已，随后研究人员告诉她，待会儿她会得到最喜欢的那个奖品。

艾莉森完成排序任务后，翘首以待，她知道发奖品的时间快到了。但是，糟糕的事情发生了。研究人员突然表示他们弄错了，要发给艾莉森的是她选为最后一名的那个奖品——一双棕色的袜子。这不公平，这可是大错误！

现在，真正的研究问题来了。家长如何帮助孩子应对失落感？家长的做法对孩子学习情绪管理有何启示？把艾莉森想象成你的孩子。以下是研究人员观察到的四种家长的反应，你是哪一种家长？第一种家长转移孩子的注意力，让她不再关注糟糕的奖品，而是关注奖品精美的包装；第二种家长拥抱孩子或是给孩子一些言语上的安慰；第三种家长"重构"现状，把袜子套在手上做成一个玩偶，或是建议将袜子作为礼物送给其他真正喜欢它的孩子；第四种家长鼓励孩子改变实际情况，例如鼓励孩子与研究人员交涉，告诉他们自己应得的奖品并不是这个。

事实证明，我们运用的育儿策略不同，孩子产生的情绪反应也会截然不同。转移孩子的注意力以及认知重构等策略能够减少孩子的悲伤与愤怒程度，这些孩子能在失望中看到一线美好。如果孩子觉得父母关怀备至又积极回应，他们更能学习到乐观。不可思议的是，那些受到家长鼓励，尝试与研究人员进行交涉来改变实际情况的孩子，比其他孩子的悲伤、愤怒程度更高。为什么呢？你可能会觉得这些孩子是在学习如何维护自身利益。然而，研究人员担心，如果你无法控制愤怒，只是一味发泄，其实并没有以积极的方式管理情绪。抱怨是人之常情，但是对他人大吵大闹不是。我们从这项研究中学到的最重要的一点是，父母和照料者确实责任重大，我们与孩子共同努力，以身作则，从而帮助孩子管理情绪。

应对沮丧

很多时候，我们的孩子会对现实感到失望，不论是在他们最喜欢的快餐店拿到的儿童餐分量不足时，还是在球场上没有被心仪的队伍选中时，他们都会感到失望。一旦你意识到了这些时刻，你可以把握这些机会，给孩子示范如何应对沮丧。和孩子好好聊聊，让他知道你的感受，和他一起解决问题。你可以这样问他："你认为我们现在应该怎样做？要不要再买一份？或者，你是不是庆幸儿童餐分量小，这样你就有胃口吃甜品了？"失望已然是不争的事实，但要学会将失望转化为积极的东西，将其变成一种成长经历。

认识他人的想法

我们的世界中充斥着我们自己和他人的意图。你踩到我的脚了！你是有意还是无意的？你是在报复我吗？孩子很小就开始揣测他人的意图，这就是他们开始理解他人也有思维的时候。

分享还是不分享

随着年龄的增长，婴儿开始了解他人的感受和想法。不过，如果他们真的能体会到别人的想法，为什么他们不善于分享呢？毕竟，分享没那么难——事实是如此吗？分享需要考虑他人的想法，在孩子的发展过程中，这是相当困难的一项任务。然而，对于美国妈妈而言，生活中很少有比孩子讲礼貌、爱分享更重要的事情。

哈佛大学的"零到三岁"研究小组（Zero to Three group）最近的一项调查表明，至少有51%的美国家长认为，15个月大的婴儿应该具备分享玩具的能力。[17]这简直是天方夜谭，就算是2岁的婴儿，分享行为对他们来说仍为时尚早。这是为什么呢？

分享对于刚开始尝试理解他人的孩子来说绝非易事。即使对大人而言，分享也没那么容易。想象一下，你正在伏案写字，手握一支心爱的新钢笔。一位同事过来对你说："哇！这支笔写起来好顺畅。可以借我用一下吗？"正好你手头的任务没那么紧迫，你会拒绝同事的请求吗？你会背对着他，用身体挡住钢笔不让他夺走吗？当然不会。但是你的孩子（即使是6岁的孩子）会做出上述反应，这是因为他管理冲动本能的能力有限。而你却会愉快地答应同事"当然可以，你试试看"，同时递过钢笔。你为什么会这么做呢？

我们分析一下，会有哪些促成这个分享行为的念头在你脑中闪过？你选择分享有以下几个原因。首先，你想和同事维持友好关系；其次，你觉得疏远此人不是明智之举，毕竟未来你可能需要他的帮助；最后，你担心拒绝他会显得自己小气、自私。然而，幼儿还不会想得这么复杂，这些思考涉及考虑未来、评估他人对自己的看法以及克制自己的本能冲动。他们尚且无法控制流口水，更别说抑制紧抓心爱之物不放的冲动了！因此，家长和照料者应该静心以待。教孩子分享很重要，只是孩子需要一点时间才能运用这些教诲，学会用他人的视角看待这个世界。

视角问题

从别人的角度看问题是分享的关键，也是表达共情和成为一个友善之人的必要条件。但是，幼儿何时能够表达共情却是一个颇有争议的问题。

加州大学伯克利分校的贝蒂·雷帕科利（Betty Repacholi）教授和艾莉森·高普尼克（Alison Gopnik）教授的一项研究表明，18个月大的婴儿可以理解你的想法，知道你的想法与他们自己的想法可能不同。[18]在这项研究中，婴儿被带到有大量西蓝花和脆饼的实验室。这些婴儿能否从研究人员的角度看待食物，看出研究人员喜欢哪一种食物？

婴儿的年龄为 14 个月和 18 个月，分成两组。在其中一组婴儿（两种年龄都有）面前，研究人员表现出了对西蓝花的喜爱，以及对脆饼的厌恶；而在另一组婴儿面前，研究人员的表现恰恰相反：脆饼是其心头大爱，而西蓝花尝起来就像老布什总统所说的那样难吃[⊖]！过一会儿，研究人员请婴儿分享一些食物给她。唐娜是 14 个月年龄段的典型代表，她自己开心地嚼着脆饼，同时也只给研究人员分享自己喜欢的脆饼。与之相反，18 个月大的史蒂文没有顾及自己的喜好，分享的都是研究人员喜欢吃的食物。[19] 这是非常了不起的成就。这些孩子意识到了他人的想法，分享了他们认为对方想要的东西。这就是理解他人的视角。

发现
孩子的能力

理解他人的视角
适合年龄：1～2 岁

每隔几个月重复进行以下实验，观察宝宝何时能考虑你的喜好。宝宝坐在婴儿座椅上时，你可以拿起两种食物品尝，对其中一种赞不绝口，而对另一种则表现得深恶痛绝。确保要把自己的好恶淋漓尽致地呈现出来（你所选出讨厌的食物最好是不希望宝宝吃的食物，以免他记住你的厌恶感，以后也不愿吃）。然后把两种食物放在婴儿椅餐盘上。等待 5 分钟，让宝宝分享食物给你吃。一定要看着宝宝的眼睛，而不是餐盘里的食物，以避免给宝宝任何提示。宝宝有没有分享你喜欢的食物？

⊖ 老布什非常讨厌吃西蓝花，他曾对"空军一号"的服务员说，以后再也不想在餐单中见到西兰花了。——译者注

或许婴儿能够理解他人想要什么，但这完全不能代表婴儿能够真正理解他人与自己有不同的视角。当我们与朋友相处时，不只是理解他们的意图和想法，我们还试着从他们的视角来看待世界。事实上，多元视角是儿童的一个重要发展成就。研究人员将这种能力称为心理理论（theory of mind）。

认识到他人也有思维

他人的思维这一抽象概念很难理解，但是孩子必须掌握这个概念才能学会分享、说实话、理解自己并不总是对的（许多闹离婚的大人仍未学会这一概念）。该领域的研究人员设计了一项任务，探究孩子何时能够跨过心理理论发展这一难关。这项任务叫作错误信念任务（false belief task），孩子从4岁左右开始能够顺利完成任务[20]。让我们来仔细看看这一任务，看孩子是怎样看待他人的思维的。

我们的实验对象是3岁的贾尼丝和她的妈妈。实验人员向贾尼丝呈现了一个盒子，上面满是巧克力豆的图片，其中包含了最新推出的颜色——巴尼紫㊀。贾尼丝喜欢巧克力豆，有时候会在商店赖着妈妈给她买这种巧克力豆，所以对这种盒子非常熟悉。实验人员问她："你觉得盒子里是什么？"这个问题简直太简单了，贾尼丝露出一个灿烂的笑容，说道："巧克力豆！"她的回答当然是正确的。接着，研究人员问贾尼丝的妈妈，她认为盒子里是什么，妈妈肯定地答道"巧克力豆。"但是接下来，情况发生了改变。

研究人员请贾尼丝的妈妈暂时离开房间。他们告诉贾尼丝他们要玩一点小把戏，将铅笔而不是巧克力豆放进盒子里。研究人员问道："贾尼丝，盒子里是什么？"她愉快地喊道："铅笔。""好的，你妈妈回到这个房间后，她会认为盒子里有什么呢？"

毫无疑问，这是一个难题。贾尼丝会做出正确回答吗？她会说妈妈认为

㊀ 巴尼是美国儿童节目《巴尼和朋友们》中的角色，形象是一只紫色的霸王龙。——译者注

盒子里是巧克力豆吗？毕竟，妈妈没有看见里面的东西被调包。或者，她会说妈妈认为盒子里的是铅笔吗？如果她的回答是"铅笔"，那么她并没有意识到自己与母亲的思维不一样。结果证明，贾尼丝错误地认为她的母亲会回答"铅笔"。

许多研究人员使用了不同的玩具，针对不同的对象（毕竟，有些孩子相信他们的母亲无所不知）多次重复了这个实验。最终结果是，除去特殊案例，3岁孩子基本无法通过这项测试，而4岁孩子可以通过。4岁孩子已经获得了3岁孩子尚不具备的心理理论。

发现孩子的能力

错误信念任务
适合年龄：2岁～5岁

不妨在家尝试上述错误信念任务。在孩子无法完成任务的年龄段（2～4岁）以及他们可以完成任务的年龄段（4岁以上）进行测试，证明实验结论——这将会分外有趣。找一个带有清晰标识的盒子，标识上的图片需要显示盒子里的东西。你需要找另一个大人或是大孩子一起玩这个游戏。接下来进行以下操作：向孩子和大人展示盒子，先让孩子说出盒子里的东西，然后让大人也说出盒子里的东西。接着，让大人离开房间，上演调包伎俩。然后询问孩子，大人回来后会认为盒子里有什么。孩子会给出错误的回答（回答盒子里是调包后的新事物）吗？还是会回答正确（回答盒子里是调包前大人看到的那个事物）？你的孩子有没有意识到，他们与其他人的思维未必相通？

如果孩子在错误信念任务中没有考虑他人视角，这就意味着幼儿的错误行为不可能具有报复性质。恶意刁难行为（某些成年人对此十分擅长）需要以下思维过程："我对妈妈很生气，因为她阻止我做某件事。因此，如果我执意去做，妈妈会火冒三丈，这样就可以报复她一开始阻止我做这件事了。"如果你无法揣测妈妈的思维，又如何能够想出这些？你怎么可能从她的视角出发，想出令她恼火的事情呢？你是做不到这些的。因此，幼儿的行为并非出于报复。

不幸的是，并非所有家长都理解该年龄段孩子的局限性。"零到三岁"研究小组做过一项调查，测试家长对以下情境的反应：假设一个 12 个月大的孩子在家长看电视的时候不断地开关电视，该行为出于愤怒或是报复家长的可能性有多大？研究人员发现，至少有 39% 的受访家长认为，12 个月大的孩子已经可以做出恶意报复行为。[21]

为什么家长对孩子的看法很重要？因为家长会根据对孩子行为动机的看法来判断自己该做何反应。换言之，如果我认为孩子的行为出于恶意，我可能会大发雷霆，甚至动手打人；但是如果我认为孩子只是难以抑制自身行为（即使我已经说了三遍"不"），沉迷于拨弄电视机上的按钮，那么我只会把孩子抱走或尝试转移他的注意力。为了帮助孩子学习如何与他人积极互动，家长需要敏锐察觉到孩子能力的局限性。这个道理同样适用于两三岁儿童的"撒谎"问题。

应对孩子撒的小谎

如果我们承认孩子直到 4 岁的某个时间点才会站在他人的角度思考问题，那么我们也许不该因为孩子"撒谎"而惩罚他们。思考这一案例：小亚历山德拉抬起头，局促不安地看着妈妈，又低头看向满地的陶瓷花瓶碎片。"是风把花瓶吹到地上的。"亚历山德拉坚持道。

谎言是什么？撒谎者试图操控他人心中的想法，让别人对错误的信息信以为真，目的可能是保护自己（"我想让你以为花瓶是风吹倒的，而不是我摔碎的——尽管后者才是事实"）。然而，那些不能理解他人思维的孩子算不上是在撒谎。他们可能只是在描述自己希望发生的情况,这与刻意隐瞒真相相去甚远。亚历山德拉甚至不理解怎样才能让其他人相信谎言。我们的同事,加州大学伯克利分校的艾莉森·高普尼克教授以及华盛顿大学的安德鲁·梅尔佐夫教授和帕特里夏·库尔(Patricia Kuhl)教授写道:"两三岁的孩子说谎技巧很不高明,他们甚至算不上会撒谎。一个3岁的孩子会站在马路的另一边,对你喊道他没有一个人过马路。"[22]

不过有时,如果你运气好或是观察仔细的话,你会发现孩子在思考别人的想法。本书作者之一罗伯塔的儿子乔丹就是很好的例子。那是一个美丽的夏日,黄昏时分,乔丹从婴儿车里抬起头来望着天上的月亮,说道:"在他们眼里,我们也是月亮吗?"罗伯塔惊讶万分:乔丹是从月球居民的视角问出这个问题的!

对他人的认识

本章讲述的内容告诉我们,科学已经帮助我们对幼儿如何看待他人取得了很多了解。孩子需要时间来了解构成人的各个部分:生理特征、情绪特质以及智力。作为成年人,我们仍然需要努力理解别人的感受和想法(想想当今的离婚率!)。要是我们都能成功做到这一点,我们恐怕就不再需要学习戴尔·卡耐基[⊖](Dale Carnegie)的思想。这些技能的学习发源于婴儿时期,婴儿需要时间、经验以及与家长、照料者和其他孩子的互动才能习得这些技能。作为家长和照料者,如果我们了解孩子学习这种技能的背后会涉及多么费时费力的成长过程,便能更好地体谅孩子那些不尽如人意的行为,例如不愿与人分享,或是爱撒些小谎。了解了这些知识,我们可以从一个新视角观察孩子是怎样对待他人的,为什么要那样行事,以及他们是怎样建立友谊的

⊖ 戴尔·卡耐基(1888—1955)是美国现代成人教育之父,人际关系学大师。——译者注

(我们会在第 9 章讨论这个话题)。

通过分析孩子如何看待他人、认识他人，我们希望已经肃清了"社交能力的发展自然发生，不需要人为干预"的谬论。关爱子女的家长为孩子提供了一张无价的路线图，引导孩子避开情感和社交生活的雷区。这正是我们一生中努力的目标与方向。过度强调智力的发展最终会导致忽略内心情感的发展，从而无法培养出快乐、自信、能够从容面对生活中迟早会遇到的困难和失望的孩子。

学以致用

我们该怎样帮助孩子在社交和情绪方面健康发展？继续阅读，我们会给出一些具体建议。

寻找机会，谈谈他人的感受。 向孩子解释一件事发生时他人可能会有的感受，这就是在教孩子换位思考。可以这样说："如果你用那辆玩具卡车打了欧文的头，他可能会疼得大哭。你希望发生这种事吗？"

培养一个通情达理的孩子需要付出很多努力！很多情况下，直接阻止恼人且危险的幼儿行为要比费力解释该行为造成的后果、给他人带来的感受以及背后的原因简单多了。当然，也许不久就会有公司推出一款学习视频，声称可以教会孩子如何与他人友好合作、共同玩耍。但是这种商品与即时的人际交往相比，效果实在是微不足道。这是因为人际交往可以同时发展孩子的心智和情感。孩子完整的学习经验来自与家长之间的互动——基本社交需求的产物。

注意言语。 培养孩子学会换位思考的一个方法是，在朗读故事时问孩子一些与角色相关的问题，例如"你认为这个人物（故事中的角色）会有什么感受？如果你是他的话，会有什么感受？你觉得他的朋友怎么做才能让他好受些？"

事实上，目前很多有关社交和情绪发展的程序都采用多视角游戏，教孩子成为善解人意的人。其中一个例子是人际认知问题解决（Interpersonal Cognitive Problem Solving）程序，该程序由德雷塞尔大学的默纳·舒尔（Myrna Shure）教授设计，研究对象是小学儿童。[23] 家长先向孩子展示一张情境图片，或是口头描述某次争执或是挫败瞬间的情境，接着询问孩子："你认为故事中的人物有什么感受？如果你是他的话，你会有什么感受？你会希望其他人如何回应你？"宾夕法尼亚州立大学的马克·格林伯格（Mark Greenberg）教授设计了一个同类型的程序——"促进选择性思维策略"（Promoting Alternative Thinking Strategies，PATHS），帮助孩子谈论他们的感受。[24] 这些程序在减少孩子攻击性行为方面非常有效，也能训练孩子理解他人的想法，目前广泛运用于美国学校的课程中。

向孩子解释，人的感受是有成因的。宾夕法尼亚州立大学的朱迪·邓恩（Judy Dunn）教授和她的同事对50位33个月的孩子进行了一项调查，观察他们在家与母亲谈论感受及其成因的对话。举个例子，一位母亲可能会说："你摔碎了我的杯子（原因），我很伤心（结果）。"诸如此类的亲子对话正是邓恩教授与其同事所希望看到的。

邓恩教授发现，40个月大时，孩子在理解他人的情绪和思维方面个体差异较大。研究结果告诉我们，和孩子讨论情感及其成因会影响他们心理理论的发展。听到他人行为产生的原因至少能带来两个益处：一是帮你抑制受挫时自然形成的怒火，从而做出更有建设性的反应；二是帮你在日后的争论中独立找到此类能缓和情绪的解释。这方面的差异也会影响孩子与同龄人或老师之间的互动情况。

从一开始就阻止霸凌。孩子不考虑他人利益的极端情况是霸凌行为。如果你的孩子常常是被霸凌的对象，这就标志着他的社交能力较弱，朋友较少，且被人视为弱小者。事实上，社交能力更强、拥有更多朋友的孩子受到霸凌的可能性更低。[26]

研究人员指出，霸凌者和受害者有某种典型的性格特征。例如，绝大多数受害者屈服于霸凌者的要求，他们边哭边做出防御姿势，不愿出手还击。这些行为实际上强化了霸凌行为。通常，受害者接受的是过度干预式教养，他们的家长有很强的控制欲，对他们过度保护。这些育儿行为会让孩子焦虑、自尊心受挫并产生很强的依赖感，这些因素综合起来便形成了懦弱的性格。[27] 霸凌者常常看准了受害者的依赖感和懦弱无能，他们知道受害者不会还击，因此感到自身很强大。当然，霸凌者也有其社交缺陷：他们往往来自缺乏温暖或关爱的家庭，家庭成员之间很少进行情感交流。有时，霸凌者家长的管教形式极为苛刻严格。因此，霸凌者与其他孩子相比，更不容易对给他人造成痛苦和折磨的想法感到不安。

那么，我们可以为霸凌者及受害者做些什么呢？让他们上开设了同伴社交课程的学前班和幼儿园是不错的选择。焦虑、孤僻的孩子只需发展一段真挚的友谊，就会受益匪浅。[28] 即使是和同伴产生了冲突（没错，冲突在所难免），他们也能从中吸取宝贵的经验，学习如何正确解读社交线索。不过，除了在校培养孩子社交技能外，评估家中的亲子关系也很重要，尤其是在你怀疑他有霸凌倾向的时候。记住：霸凌者往往来自缺少关爱或是情感交流的家庭。花点时间问问孩子的感受，认真倾听他的回答。在他表达生气或愤怒的情绪时，和他一起努力，帮助他调节消极情绪，寻找平和的方式消解消极的感受。最后，当孩子谈及与同学之间的矛盾时，你可以和他一起进行头脑风暴，想出化解矛盾的巧妙方法。

最后，那些既不是霸凌者也不是受害者的孩子，在修正其他孩子的行为方面扮演着重要的角色。如果你的孩子属于这类孩子，鼓励他勇于为受害者发声。"不要那样对待他，那样做不好。""打人不是解决问题的良方，不如找老师，向老师汇报发生了什么。"若要参考更多案例及角色扮演情景，可以参阅谢里尔·克雷泽（Sherryll Kraizer）的《安全育儿指南》[29]（*The Safe Child Book*）一书。

腾出社交时间。有时候，孩子只是需要和他人一起玩耍或独自玩耍。表面上看，他们好像"一事未成"，实则在独处或是与其他孩子相处的这些没有特别安排的时间里，孩子收获良多。孩子需要自由发展的空间——需要"偷偷懒"！为孩子安排和其他孩子一起游戏的时间可以帮助他们丰富社交生活，发展更多的社交技能，以应对未来日益多样化的社交挑战。社交互动还能创造谈论情绪状态以及他人视角的机会。这些技能无法在忙忙碌碌的各种课程中获得，只能依靠真实的社交互动，家长必须在场观察、评论并给予相应指导。

如果孩子在托儿所或幼儿园，一定要与保育员或老师建立密切联系。[30] 孩子不在你身旁的时候，你也要确保他的情感受到重视，确保当孩子和他人产生冲突时，能够得到情绪引导。最好每天和保育员谈论孩子表现如何，询问孩子与同学相处得如何、发生争执时如何处理等问题，这样你能更好地了解保育员的情绪引导是否到位。养成习惯，与孩子身边的人建立强有力的关系纽带。孩子从家长那里受到的教养一以贯之，从托儿所接受的教养也要一以贯之，这一点尤为重要。

我们可以采取许多做法促进孩子的社交发展。以下是一些通用建议，可以帮助孩子理解自己的感受。

不要无视或是小看孩子的感受。也许你常常希望不愉快的感受赶快消失，但是孩子感到不愉快时，正是你教育孩子如何避免和解决这种不适感、如何考虑他人感受的关键时机。利用这些机会，教孩子如何从苦涩的柠檬中榨取甘甜的柠檬水，允许孩子体会受伤或失望的感觉。学会普适的柠檬水秘方对于孩子应对生活中不可避免的挫折格外有帮助。

试着以孩子的视角看待世界。一旦你这么做，便会意识到，那些让孩子感到痛苦的事情常常不同于让我们成年人感到痛苦的事情。你表达情感时所希望得到的反应方式就是你对待孩子应采取的方式。如果你向一位好友吐露某件烦心事，她却笑话你，你会做何感受？一定要教育你的孩子，告诉他们表达伤心或恐惧等消极情绪是正当的。同样,试着以积极的方式应对你自己的愤怒和其他消极情绪。记住:你的孩子正以你为榜样学习情绪管理。

本章最重要的内容是:与孩子交流,同时引导他们与你交流。你越是试着理解他们的感受,帮助他们理解事情发生的原委,就能越好地培养他们的处事能力。再次强调,社交技能对孩子在生活中和在学校的良好表现具有关键性影响。

Einstein Never Used Flash Cards

第 9 章

玩耍
学习的圣地

玛丽安娜是一家大型办公用品商店的主管。一天早上,她一边嚼着吐司面包,一边仔细查看冰箱上用磁铁固定着的日程表。她的丈夫丹尼斯是一名园艺师,他大口地喝着橙汁,向门口走去。"我知道!我晚点吃午饭,3点去接她,然后带她去'金宝贝'㊀(Gymboree)。没事,我都安排好了。"丹尼斯说道。

"然后呢?"玛丽安娜提示道。她想给丹尼斯写出女儿的行程单,因为上周他带艾莉森上完"金宝贝"的课程就回家了,忘了带她去金尼家参加生日派对。丹尼斯和女儿待在家里的那段时间什么事都没干成。艾莉森只和自己的毛绒玩具玩,尽管她一再要求爸爸和她一起玩,但丹尼斯没有加入她有趣的游戏,他认为女儿自己玩也不错,转而试图补上自己落下的工作。

"然后……"丹尼斯犹豫了一下,希望自己今天不要再出错,"……送去

㊀ "金宝贝"是源自美国的儿童成长服务公司,其业务涵盖早教课程、家庭教育和游戏玩乐。——译者注

梅杰斯太太家。"

"不，亲爱的。"玛丽安娜尽量温柔地说，"因为明天要去动物园，我们要把她的小提琴课改在今天。我知道要把所有的事情弄清楚不容易。老实说，我以为昨天是周四，居然送她去上美术课了！"

"哦，对，我知道了。"丹尼斯叹了口气，走向他的车。有时候，比起照顾孩子，打理那些花草树木更能让他放松。丹尼斯不禁感慨育儿工作的复杂艰辛。

正当艾莉森的父母认真地安排女儿的时间，计划带她参加丰富多样的活动之际，4岁的艾莉森在用餐区与几个毛绒玩具对话。她坐在电视前的地板上，偶尔瞥一眼电视里的巴尼，巴尼正在向她讲述做人的道理。她沉浸在玩毛绒玩具里，用积木搭成了一座城堡，打算演一个故事。她拿起一只小猫咪玩偶，说："你当公主。"然后她让大泰迪熊迈着巨大的步伐，向公主走去。然而，公主坚决抵抗泰迪熊，尽管她体型很矮小，她还是向泰迪熊大喊："走开我的城土！"（翻译："离开我的城堡！"）。公主反复击打泰迪熊，泰迪熊连忙后退。这时，艾莉森不小心推倒了她用积木堆起来的城堡，积木砸到地上，发出巨大声响。艾莉森连忙跳起来，妈妈也吓了一跳，惊呼道："艾莉森，你在做什么！"

这是个有趣的问题。艾莉森当然在玩耍，但是，玩耍到底意味着什么呢？

玩耍的意义是什么

正如当今许多父母一样，玛丽安娜和丹尼斯陷入了一种错误观念，认为自由玩耍不重要，甚至是浪费时间。他们认为孩子"只是"玩耍的时候学不到任何东西，但玩耍其实是隐藏的学习机会。证据显而易见：玩耍能促进孩子许多领域的发展。例如，玩耍能让孩子学到解决问题的能力，激发他们的创造力，还有助于增强他们的注意力，推动他们的社交发展。[1] 玩耍怎么会有这么多好处呢？请加入我们，一起探索玩耍的奥妙。

4岁的费利克斯和5岁的米内尔娃是一项经典儿童研究的参与者中的两位。[2] 他们的面前放有一个透明的盒子，但他们够不着。盒子里放着孩子喜欢的玩具：一支彩色粉笔或者孩子之前爱不释手的弹珠。实验任务很简单，却又似乎不可能完成：要在不离开座位甚至不靠向盒子的情况下取出其中的玩具。孩子怎样才能从盒子里拿出粉笔呢？有个切实可行的办法，就是把两根长棍连接起来，使其长度足以够到盒子，这样就能把盒子勾过来。

费利克斯和米内尔娃分在一组，他们可以随意地玩一些棍子。实验者给孩子大概10分钟时间自由把玩一小捆长短不同的棍子，不给他们任何指示。孩子习惯性地探索这些棍子，玩起了假装游戏，把小棍子变成了士兵。他们甚至发现有些小棍子可以装在一起，变成长棍。当他们对小棍子的兴趣开始减弱时，实验者让他们选择盒子里放粉笔还是弹珠。费利克斯和米内尔娃又选择了粉笔，还接到了取盒子的任务。

费利克斯和米内尔娃会坐在那儿等着研究人员帮他们解决问题吗？或者他们会不顾任务继续玩木棍吗？事实是都不会。他们沉默了片刻，看着喜欢的粉笔近在咫尺却又遥不可及，他们想到了游戏规则。费利克斯说："她说我们不能站起来。"米内尔娃答道："是的，但是……也许这些棍子可以……"然后他们就开始找出哪些棍子可以组合在一起，挑出最长的几根。他们兴致勃勃、专心致志地研究如何解决这个问题。最后，两个小侦探找到了两根最长的棍子，把它们装在一起，将盒子勾到了自己面前。他们成功解决了这个问题，好样的！

另一组孩子没有得到事先玩棍子的机会，实验者直接向他们公布了解决方案。他们静静地看着实验者向他们展示如何将两根棍子组合，解决问题。接着，实验者让孩子独立解决这个问题，提供的也是费利克斯和米内尔娃之前用过的棍子，看他们会如何解决问题。有些孩子立即解决了问题，毕竟他们已经看过实验者的示范操作了；但还有些孩子无法顺利解决问题，他们一旦失败就会立刻放弃。最后，第三组孩子既没有得到玩棍子的时间，也没有看到实验者解决问题。不出所料，这些孩子几乎都失败了。

这个实验和其他类似实验告诉我们什么道理？通过玩耍进行独立探索也是一种学习体验，孩子能学会用有趣的方式解决问题。当然，有些孩子在成人示范解决方法后，马上就能做对，但他们一旦失败，很快就会放弃。他们心想："那位女士可以做到，而我做不到，就是这样。"然而，像费利克斯和米内尔娃这样在接到任务之前就有机会玩棍子的孩子，会坚持不懈地尝试，热切地想要找出解决方法。研究人员发现，玩耍与更强的创造力和想象力存在关联，甚至与更高的阅读水平和智商分数也存在关联。[3] 基于种种研究证据，我们得到了一个新的方程式：玩耍 = 学习。

父母何时加入游戏

研究还证明了另一个有关玩耍的有趣事实：成人加入游戏，陪孩子一起玩耍，孩子的游戏水平就会大幅提高，玩法也会变得更多样。"加入"与控制不同，控制是让孩子遵照父母的安排，这种方式不会像父母跟着孩子的步伐那样促进孩子认知的发展。[4]

卡拉是一个 22 个月大的孩子，有一双棕色的眼睛。她和妈妈玛克辛接受雪城大学芭芭拉·菲斯（Barbara Fiese）教授实验室的邀请，参加一项有关玩耍的研究。[5] 研究人员将实验室中发生的一切录制了下来，以便日后对他们感兴趣的行为进行研究。首先，他们要求玛克辛填写一份关于卡拉玩耍习惯的调查问卷，同时观察卡拉一个人怎么玩玩具。接着，他们要求玛克辛像在家一样坐在地上和卡拉一起玩耍。之后，他们要求玛克辛向卡拉示范一些假装游戏，比如假装给洋娃娃刷牙。最后，他们观察了玛克辛和卡拉在没有任何指示的情况下共同玩耍的情况。

在进行这个实验时，菲斯教授也在同步跟进其他研究。这些研究表明，孩子在与成年人（这里是指母亲）玩耍时，更容易不把物体当作其本身，而是当作其他物体的象征。例如，当孩子把一块积木像汽车一样放在地板上行进，同时发出"呜呜"的模拟汽车的声音时，我们就知道，孩子已意识到可以用一些物体代表世界上的其他物体。这有什么了不起？儿童发展的关键之一就是学会操作象征符号和进行抽象推理。毕竟，语言不就是一种象征符号吗？单词的发音（如"椅子"）与其代表的事物（真正的椅子）没有任何相似之处。如果孩子要以创造性的方式结合新想法，就需要在思考时超越面前的具体事物。将眼前事物当作完全不同的事物是操作象征符号的基础。孩子能够将具体事物看待成象征符号，让其代表本身以外的事物，这与儿童的语言发展有密切关联。[6]

菲斯教授对卡拉玩耍过程的复杂性进行了评估，通过考察她做的事情是否只是探索性的（触摸、看），还是具有功能性（按照预期的方式移动一辆小汽车）或象征性（假装用空杯子喝水、假装倒水然后喝水，甚至设置一个虚构的晚餐场景）进行评判。卡拉自己玩的时候，她的游戏复杂性一般；玛克辛和卡拉一起玩耍时，卡拉的游戏复杂性会有所提高；玛克辛向卡拉展示怎么玩假装游戏（如假装给洋娃娃刷牙）时，卡拉玩耍的方式会更复杂。玛克辛与卡拉一起玩耍，帮助卡拉游戏水平更上一层楼，更复杂的游戏将促进卡拉发展更丰富、更抽象的思维。

有趣的是，如果母亲只是向孩子提出很多问题，在旁观察、试图指导孩子而不加入游戏，他们的孩子玩象征性游戏的可能性更小，而更多进行探索性游戏。在孩子引领大人一起玩时，他们会玩更高级的游戏。所以，下次你看到孩子自娱自乐的时候，记得你的参与会对孩子大有助益。这并不是说独自玩耍不好。你和孩子一起玩耍并不代表干涉他们。事实上，你很可能在不知不觉中帮助孩子学习如何运用象征符号，进行更抽象的思考。

发现
孩子的能力

评估玩耍

适合年龄：1 岁～3 岁半

你可以在家里重复菲斯教授的实验，不过你需要动员另一位家长或照料者来帮忙，以便仔细观察孩子的活动。首先，找来一些新玩具，让孩子自己玩，而你的帮手（他应该不知道你在观察什么）假装看杂志。观察孩子 8 分钟左右，看看她会怎么玩新玩具。如果孩子邀请帮手加入游戏，让帮手拒绝孩子的邀请，对孩子说"等一会儿"。孩子会不会先自己摸索着玩会儿玩具？孩子会不会用这个玩具开始玩假装游戏，把这些玩具当作完全不一样的东西？你能看到孩子以一种象征性的方式对待这些物品吗？然后让你请来的帮手加入游戏。他们玩了一会儿之后，看看游戏是否会转变成假装游戏。给帮手一张纸，纸上写着他们要一起进行的两种假装游戏，比如假装开一场茶话会。孩子的玩耍水平会有所提高吗？孩子与大人互动时，大人会温柔地引导他使用符号，孩子的心理过程在你眼前呈现出来。与成人一起玩耍显然对孩子的认知发展很重要。

玩耍的基本概念

玩耍是一个难以解释的概念。正如珍妮特·莫尤斯（Janet Moyles）在《游戏的好处》（*The Excellence of Play*）一书中所说："对游戏的概念进行探讨就好比试图抓住泡沫，因为每次我们灵光乍现的时候，它总是转瞬即逝，难以捉摸。"12 个月大的孩子在厨房里敲打锅子是在玩耍；18 个月大的孩子午睡前躺在婴儿床上大声练习所有认识的单词是在玩耍；4 岁的孩子第一次参加足球队活动是在玩耍；5 岁的孩子和朋友精心设计一场幻想游戏也是在玩耍。那么这些活动的共同点是什么呢？若是要求500名老师给游戏下定义，那么你一定能得到500种回答！很有意思吧，最熟悉的词语有时却最难定义。

一些著名的研究者，如缅因大学的凯瑟琳·加维（Catherine Garvey）教授和马里兰大学的肯尼斯·鲁宾（Kenneth Rubin）教授，认为玩耍有五个要素。[7]第一，玩耍必须是愉悦享受的过程，这并不意味着你躺在地上笑得前仰后合才是玩耍，但玩耍必须充满乐趣。第二，玩耍没有任何外在目标。你不会在玩耍的时候说："我现在玩耍，之后阅读能力就能提高。"玩耍是为了玩而玩，不具备任何功能，也不掺杂任何功利性的目的。第三，玩耍是自发、自愿的，玩耍者自主进行选择，你不能替孩子指定游戏。事实上，一项研究指出，当幼儿园老师给学生分配游戏活动时，学生会认为这是任务。然而其他时候，他们会把同样的活动称为玩耍！[8]如果你出于功利的目的让孩子踢足球，踢足球就不能算是玩耍；如果孩子觉得自己有压力，那也一定不是玩耍。第四，玩耍者必须积极参与，一定是自己想玩游戏。如果玩耍者只是被动地坐在那里，并没有积极参与游戏，这就不是玩耍。第五，玩耍中包含一定的想象成分。幼儿玩的许多游戏中有一种抽象成分，一种脱离现实的元素。一个孩子假装倒出饮料，然后喝掉，这就是玩耍。

如今许多父母都对定义游戏的一个或多个要素感到不安。如果用这些标准来衡量，我们让孩子参加的活动都不是很好玩。例如，采用细致管教方式的父母和有应试意识的老师认为必须为孩子选择玩耍的方式而不是让孩子自主进行选择。他们的这类想法与定义玩耍的一些因素背道而驰。玩耍应该源于孩子的渴望。当然，我们可以为孩子提供一组有限的选择，然后让他们从中做出选择。接着我们应该推动他们的玩耍，这才是我们该扮演的角色。

在如今这个"狂奔"的社会，人们对游戏的理解在上述第二个要素上存在最大的偏差，这个要素是：玩耍必须没有任何外在目标。我们有多少人真正任由孩子不带任何实用目的地玩耍？就连我们为其选择的玩具也带有隐藏的学习目的。《华尔街日报》（*Wall Street Journal*）的一篇文章指出，

1995年，"任何带有课堂学习迹象的玩具都不受欢迎"。[9]然而到了2002年，仅仅7年后，益智玩具的销量就急剧上升。举个例子（类似的例子有很多），一家名为跳跳蛙（Leapfrog）的生产阅读玩具和算数玩具的公司第一年（1995年）收益只有300万美元，但2002年的销售额却超过了5亿美元！这是惊人的增长。显然，许多父母和祖父母正在大量购买益智玩具。这些玩具都不利于孩子成长吗？未必，孩子们喜欢的就是有益的。但请记住，这些玩具为孩子设定了学习目标，决定下一步该怎么做的不是孩子，而是玩具。

我们为孩子报名参加的各种兴趣班也是如此。我们是希望他们在班上玩得开心，和其他孩子打成一片，还是在心里希望他们接触一些技能，为他们培养一些特长？让5岁的孩子加入少年棒球联合会（Little League），我们真的只是想让他们尽情玩耍吗？我们是相信让他们学会一些用手套接球等新技能会给他们带来更多乐趣，还是希望他们打进决赛，甚至赢得比赛？正如一位有心将4岁孩子培养成运动员的父亲所说："我承认，有时候我的行为确实惹人生厌，因为我没有充分考虑孩子的感受。"[10]家长在孩子体育比赛中着急上火、大吼大叫的现象已经屡见不鲜。这些事例引出了一个有趣的问题：我们安排孩子参与有组织的活动，真的是在让他们玩耍吗？

最近，一位记者问我们："家长为孩子报名参加的活动似乎都是好玩的，为什么你们坚持认为自由玩耍是必要的呢？"我们的回答是：通过自由玩耍，孩子不仅能学会和其他孩子在活动中一起玩耍，还能学会自己创造活动，这锻炼了他们的创造力。正如美国幼儿教育协会（National Association for the Education of Young Children）的苏珊·布雷德坎普（Susan Bredekamp）博士所说："孩子玩自己设计的游戏时会很有成就感。"[11]如果老师使用"高度结构化的、由教师指导的课程……决定孩子们要做什么、什么时候做，同时期望孩子被动地听课或长时间用铅笔和纸完成任务"，将不利于孩子发展。听起来很可怕？在我们看来确实如此。然而，越来越多的家长希望自己孩子所在的幼儿园提供这类复杂的课程。我们曾参观过那些提供"计算机教学"和

"数学教学"的幼儿园，那里的孩子看起来忙忙碌碌，问题是，他们因此失去了什么？

近年来，这类强调学习多过玩耍的学业型幼儿园颇受推崇，因为父母希望自己的孩子在人生起跑线上就能领先他人。生活不易，这毫无疑问，但高大聪明的成年人指挥孩子的一举一动并非孩子最好的学习方式。上了学业型幼儿园的孩子正式上学后，未必能拥有更丰富的知识技能和更端正的学习态度。[12] 多年的研究表明，孩子需要自己安排玩耍活动。如果孩子有机会玩耍，他们的创造力和解决问题的能力都会有所提高。

现在我们来谈谈玩耍的另一个核心功能：给孩子带来一种力量感。对于每时每刻都听命于大人的孩子来说，力量感不仅令人愉悦，而且鼓励他们自发学习。自由玩耍，孩子可以练习自己当家做主——不受外界的影响。正是通过自由玩耍，孩子成为现实世界或想象世界中的主宰者，独立进行选择。在玩耍过程中，孩子会发明一些新事物，或解决恐龙身上出现的问题，而恐龙往往代表着人。虽然有组织的活动有其存在的价值，但我们不能把参加它们误认为是玩耍。只有单纯的玩耍才能给孩子带来智力和社交方面的宝贵财富。正如享有盛名的耶鲁大学教授多萝西·辛格（Dorothy Singer）所说："在假装游戏中，孩子可以成为任何自己想成为的人，去任何想去的地方。通过玩假装游戏，他们学会如何处理感情，如何把大而混乱的世界变成小而可控的世界，以及如何在分享、交往和相互合作中变得善于社交。在玩耍时，孩子学习新词汇，学习如何解决问题，学习如何灵活变通。最重要的是，他们能尽情地享受快乐。"[13]

为什么缺少玩耍是有害的

玩得太少真的会对孩子造成伤害吗？一些专家认为，家长"剥夺孩子的玩耍机会"会让孩子深陷抑郁又充满敌意。毕竟，如果你整天忙碌而从不休息，你可能也会得抑郁症！更何况孩子在试图了解世界的过程中，还要应对很多事情。作为成年人，虽然你可能并不喜欢生活中的某些日子，但你仍然在很大程度上可以控制生活。相反，孩子对发生的事情几乎没有控制权。孩子需要休息时间，以此吸收他们已经学到的知识、掌握的新技能，从可怕的情绪经历中平复，单纯地进行休闲娱乐！玩耍太少的危害的相关证据主要来自对动物的研究，因为进行剥夺儿童玩耍时间的研究是不道德的。当研究者剥夺动物的玩耍时间时，会发生什么？

最近的一些研究表明，剥夺动物的玩耍时间可能会对其大脑产生负面影响。[14]博林格林大学的雅克·潘克塞普（Jaak Panksepp）教授对老鼠进行的研究表明，玩耍会对大脑额叶产生影响，额叶是大脑中与自我控制有关的部分。[15]潘克塞普教授及其学生尼基·戈登（Nikki Gordon）发现，如果老鼠完全没有玩耍时间，其大脑的成熟会出现延迟。那些大脑额叶受损的老鼠玩耍之后，一些损伤会自行修复。研究者将额叶的损伤视作一种类似于人类儿童患有注意力缺陷障碍（ADD）的情况。如果放任老鼠激烈地玩耍反而能让老鼠不那么多动，那么也许对孩子来说也是如此。事实上，从事儿童研究的研究人员也发现了类似的结果：以活跃的方式玩耍能帮助孩子缓解注意力缺陷障碍，在学校沉下心来，集中注意力。

我们从明尼苏达大学的安东尼·佩莱格里尼（Anthony Pellegrini）教授进行的工作中也了解到，为学龄儿童提供玩耍休息时间，可以帮助学生在进行思考的时候最大限度地集中注意力。[16]而如今学校不断缩减学生的玩耍时光，正如佩莱格里尼教授所说，这样的举动是"错误的，实际上会对学生造成伤害。"

为什么玩耍在 21 世纪尤为重要

经过多年的研究，我们得出结论：玩耍之于孩子如同汽油之于汽车，它是孩子智力发展的燃料。研究人员普遍认为，玩耍为智力发展、创造力和解决问题技能的形成提供了坚实的基础，同时也是情绪和基本社交技能发展的载体。在 21 世纪，能创造性地解决问题、独立思考、对社交高度敏感的人，必将超越那些只会获得正确答案的人。现在各类信息和知识触手可及，只要你具备阅读技能，有一台电脑，并且懂得使用搜索引擎，你就几乎可以得到任何问题的答案。尽管对于主流教育测试而言，答对题目才是最重要的，但真正有创造力的人或做出最重大贡献的人，不只会寻找现成的答案。这些人是如何提出新问题并找到答案的呢？答案是——玩耍。玩耍可以培养多种多样、灵活多变的智力技能，以及解决问题的技能。玩耍不是我们这个时代的新概念，爱因斯坦一直知道玩耍的价值，他说："……早在学会组织语言及运用任何与他人进行交流的符号之前，玩耍似乎就是基本的科学思考过程。"[17]

在这个推崇成就的社会中，普遍存在着孩子玩耍嬉戏就是浪费时间的谬见，这与媒体大肆宣传父母肩负提高孩子智力的责任有关。很多家长给孩子排上满满的日程，而放弃了一些内心深处重要的价值观。孩子的智力在玩耍中得到大幅度提升，然而，人们却认为孩子的智力必须通过各项任务才能提高，这几乎成了新的信条。

自 20 世纪 80 年代以来，儿童自由玩耍的时间不断减少，但家长们似乎开始了解到玩耍的价值。2000 年哈佛大学的"零到三岁"研究小组进行的调查显示，87% 的 3～5 岁儿童的父母都认为玩耍对健康成长很重要！[18] 父母甚至知道哪些类型的游戏对孩子最有帮助。调查中，他们认为某些活动——搭积木（6 个月）、扮演一场茶话会（2 岁）、用美术工具涂鸦（4 岁）、和爸爸玩纸牌（6 岁）能最大限度地激励孩子，而像玩电脑（2 岁）、在电脑上绘画（4 岁）、背诵识字卡（4 岁）等活动则被视作无关紧要的活动，不利于孩子的最佳成长。调查显示，家长和研究人员的看法是一致的。在孩子自由玩耍时间不断减少的大背景下，这些数据显得尤为滑稽可笑。我们知道该做什么，但是我们却做不到。我们担心，如果相信自己的直觉，孩子就会错过一些关键技能的学习机会。3 岁的丽贝卡的母亲弗朗西丝很好地表达了自己的担忧:"如果只是玩耍,她可能会浪费本该用于学习的宝贵时间。我不想耽误孩子的时间。当其他孩子都领先于丽贝卡时,我会有什么感觉?如果因为我,丽贝卡落后于其他孩子,她会怎么想?"

我们衷心希望你认识到:自由玩耍和有父母陪伴的玩耍是充实生活的关键——对儿童、父母均是如此。玩耍是培养快乐、聪明儿童的关键。

在讨论玩耍的更多意义及其对孩子生活的重要性之前,我们需要快速浏览一下不同年龄段儿童的玩耍情况。为什么呢?因为不同年龄段孩子的玩耍方式是不一样的。就像我们成人不再在浴缸里玩船和杯子一样,幼儿也不会玩我们感兴趣的拼字游戏。1 岁、2 岁、4 岁的孩子会玩不同的游戏。玩耍方式作为儿童思维的反映,也在不断发展,变得复杂。

孩子是怎样玩耍的

婴儿早在 3～6 个月就开始玩耍了——只要他们能抓住物体。这个年龄段的婴儿几乎可以把任何东西当作玩具,无论是一张皱巴巴的纸、一只鞋,还是一元钱,他们都能玩得不亦乐乎!

我们来看看 9 个月大、一头金发的卡萝尔,她正坐在地板上玩一个 25 厘米长的粉色空心塑料槌。她聚精会神地研究了一会儿,仿佛要记住它的特征,并用一只手的手指抚摸它的曲线,在手中转动它。然后她又一次研究槌子,把它放到嘴里,很快又从嘴里拿出来,做了个鬼脸(味道一定不怎么样),然后上下摇晃,也许是希望能发出声音(也许里面有铃铛?)。这时,她不小心把槌子撞到了一个装着其他玩具的圆柱形金属罐上。咣当!哇,这引起了她的兴趣!她兴奋地不停用槌子敲击金属罐,着迷地听着发出的声响。现在,她越来越有目的性地用槌子敲打罐子,不过不像我们通常拿槌子的方式,她用槌子的侧面敲打,每打一下都高兴地跳起来,因为她靠自己创造了这一有趣现象。

6～9个月大的婴儿刚刚开始对探索物体产生强烈的兴趣。纽约市阿尔伯特·爱因斯坦学院的心理学家霍利·拉夫（Holly Ruff）发现，这个年龄段的婴儿开始根据物体的属性改变处理物体的方式。[19] 随着年龄增长，孩子慢慢不再不加甄别地把东西往嘴里放，或不断盯着一个物体看。不过在这之前，卡萝尔只会将物体从一只手换到另一只手，而不会旋转物体、研究物体、从不同的角度观察物体。卡萝尔才刚刚开始将不同物体联系起来，尽管建立联系是无意之举，比如随意挥动手臂撞到罐头。瑞士心理学家皮亚杰提出，儿童从婴儿期就开始进行最基本的玩耍。他们让那些他们认为有趣的物体融入自己的世界。大多数情况下，他们一次只玩一件物体，只以最简单的方式玩，还不懂得开发物体的新用途。

现在我们来看看 23 个月大的卡萝尔，距离上次观察 14 个月了。卡萝尔坐在厨房的地板上，周围都是她从前文提到的罐子里倒出来的玩具。她拿起一个玩具电话，小心翼翼地按下按钮，想听听它们发出的声音。按了几个按钮后，她把听筒举到耳边（好吧，也许她这么做之前舔了一下听筒），再试着按一下按钮，渐渐变得有些厌倦。她看到前文提到的那个槌子，于是拿起槌子（这次拿槌子的方式是正确的），用力敲打电话上的按钮。这看起来是预先计划好的行为，她似乎在想："这把槌子可以一次按到更多按键，发出更多声响！"她敲得不是太准，但偶尔能敲出几个声响，她感到很高兴。她旁边地板上有一个穿着蓝色睡衣的软布娃娃。卡萝尔玩耍时，会定期抱起那个娃娃，再把它放回原处，给它盖上自己的毯子。这条毯子就是心理学家所说的卡萝尔的"过渡性客体"⊖，帮助她度过了很多感到不适的时间。

与 9 个月大时相比，卡萝尔玩耍的方式发生了翻天覆地的变化。威斯康

⊖ 过渡性客体是孩子的第一个"非我"所有物，是孩子自己发现或创造的，有抚慰的作用。它们代表婴儿由与母亲融为一体的状态至认识到母亲是外在且分离的客体的过渡时期。最典型的过渡性客体有柔软的毯子、玩具，以及入睡前接触到的某种特定的物品或声音等。——译者注

星大学绿湾分校的儿童游戏专家弗格斯·休斯（Fergus Hughes）教授指出，2岁的孩子在玩耍上有三个方面的变化。[20] 第一个变化表现为卡萝尔用槌子敲打电话。玩耍进步的标志之一是，一次使用一个物体的情况减少，而一次使用两三个物体的情况增加。现在，卡萝尔在物体之间建立起了联系，这是一种更复杂的物体使用方式。

还记得卡萝尔9个月大的时候是如何使用槌子的吗？她并没有像我们一样，拿着槌子的手柄，用槌头敲打罐头，而是用槌子的侧面敲打罐头。23个月大的时候，卡萝尔用槌子的方式就很专业了。玩耍随着年龄发生的第二大变化是，孩子开始以正确的方式使用物品。[21] 卡萝尔似乎也明白电话该如何使用，尽管成年人通常不会在拨号前舔电话（我们保证她很快就不会再这样做了）。所以，卡萝尔对世界上的物体的经验（无论是通过观察别人学到的还是自己摸索得出的经验）让她能够以正确方式使用物体。

卡萝尔抱起娃娃，好像它是真人，为它盖上毯子，好像它也会感到寒冷。她在向我们展示她的想象力，她的行为不再受限于此时此地，她能够假装事物是有生命的。这是玩耍的第三大变化，这一变化最能吸引研究者的注意和兴趣。当然，这也引起了皮亚杰教授的注意。他意识到，能够玩角色扮演游戏表明孩子已经达到了一个发展的里程碑。他们现在能够进行符号化思考，用一个物体代表另一个物体。符号的使用是人类思维的主要特征，让我们有别于其他动物。语言、阅读、解决问题和其他高级思维活动都以符号为基础。全世界的人类，不管是在小屋还是高楼里长大的，都用符号进行思考。

我们最后一次进行实验时，卡萝尔已经3岁半了。她对玩具的喜好发生了变化，我们不再看到和以前一样的玩具，现在她的玩具有涂色书和图画书，还有一套玩具农场和微型动物玩具。那把粉色的塑料小槌子还在，地上还有一部玩具手机。我们继续暗中观察卡萝尔，她趴在地上，一边移动玩具农场里的动物，一边自言自语。她把小牛慢慢地送回牛棚时说："好了，小牛，你现在回牛棚去睡觉吧，外面天快黑了。你需要有小娃娃在身边才能睡着，所以我们得找找看。"她四处寻找奶牛的小娃娃，可到处都找不到（一点也不奇怪）。但她发现了那个手机，说道："哦，这是你的小娃娃。她的名字叫露露。"她把牛侧躺着放入牛棚里，把手机放在牛脚旁边。"晚安。"她把粉色塑料槌当成被子盖住奶牛和它的手机娃娃。

这种假想游戏在孩子4岁时会急剧增加，这时孩子成为游戏的总导演。卡萝尔慢慢长大，她的（尤其是与父母或同伴共同进行的）假装游戏的情节会变得更加复杂，她会像图画书一样，讲述完整的故事。无论你的孩子将来是否会成为电影导演，他们都能赋予无生命的物体它们本不具备的功能，这是游戏中极其特别的进步。一个手机变成了娃娃，一个槌子变成了被子，这就是进步。为什么呢？因为卡萝尔不再被道具的功能所束缚，她可以把它们当作其他东西来用，这正是产生想法、思考问题所需要的能力。如果其他条件适用，我们又知道环境中某一因素是可改变的，那么我们就能想出新点子和新解决方案。所以，假装游戏是儿童从眼前事物中脱离的练习，帮助孩子跳出条条框框，以不同方式得出答案，让孩子以新眼光看待这个世界。

在三个实验中，卡萝尔的玩耍方式有什么变化？她从以同样的方式对待所有的物体（通常是用嘴巴对其进行探索）到以不同的方式对待它们并探索其特性。然后，她根据每个物体在现实世界中的作用，以不同的方式操作它们（如卡萝尔终于以正确的方式握住槌子，并用常规方式使用槌子）。最后，卡萝尔把事物当作符号或用一个事物代表其他事物（如用手机代表一个娃娃）。

现在，我们已经大致描绘出孩子玩耍方式的变化过程，如果你仔细观察，也可以察觉到这些变化。那么，这些变化到底意味着什么？我们已经提到了玩耍的好处，以及玩耍对儿童发展非常重要的原因。但是，我们需要更深入地挖掘，讨论不同种类的玩耍（目前提到的例子大多基于孩子独自摆弄物体）、玩耍带来的情绪方面的好处，以及父母和照料者对儿童玩耍的贡献。这就是我们接下来要讨论的——而且要以游戏的方式进行！

玩玩具有利于智力发展吗

我们上文描述的场景都是孩子独自对物体进行玩耍和探索,这会帮助孩子对世界的运作方式产生初步理解。这是他们自己做小实验的机会,他们自己弄清楚物体能做什么,不能做什么。这些都需要他们自己去亲身摸索,观察别人操作物体不如自己动手学到的多。

孩子每天都在探索物体和物质的世界。他们是小小科学家,不断测试物质的特性。即使是婴儿也在做着各种小实验:"如果我松开拨浪鼓会发生什么?看!它掉到地上了。看!它又掉到地上了!每次都这样吗?我来看看。"2岁的孩子敲打锅的时候,他们会学到力的大小和声音的响度之间的关系,这就是婴儿物理学。在出生头两年,他们一遇到新事物,就好像在问:"我能用这个做什么?"[22]婴幼儿每天都在学习物体能做什么、物体是如何运作的,以及怎样让物体发挥他们想要的作用。

当他们用积木为自己的火柴盒小汽车[⊖]铺路时,就会了解到八块小积木和一块大积木一样长。这就是数学!亚利桑那大学的幼儿数学思维发展专家拉纳尔德·贾雷尔(Ranald Jarrell)教授毫不含糊地告诉了我们,为什么玩耍对理解数学概念很重要。

> 玩耍对儿童数学思维的发展至关重要。与某些知识不同,数学知识涉及事物之间的关系,不是听大人讲就能学会的。关于玩耍的实验研究表明,游戏、数学理解能力的增长和数学成绩的提高之间有着密切的关系……如果缺乏玩耍……儿童的数学理解能力将严重落后。

这种知识可以通过玩识字卡或者要求儿童进行数值比较、简单计数和加法计算的电脑游戏获得吗?不,它只能通过孩子在玩耍物体的过程中进

⊖ 一类可以装进火柴盒的小汽车玩具。——译者注

行的探索、操作、分类、分割和重新组合而习得。有些婴儿在1岁前就表现出根据自己在玩耍中遇到过的类似物体推断新物体的迹象。俄勒冈大学的戴尔·鲍德温（Dare Baldwin）教授和斯坦福大学的埃伦·马尔克曼（Ellen Markman）和里卡·梅拉尔丁（Riikka Melartin）教授在一项研究中给9～16个月的婴儿提供喇叭让他们玩，这种喇叭只要挤压气囊就会发出声音。[23] 他们让婴儿玩一会儿后，拿走第一个喇叭，再给他们其他喇叭，这些喇叭的颜色、大小和第一个不同，但形状是一样的。婴儿会觉得这些新喇叭也能发出声音吗？如果他们有这种反应，就说明他们进行了一次"归纳推理"，假设看起来相似的东西应该有相似的功能。

婴儿会立即挤压气囊，这说明他们已经根据之前的喇叭对新喇叭做出了推断。而有的喇叭因为损坏没有产生预期效果，婴儿就更努力地想让其发出声音。这些婴儿能够对物体特性进行推断，这种特性是不可见的——喇叭发出声音的能力。这看似是轻而易举的事，实则对于了解世界至关重要！

发现孩子的能力

对事物进行推理
适合年龄：6～16个月

首先，找两个功能相同但看起来不一样的廉价玩具。玩具会发出声音是一个很好的隐藏功能，可以让婴儿试着去探索寻找。给婴儿其中一个玩具，看着他玩耍。看他是否能自己发现玩具的功能，记录他发现功能耗费的时间。这一点很重要，因为你要比较孩子玩两个玩具的行为。如果过了一段时间，他还没摸索出玩具的隐藏功能，你可以给他示范一下。再让他玩一会儿，希望他能自己启动这个功能。之后和他交换玩具，把新玩具给他。会发生什么？婴儿花了多长时间（与玩第一个玩具时间相比）才让第二个玩具发出声音？他探索第二个玩具的时间是否与探索第一个玩具的时间相同？还是他会立即让玩具发出声音？如果你看到婴儿玩第二个玩具和玩第一个玩具方法不同，你看到的便是短时间的玩耍对孩子认知发展产生的影响。想象一下，如果给婴幼儿提供大量的玩耍时间，他们会学到多少有关世界的知识。

研究一致发现，玩耍过程中所用的材料对智力发展很重要。这并不意味着你要买所谓最新的益智玩具。婴儿出生头两年似乎喜欢各种各样的玩具，喜欢能组合、能拆开、能推拉、能产生音乐和需要眼手协调的玩具。如果有各种各样的玩具可供玩耍，三四岁幼儿的智力发展似乎确实会得到促进。[24] 阿肯色大学的罗伯特·布拉德利（Robert Bradley）教授在对130名儿童进行的长期研究中发现，有足够玩具可供玩耍是预测日后智力发展的最稳定指标之一，即使孩子进入学校后也是如此。[25] 玩具对认知发展的影响独立于亲子互动质量的影响。这并不意味着父母不重要，我们很快就会证明父母有多重要。这意味着，拥有大量玩具对智力发展会产生单独、巨大的影响。[26]

对于学龄前儿童来说，玩一些物体可以极大地促进他们的智力发展。以搭积木为例，正如上文所述，玩普通积木的孩子也在摸索数学等式。他们面对的问题是自己创造的（这是关键），比如："要想再建一座和刚刚那座塔一样高的塔，需要多少块这种大小的积木？"积木游戏还有助于孩子发展其他的概念。孩子自发地将积木按大小、形状或颜色分类时，他们正在努力掌握皮亚杰所说的"逻辑分类"。孩子需要明白，红色和绿色的积木一起构成了所有的积木。虽然这对我们而言非常明显，但孩子需要花些时间来弄清部分和整体之间的关系。即使是把积木收起来这个简单动作，也能让孩子了解积木的属性，以及不同积木间的相同点和不同点。

黏土是学龄前儿童喜欢的另一种玩具，看看亚伦就知道了。

亚伦正忙着玩一大团黏土。他在桌上反复敲打黏土，然后扯下一大块，掰成几个小块，再把它们搓成球。他很快就搓累了，于是他把这些球压扁成薄饼状，分给坐在他桌前的三个孩子。后来，他把这些"薄饼"收回，把它们拉长变成热狗，又把它们搓成球。然后他把其中一些球掰成两半，再把碎块搓成小球。[27]

以此类推，我们如果继续下去，亚伦就会不停用黏土变出新花样。为什么这一连串活动在我们看来如此无聊又平凡，而在亚伦看来却如此迷人呢？亚伦正在对数量和物质进行最基础的了解。我们小时候也是通过玩耍积累基本常识的，现如今，我们对这些内容早已习以为常。我们对世界和其中变化的原因非常了解，但学龄前儿童则不然。

接下来我们将谈到这种智力游戏对好奇心和知识掌握能力的促进作用。在游戏中，孩子是主宰者，孩子在发号施令，他们自己设置问题，管控自己的学习。

趋同与发散性游戏

智力游戏有多种形式。有些种类的游戏能加强儿童解决问题的能力。心理学家谈到"趋同性"问题和"发散性"问题。[28] 趋同性问题的一个例子就是本章开头提到的问题——想办法把棍子接在一起以从盒子里取出一个玩具。一个趋同性问题只有一种可能的解决方案。解决趋同性问题的能力与在标准学业和智力测试中的表现有关，这类测试只有一个正确答案。而发散性问题有多种解决方案，例如玩积木时，你可以搭出许多种不同的结构。解决发散性问题需要更多创造性思维，因为没有唯一的正确答案。[29] 几项研究探讨了玩耍材料如何影响学龄前儿童解决发散性问题的能力，解决这些问题需要跳出固有思维的限制。来看看阿玛拉和迈克尔参与其中一项研究时的表现。[30]

阿玛拉3岁半，是个可爱的女孩，看起来很成熟，3岁有着13岁的沉稳。迈克尔是个结实健壮的小男孩，对所有事情都充满热情。在研究中，阿玛拉和几个同龄孩子拿到了一堆趋同性玩耍材料，即拼图等有单一正确玩法的玩具。她的小组玩耍的时候，迈克尔所在的小组会得到发散性游戏材料，即积木等没有固定玩法的玩具。两个孩子都在各自的小组与同伴玩得很开心。接下来是考验时间，阿玛拉和迈克尔小组都要解决一些发散性问题。例如，两组都要用45块积木搭建一个村庄。研究人员仔细观察每组孩子的表现，统计他们建造建筑的数量，以及他们命名建筑的个数。迈克尔小组玩过发散性游戏，他们想出了更多的搭建方式，为建造的建筑起了更多独特的名字。他们努力完成任务，即使陷入僵局也没有轻言放弃，不断试错。阿玛拉小组却完全不同，他们玩过的是只有唯一解的趋同性游戏，当遇到发散性问题时，他们会卡住，陷入僵局，反复做同样的事情。他们也比迈克尔小组更容易放弃，仿佛认为这些问题只有唯一答案，而迈克尔小组却认为"达到目的的方法不止一种"。迈克尔小组的创造力似乎源源不绝。

现在市场上那些昂贵的益智玩具是什么样的呢？本质上大多数都是趋同性玩具，这些玩具通常只有唯一正确答案，因为其目的在于向孩子教授技能。然而我们刚才描述的研究表明，迈克尔小组在解决问题时不仅更有创造力，也更加坚持不懈、热情洋溢。[31] 我们希望孩子能养成这种解决问题的行为和态度，而不是寻找唯一正确答案的癖好。找出问题唯一的正确答案的技能在学校里学得够多了。我们希望孩子知道如何在有正确答案的时候找到正确答案，但我们也希望他们能够跳出各种条条框框。创造力来源于哪里？正是玩耍——无拘无束、无组织而自由开放的玩耍。

事实上，最近有学者表示，让孩子"无所事事"是件好事。几乎所有的父母都听过孩子发牢骚："我好无聊，无事可做。"习惯于所有时间都被安排得满满当当的孩子，根本不知道如何在空闲时自娱自乐。自娱自乐是健康的，让想象力自由驰骋，想出一些在没有课程、玩伴或电视的情况下能完成的事情并不是一件坏事。孩子需要发展出自我激励的能力，这也是玩耍的一部分，而一些孩子似乎已经忘记该怎么玩耍了！

当你思考玩耍及其作用的时候，不妨考虑新等式：玩耍＝学习。到目前为止，我们只讨论了玩物体如何促进智力发展。我们甚至还没有谈到玩耍让童年变得神奇的部分：假装游戏，以及它对智力发展的作用。假装具有超脱现实的特质，会对孩子的智力发展产生巨大贡献。例如，研究表明，孩子玩假装游戏玩得越高级，在解决发散性问题时表现得越好。虽然我们不能说假装游戏会增强孩子的创造性思维，但已有很多研究发现了这种联系。[32] 为什么玩假装游戏和发散性思维之间会有联系呢？关于假装游戏的研究发现有助于我们理解，把一块石头当作杯子可能是一种认知发展的催化剂。

假装游戏和语言发展

研究人员已经成功记录下了孩子假装游戏行为的发展顺序。继皮亚杰之后，罗格斯大学的洛兰·麦丘恩（Lorraine McCune）教授多年来一直研究假装游戏，她相信发展出用一种物体来代表另一种物体的能力是一项重要成就，与儿童的语言能力息息相关。[33] 这并不是一个毫无根据的想法。如果"鞋"这个词是一个符号，用一块积木来代表一只鞋子也是一个符号，那么，孩子在这两个领域处理符号的能力很可能存在关联。为了探究这个有趣的课题，麦丘恩教授对102个8～24个月大的孩子进行了观察，看他们如何摆弄各类物体，同时语言表现如何。事实是，她确实发现孩子摆弄物体的方式与语言发展程度之间存在一定的关联。以戴维为例，据麦丘恩教授观察，戴维在玩假装游戏方面经历了5个层级。

9个月大的戴维有着乌黑的头发和一双大大的棕色眼睛。麦丘恩教授带着录像设备来到他家，这个热情的宝宝冲到教授身边迎接她。麦丘恩教授拿出一组事先准备好的玩具，把它们放在妈妈和宝宝中间的地板上。戴维心满意足地玩着玩具，教授安静地坐着录像。过了一会儿，戴维将一个杯子放到唇边又放下，不过没有假装做出喝水或是吞咽动作。麦丘恩教授认为，这一假装游戏的前期案例算不上扮演行为，戴维只是在证明自己知道杯子的用途。此时，戴维还不会开口说话，麦丘恩教授将该阶段定为第一层级。

几个月后，13个月的戴维动作浮夸地拿起杯子，演技足以让保罗·纽曼[①]（Paul Newman）刮目相看。他咂咂嘴，把杯子举到唇边，夸张地把头往后一仰，似是将杯中之物一饮而尽。9个月大的戴维似乎只能意识到杯子的用途，而此时他的举动无疑是一大进步——他在扮演喝水行为。并非巧合，戴维和其他明确做出扮演动作的孩子似乎也积累了一些词汇。注意，此时戴维只将自己作为扮演对象，他还没有在假装游戏中加入其他角色。这是第二层级，即"自我扮演"阶段。

两个月后，戴维向前精进一步，达到了第三层级（"他者扮演"阶段），把他者作为扮演对象。现在，他会把杯子举到自己的埃尔莫[②]玩偶嘴边，喂它喝水。事实上，位于第二和第三层级的孩子语言能力相似，他们开始一个字一个字地说话。

19个月大时，戴维的扮演能力更加成熟。在这一阶段，他能够结合运用假装游戏的一系列动作。戴维假装喂埃尔莫喝水，然后又喂恐龙娃娃喝水。戴维还假装将水从一个空杯子倒到另一个杯子，再喂埃尔莫喝水。这些动作组合难度更大，因为它们反映了戴维头脑中更复杂的心理表征。现在戴维可以让多个角色（除了戴维自己，还有埃尔莫和恐龙）扮演喝水动作，也能用杯子执行多个动作（倒水和喝水）。19个月大时，戴维也开始使用组合词汇，例如"爸爸卡车"和"饼干不见"，这是第四层级。

最后，戴维达到了这类单人假装游戏的最高层级，游戏过程更加复杂，且需要提前规划和思考。他再度超越自我，到达了第五层（"步骤扮演"阶段）。看到杯子，戴维会说："需要给埃尔莫喂水喝。"然后，他找来某样东

[①] 保罗·纽曼（1925—2008）是一位奥斯卡影帝。——译者注
[②] 埃尔莫是儿童电视节目《芝麻街》里的角色，形象是一个毛茸茸的红色怪物。——译者注

西作为埃尔莫的宝宝椅，用两大块积木前后支撑它的身体。接着，他想找个东西作为埃尔莫的围裙，他找到了一张餐巾纸，尝试将其固定在埃尔莫胸前。但是餐巾纸无法固定，掉了下来，戴维尝试了几次，选择放弃。接下来，他再次找到杯子，把它举到埃尔莫的嘴边，说："喝牛奶。"这一系列操作极为复杂，表明戴维事先制定了一个计划，并且按照逻辑顺序执行了每个步骤。戴维和其他一些步入该阶段的孩子的行为似乎是有组织、有步骤的（放好埃尔莫，围好围裙，然后给它喂水），同时他们在语言能力上也更进一步，往往会使用2～3个单词组成的句子。

这项研究的有趣之处在于，麦丘恩教授观察的所有孩子在玩假装游戏方面似乎都经历了这一发展顺序。尽管孩子的发展存在快慢之分，但他们似乎不会跳过某一层级。并非所有她研究过的孩子都表现出假装游戏层级和语言能力之间的这种步调一致的进步，但是总的来说，她确实发现了两者间存在关联。为什么孩子的语言能力与其假装游戏的层级之间会存在一定的关联？也许是因为两者所需的基本技能是一致的。如前所述，这里所探讨的技能是处理象征性符号的技能。假装游戏能够锻炼孩子的符号处理能力。目前没有证据表明，除了人类婴儿以外存在其他能够进行假装游戏的哺乳动物幼崽。玩假装游戏需要从此时此地中抽离出来，在假定的情境中活动。这是人类独有的能力，是其他符号化思维的基础。这种能力不只局限于语言领域，还涉及数学、物理、文学、经济以及艺术等多个领域。孩子进入假装游戏的世界后，就好比是那个新世界的国王或女王，因为他们可以创造和控制那个世界。他们无须依赖实物，而能改造事物，从而达到自己的目的，这是创造性思维的最佳体现。假装游戏正是孩子所需要的一种符号处理练习。

假装游戏随着孩子的发展而发生变化的另一种表现形式是，孩子选择何种物体作为其他物体的替代物。随着年龄的增长，戴维越来越擅长挑选替代物，这些替代物与所指代之物越来越不相像。[34] 例如，戴维18个月大时，如果他想要在一堆玩具中找出一个来指代电话,他会选择一个功能模糊的物体,比如一块长方体积木,而不会挑选有着明确功能的物体,比如一辆玩具汽车。戴维需要更好地理解符号原理,才能摆脱具有实际功能的物体发出的冲突信号。其中部分原因是,戴维和大多数幼儿一样,难以同时从两个方面思考同一事物。[35] 快到 3 岁时,戴维将能够用奶瓶指代梳子,用玩具汽车指代电话,或是用娃娃指代书本。此时,戴维已经摆脱了玩具的感知特征的限制,这是巨大的进步。最终,在学前班阶段,孩子甚至无须看见道具,便能构想出操作和正在发生的事。那时候,他们将开始高速发展!

发现孩子的能力

假装游戏与语言发展
适合年龄:8 个月~2 岁

孩子现在进行的假装游戏处于什么层级?拿出一些现实物体的微型模型,这些物体可能会对假装游戏有帮助。麦丘恩教授发现,洋娃娃、毛绒玩具以及迷你实物玩具(如梳子和奶瓶)能够激发宝宝玩假装游戏,小卡车、海绵及玩具电话也很棒。你可以每隔几个月记录孩子的假装游戏及语言进步情况。如果你有婴儿日志,你可以记录孩子的年龄、他怎样对待你给他的物体、他进行的假装游戏处于哪一层级,以及他的语言能力如何(能说单个词、组合词还是短句)。将孩子每一阶段的表现与前一阶段相比,看看你的孩子进步了多少,这一定是一件乐事。另外,要注意孩子选择了什么物体作为其他物体的替代物。替代物与指代物相似吗?又或者,替代物是不是根本不像指代物?如果是后者,那么恭喜,你的孩子到达了较高的假装游戏层级。

促进社交：和同伴一起玩假装游戏

游戏能给孩子带来很多好处，培养孩子的智力只是其中之一。在游戏过程中，我们不仅能了解事物及事物之间的关系，还能培养人际关系。游戏是孩子克服恐惧、解决情感问题的避风港。事实上，儿童心理治疗的不二法门就是游戏疗法。在此疗法中，孩子可以在不必担心受伤的情况下，扮演医生、消防员和超级英雄。游戏空间是无忧无虑的，孩子可以从中了解他们的世界及自身所处的位置。游戏空间还可以帮助孩子应对他们忙碌的日常生活。正如塔夫茨大学的戴维·埃尔金德教授所写的那样："游戏是孩子和成年人解压的自然方式"。[36]

那些用玩偶扮演金凤花姑娘（Goldilocks）⊖或三只小猪的 3 岁孩子可以学习如何以不同于自己的视角看待问题（到五六岁时，他们的表现更加出色）。游戏过程中，孩子可以为自己创造情感慰藉。他们会经常紧紧抱着最爱的毯子或泰迪熊；生病时，他们会让毛绒玩具和他们一起吃药；打翻牛奶时，他们会把责任推给玩具。

孩子无法在没有社交互动的真空环境中健康成长。2 岁半以后，孩子开始和其他孩子一起玩假装游戏，如果孩子足够幸运，他们还能和家长及照料者一起玩。起初，孩子与他人共同玩假装游戏时多半就地取材，如果他们看到一条围裙并穿上了它，那他们就成为"妈妈"——不需要其他解释或是情节设置。[37] 到了 3～5 岁，孩子会精心设计假装游戏的情节，这些情节可以持续很长一段时间。有时，一个孩子会告诉另一个孩子情节主题，比如"假设我们去一个美丽的宾馆度假"，游戏随即顺利展开，接下来便是我们大多数人玩过的游戏情节：警察抓小偷、过家家以及模拟课堂。[38] 和我们小时候一样，孩子知道如何扮演角色、制造冲突以及寻求解决问题的方法。不同的是，心理学家现在已经认识到，儿童游戏有许多重要的功能。

⊖ 金凤花姑娘是 19 世纪英国童话《金凤花姑娘和三只熊》里的角色，她有着金黄色的头发。——译者注

假装游戏益处多多

除皮亚杰外，我们对游戏的看法也深受苏联卓越的心理学家维果斯基的影响。虽然他38岁就英年早逝，但维果斯基教授留给了我们如今被奉为圭臬的游戏理论，该理论将游戏置于儿童发展的中心地位。维果斯基教授认为，孩子在游戏状态下发展能力最强。例如，5岁的杰茜卡即使在老师的不断鼓励下，也无法在教室里坐满3分钟。然而，在假装游戏中，她可以和同伴一起扮演好学生，静坐及注意力集中时长竟然超过了10分钟！[39]维果斯基教授表示："在游戏中，孩子会有超龄表现，其表现优于自己的日常行为——就好像游戏中的孩子突然长大了。"[40]

维果斯基教授认为，游戏有三个功能。第一，游戏能开发孩子的"最近发展区"。我们在第6章讨论过这个概念，最近发展区是孩子在同伴或是成年人的帮助下能达到的刚好超过自身能力范围的发展区域。第二，游戏能帮助孩子区分思想和行为。如前所述，孩子可以在假装游戏中超越眼前物体的特性限制。维果斯基教授很好地总结道："孩子看到的是一回事，做出的行为是另一回事。因此形成了这样一种状态——孩子的行为独立于他看到的事物。"第三，维果斯基教授认为游戏可以促进孩子自我调节能力的发展。在第7章中，我们讨论了自我调节的重要作用，它能让婴儿懂得自己停止哭泣，让伤心之人不随意向他人宣泄负面情绪。这是待人接物乃至取得成功所需的一项基本技能。举一个自我调节技能在游戏中得到运用的典型例子：2岁半的路易斯在玩过家家时，扮演的是宝宝的角色。他年纪虽小，却知道如果装哭，必须在"父亲"安慰他时停止哭泣。装哭是刻意行为，需要思考，因为这种哭泣不是受伤或不适引起的真正哭泣。[41]这种游戏要求幼儿具备自我控制的能力，因此对于培养幼儿调节自身行为的能力至关重要。

孩子自我调节的另一种方式是与自己对话。你有没有注意到，你在尝试完成一项困难任务时会自言自语？维果斯基教授注意到，孩子玩假装游戏时经常与自己对话,即使有其他人共同参与游戏也是如此。他将这种现象称为儿童的"自我中心言语"现象,他发现孩子会说出自己想要做什么,以及对即将发生之事的想象。这就是孩子必须在可以说话的环境下玩游戏的原因之一。

维果斯基教授是最先提出孩子的游戏是文化游戏的研究者之一。我们将社会行为方式的"脚本"内化的过程,实际上是学习文化如何运作的过程。维果斯基教授向我们呈现了一个两姐妹进行游戏的例子。[42] 在这个例子中,她们扮演的角色还是姐妹俩,她们尝试搞清楚"姐妹"意味着什么。游戏过程中,她们把隐藏于自身行为中的规矩挑明,如规定"姐妹不可以打对方"。孩子经常在假装游戏里制定规则,并坚持要求别人遵守!

这些形式的假装游戏设计复杂,向我们展示了孩子如何将他们生活的这个世界的规律内化。有时,孩子会搭建堡垒,设置一个他们抓住坏蛋、拯救世界的场景;有时他们是星际仙子⊖;有时他们又还原为凡夫俗子,模仿我们习以为常的生活场景。费城触摸博物馆的宝宝超市里挤满了孩子,他们可以推着小型购物车,从架子上拿塑料罐和各种产品,还可以体验"支付"过程。孩子假装购物的时候,便是在学习遵守社会规则。

假装游戏的乐趣之一在于孩子可以自己制定游戏规则。就算只是在一旁看着孩子玩耍,你也会惊讶于孩子竟然懂很多东西。他们的想法非常有趣,只有在游戏过程中才能体现出来。女孩能扮演建筑工人吗?有人能同时扮演母亲和律师的角色吗?孩子不太能接受一个人能够扮演多个角色这一事实——至少四五岁前,他们肯定不相信。维果斯基教授告诉我们,在假装游戏中,虚构的情景是外显的,而游戏规则通常是内隐的。我们看到的是孩子模仿大人在大文化背景下的行为,但事实上他们会以自己独一无二的方式理解事物。

⊖ 星际仙子是玩具娃娃系列产品,后来改编成了电视节目。——译者注

发现
孩子的能力

游戏脚本
适合年龄：3～5岁

试试做偷听者。我们都知道这有失妥当，但是如果你想要理解孩子游戏的复杂本质，你需要一点迂回战术。在孩子玩假装游戏时，你可以在一旁偷听，但是不要让孩子发现。孩子大声讲话了吗？他说了什么？有没有把计划提前说出来？他是为自己说话还是为扮演的角色说话？他有没有说社交互动的规则？在孩子们玩去快餐店的假装游戏时，听听他们的故事脚本是否合理。去快餐店的时候会发生什么？"去机场"的游戏脚本是什么？"乘公交车"呢？有时你甚至可能观察孩子在与他想象中的角色互动时，淋漓尽致地模仿你的言行！

在假装游戏中编这些情节脚本不仅需要记忆力，还需要划分多个行动步骤，并将其按文化规范组织起来。这些都很重要，能够促进孩子情商与智商的发展。

游戏可以促进情绪和社交能力的发展

游戏的另一大益处在于能帮助孩子克服难以解决的情绪问题。孩子玩假装游戏时都很认真，常常要求成年人不要打扰他们。为什么假装游戏对他们来说如此重要？有时，假装游戏的主题是他们试图掌控的事件，比如孩子会重现前一天在学校和朋友产生的冲突。格蕾塔·费恩（Greta Fein）教授是儿童游戏领域的世界知名专家。她认为，孩子玩社交主题的假装游戏的动机是想要掌控一些情绪经历，消除其对自己的消极影响。[43]然而，假装游戏和现实生活截然不同：在假装游戏中，孩子能够随心所欲地控制事件的发展动向；而在现实生活中，孩子常常碰到问题。[44]孩子会在假装游戏中表达一些情感，他们还没有成熟到可以与大人分享这些情感。劳丽刚刚离异，是一名

4岁孩子的母亲。她描述了自己是如何在观察孩子玩游戏时发现孩子的恐惧的。劳丽和前夫离婚后，前夫搬走了，随后她和儿子也搬到了更小的新家。她本以为孩子平静地接受了父母离婚的事实，但是偶然观察孩子玩假装游戏时，她听出了孩子的恐惧：孩子借用自己的毛绒玩具大声进行对话，他设计了一个妈妈也要弃他而去的情景。劳丽很庆幸自己从假装游戏中窥探到了儿子的恐惧。于是，从此往后，只要一有机会，她就会告诉孩子自己会一直陪伴在他身边，不离不弃。

最后，假装游戏有助于孩子读写能力的发展，因为它是孩子把故事演绎出来的机会。孩子喜欢听的故事与他们喜欢在假装游戏中和同伴一起演绎的故事有着诸多相似之处。假装游戏让我们将现实搁置一边，意识到眼中所见不等于心中所想。一旦我们认识到故事地点和情节可以只源自我们的头脑，而不一定源自我们可以真实触摸的事物，我们就能将思维和感知对象分离，开始构建内心世界。这正是我们在阅读时所做的。我们翻开书，进入远远超出自身经历的新世界或新冒险中，抱着开放的态度，从他人的视角认识世界。因此，能在卧室这种安全的环境中发挥想象力创造一个新环境是学习语言、阅读以及问题解决技能的前提。

这些记忆、使用象征符号、制定规则以及领导规划的能力便是他们上学时所需的技能。孩子的语言能力、想象力、记忆力、注意力以及规划能力的发展便是源于此。在社交能力与智力的相互作用中，孩子不仅可以快乐成长，还能具备聪明头脑。通过玩耍，孩子树立了勇气和信心，从而能够创造性地解决学习过程中遇到的问题。

不同年龄段会出现什么样的社会性游戏

随着年龄的增长，不仅孩子摆弄物体的方式会发生变化，他们与同伴一起玩的方式也会发生变化。1岁以下的孩子似乎把其他孩子当作物体。他们可能会用手指戳点其他孩子，但是除此之外似乎只是各玩各的，并没有意识到房间里还有其他人。这叫作平行游戏（parallel play）。你也许会发现这些孩子并排着玩地毯上的绒毛，在探索中自得其乐！

13或14个月大时，孩子开始进行合作游戏（cooperative play）。他们会寻找同伴一起玩，或是从同伴手上抢玩具。对于这个年龄段的孩子来说，分享是很困难的事情，但是他们确实注意到了他人的存在。而且，他们更擅长与熟悉的孩子而非突然加入游戏的陌生同伴一起玩耍。事实上，我们发现幼儿在游戏小组中进行的游戏层级比在操场上进行的游戏层级更高，因为在游戏小组中，孩子彼此之间相互熟悉。

2岁左右，孩子在合作游戏中的表现有了显著的飞跃。他们会开始扮演公交车司机或动物园管理员等角色，还可能会邀请朋友加入游戏。三四岁时，他们甚至能够依照惯例玩游戏。朱莉和玛吉会拿起塑料玩具电话，假装给对方打电话，或者她们可能会玩"下午茶游戏"，打扮好一起坐在玩具桌子旁，桌子上放着塑料茶杯和茶托。2岁的孩子在玩这种假装游戏时只能持续几分钟，之后孩子便会进行下一个游戏。而等这些孩子到了三四岁，他们设计的游戏变得更加复杂，可以持续几个小时。常常可以听到孩子说"我当妈妈，你当宝宝"，或者在家里看到"新超级英雄"在客厅来回穿梭，解救洋娃娃于水火。

孩子受到激励，玩更多游戏的同时，也会发展社交技能，这样游戏才能顺利进行。这是什么意思？也就是说，孩子需要明白游戏中的社会规则。想象以下场景：朱莉看到4个朋友在操场上玩过家家，她非常渴望加入这个游戏，但是她来晚了一步，游戏已经开始了。所以，她站在边上，一边观望，一边等待朋友的邀请。这一幕可能有几种结局。好的结局是，一些较为成熟的4岁孩子可能会瞥见朱莉的存在，用愉快的口吻邀请道："要一起玩吗？"但另一种可能是，没有人注意到朱莉站在那儿。若是如此，她该怎么办？此时便是她需要学习的时刻。或许她可以蛮不讲理地加入游戏，但是此举大概并不能真正成功，因为其他孩子会不高兴；或许她可以向老师求助，老师可以把握这一受教时刻，帮助其他孩子学习社交意识；又或许，最好的做法是，她可以等待游戏的中场休息，委婉地请求加入，并且接受自己可能无法扮演心仪角色的事实。

如你所见，这些假装游戏中充满了解自我及他人的机会。如果吉米不想扮演宝宝该怎么办？如果萨拉想玩下午茶派对而杰西想玩模拟商店该怎么办？学会如何协商、妥协，成为一个满足所有人的需求的"领导者"，这些都是至关重要的社交技能。作为老师和家长，我们可以利用这些冲突时刻，帮助孩子学习情绪调节。如果你没有得到你想要的，你会发脾气吗？会生气地噘嘴，让别人产生负罪感吗？还是会进行协商，比如："我们先按你的想法来，然后再玩模拟商店，可以吗？"

游戏既能教孩子社交技能，又能帮助孩子学会调节情绪，还能帮助孩子应对纷繁复杂的世界。心理学领域对假装游戏的关注由来已久，我们很多人都有过亲身观察假装游戏的经历。让我们观察凯西的儿子迈克的案例，了解游戏在塑造自我认知和缓解恐惧方面的强大作用。

辛巴玩偶来到家里的时候，迈克2岁。现在，迈克的英雄——迪士尼经典动画电影《狮子王》（*The Lion King*）中的主角辛巴正和他一起坐在床上。迈克兴奋得说不出话来，他小心翼翼地将辛巴拿出包装盒，给了它一个大大的拥抱。对迈克来说，他拥有了辛巴玩具就等于拥有了真正的辛巴。辛巴很快被引见给毯毯——这是一块旧毛毯，迈克对其爱不释手。3个月后，辛巴和迈克全家一起度假，乘坐家里的小汽车，并且有幸和迈克一起坐过母亲的自行车后座。迈克很信任辛巴，很多个夜晚，迈克都会给辛巴读睡前故事，和它讨论白天发生的事。辛巴会在迈克与哥哥打架时保护他，在迈克害怕时为他打头阵。迈克的父母知道辛巴是家里不容忽视的一员。迈克长大一点之后，辛巴成了"替罪羔羊"：是辛巴把那些动物玩具扔得满卧室都是，是辛巴把迈克不想吃的意面扔进垃圾桶。这些事都不是迈克干的，他可没做过！

在游戏中，孩子会自行将世界安排成他们想要的样子——无须征求大人的许可。

与幻想中的朋友一同游戏

孩子还通过和自己在幻想中创造出的朋友一起玩以学习解决问题。正如在漫画《凯文和跳跳虎》（Calvin and Hobbes）中，凯文是一个非常普通的小男孩，他有很强的创造力；跳跳虎是凯文想象出的最好的朋友。3～5 岁的孩子通常会创造出幻想中的朋友，这是很常见的现象。玛乔丽·泰勒（Marjorie Taylor）教授在《想象同伴与创造他们的小孩》（Imaginary Companions and the Children Who Create Them）一书中告诉我们，拥有想象同伴的孩子往往比没有想象同伴的孩子更聪明，创造力更强。[45] 这并不意味着我们应该在孩子的大脑里植入一个幻想朋友，在游戏中，还有其他方法能够帮助孩子变得更聪明、更具创造力。不过，我们确实无须对孩子有时走来走去，对着空气说话的行为感到担心。凯文的妈妈注意到，加入孩子的想象比质问孩子更管用（一篇漫画中，她某天打电话给跳跳虎，丈夫还以为她精神失常了）。

学龄前孩子刚开始了解世界的各种可能性，难免有时搞不清幻想与现实之间的界限。本书作者之一记得小时候去电影院看电影时，曾因米高梅雄狮[⊖]受到惊吓。雄狮出现在巨大的荧屏上时，她会一遍遍重复父母告诉她的咒语："那不是真的。那不是真的。"还需要从父母愉快的神情和冷静的举止中汲取慰藉。很多孩子害怕衣橱里的怪物，即使他们一遍又一遍地确认过只有衣服"住在"里面。游戏有助于解决此类问题。2岁半的班奇表示自己真的很害怕怪物，于是我们在家里扮演斩妖除魔的驱怪者。我们召开了家庭会议，挑选了某一天的某个时间捉拿怪物，然后将其冲下厕所。幸运的是，怪物再也没回来。

社会性游戏的益处不胜枚举，最大的益处莫过于和他人互动。有更多时间玩耍的孩子会更快乐，与同伴的关系往往更好，也更受欢迎。社会性游戏

[⊖] 米高梅雄狮是美国好莱坞八大影业公司之一的米高梅电影公司的标志，该公司影片片头会出现怒吼的雄狮。——译者注

不仅让孩子聪明快乐，还能培养其未来的社交技能。那些小时候喜欢玩游戏的孩子，长大后更擅长以游戏的方式来减压。

家长会影响孩子的玩耍方式

孩子一个人玩耍或是和朋友一起玩耍或许都能玩得很好，但父母其实也是很重要的玩伴。游戏过程中不乏"教育时机"，家长可以鼓励孩子在自身能力的基础上挑战自我。许多研究人员认为，有引导的游戏（guided play）是学习的真正途径。我们如何发现这些教育时机，在游戏中培养孩子的能力呢？如果我们给孩子讲故事，给他们分配故事中的角色，他们就能进行角色扮演。如此一来，他们会更加投入，更好地理解故事情节，为读写做好准备。不过，理海大学的阿吉利基·尼科洛普洛（Ageliki Nicolopoulou）教授提醒我们，在我们创造的故事里，我们自己不能过多占据主导地位。[47] 我们需要成为孩子的搭档，帮助他们学习语言；我们需要把他们熟悉的主题融入故事，把故事的创作权转交给他们。

假装游戏

要完成这个帮助孩子为读写做好准备的活动，可能需要不止一个孩子。如果你只有一个孩子，可以向别家"借"一个来。让每个孩子轮流讲故事，内容可以是你们一起去某个地方时发生的事：小到生活琐事，如你们在百货商店时，一辆购物车撞上了妈妈的车；大到激动人心的大事，如大峡谷野营旅行。在孩子讲述这些故事的时候，记下他所说的话，必要时提示他完善细节描述，补全遗漏之处。接着鼓励他和其他孩子演绎出刚刚讲述的那个故事。

孩子何时能够遵守游戏规则

正如皮亚杰所说,孩子玩游戏的最高境界是不仅可以创造规则,还能遵守规则。在假装游戏中,孩子与朋友一起协商制定规则,并以这种方式学习合作游戏。但是棋类游戏和体育运动没有给孩子任意创造规则的机会。任何和3岁孩子玩过纸牌游戏的人都知道:他们会编出自己的规则,并希望你按照他们的想法玩游戏。因此,孩子通过控制游戏规则,总是成为最后的赢家。

现实世界的游戏要复杂得多,每个规则都是一个更大的固定规则系统下的一部分。事实上,即使我们已经看孩子踢足球联赛好几年,我们可能仍然弄不清楚复杂的角球策略。孩子什么时候才能开始接受团队和规则的概念?此类复杂游戏的关键不仅在于理解自己应该做什么,也在于注意身边的人正在做什么以及准备做什么。你必须能够预测对方球队下一步的行动。如果你是小孩子,你可能会认为自己应该把球往前踢,但如果这就是你全部的策略,那么你并没有真正理解足球。事实上,看过四五岁孩子踢足球的人都知道,一旦球进入球场,两队的孩子都会立马去抢球。球场上最有意思的事莫过于幼儿将球踢进自家的球门——都怪规则太多了!直到七八岁,孩子才能真正理解规则,有策略、有计划地进行游戏。棋类游戏同样如此。"糖果乐园"这种简单的棋类入门游戏,只需要孩子抛抛骰子,向前或向后移动即可。孩子可以完全理解这一规则,因此他们喜欢反复玩这个游戏。有时尽管我们厌倦不已,但仍会听到那句"再玩一次"。

运动游戏的好处

想到游戏,我们脑子里的第一反应是什么?户外的阳光,学校的操场,你来我往,奔走匆忙。这就是我们绝大多数人小时候玩的游戏,不过后来,因为安全原因，很多公园里的攀爬架和跷跷板被人移除了。我们很多人即使生活在城市，也会和朋友一起散步，玩跳房子以及各种球类游戏。你小时候有没有好奇过，为什么每个地方的孩子玩的游戏似乎都大同小异，为什么你去拜访远方的外祖父母时，会发现那里的孩子同样知道你在家玩的拍手游戏？同年龄段的孩子玩的游戏大体相同，这是因为游戏是孩子思维与运动能力的反映。随着年龄的增长，孩子玩的游戏也会发生变化。随着孩子体能和智力的发展，游戏的复杂程度也会不断提高。3岁孩子无法做到单脚跳跃或是玩跳房子游戏，玩户外游戏的时候也无法遵守规则；同理，5岁孩子如果不多加练习，就无法在拍手游戏中重复念出一长串没有意义的话。

当然，游戏有很多类别。4岁的吉尔在玩火车玩具——把不同的部分组装起来，拼成一条有趣的火车轨道。她是在练习精细运动技能（用手指操作）。而吉尔的妹妹，2岁的萨曼莎在后面的桌子上爬来爬去，她展现的是粗大运动技能（胸、腿和手臂运动）。这些运动游戏常见于孩子的世界，它们对孩子的发展至关重要。孩子喜欢检验自己处于萌芽阶段的能力，想要知道自己运用得如何，能产生哪些不同的效果。"如果我的脚在自行车踏板上踩得飞快，车子撞向椅子时会不会发出一声巨响？哇！真有趣！我还想再玩一次！"他们或许会这样喃喃自语。早教游戏班、游泳、绘画课程或是体育锻炼都能培养孩子的肢体运动技能。即使没有这类有组织的活动，运动游戏机会也随处可见——在后花园、婴儿学步车甚至是游戏围栏之中玩耍，用蜡笔涂涂画画、捏彩色橡皮泥、玩拼图等，在这些过程中，孩子都锻炼了自己萌芽中的运动能力。

如果我们为孩子提供在安全空间玩耍的机会，孩子就可以完善技能，锻炼肌肉，这对他们日后的运动和书写都很有帮助。不过，这些"任务"的难度必须适中。孩子的能力发展有自己的节奏。目前，绝大多数儿科医生不建议婴幼儿参加结构化的体育训练课程，因为他们发现，逼迫婴幼儿超越自身能力的极限会导致骨折和肌肉拉伤。[48]

家长减少孩子户外自主游戏时间，而安排更多结构化游戏的原因之一是家长担心孩子的安全。一位住在公园旁的家长告诉我们："我5岁时，一个人在家附近的公园玩，没人管我。现在，我害怕让埃琳和朋友一起去公园，尽管公园就在家门口！这就是现在的趋势。"我们的父母并不曾如此担心孩子的安全问题，而现在，安全问题成为一个严肃的问题。到底是孩子面临的风险确实有所增加，还是由于媒体铺天盖地地报道意外事件，家长才变得更重视安全问题？这一趋势导致的最严重的后果是，孩子能够独自进行的活动变少了，童年也随之少了几分趣味性和自发性。孩子独自进行的户外游戏，甚至是与朋友一起进行的户外游戏越来越少见，取而代之的是我们为孩子报名的有组织的体育活动，参加这类活动的孩子最小的才4岁出头。事实上，一项研究表明，有组织的体育活动占据了6～8岁的孩子20%左右的游戏时间。[49]有组织的体育活动并不是安全户外游戏的唯一选择。如果顾虑安全问题，或许你可以和孩子朋友的家长制定一个陪同游戏的轮班表，如此一来，孩子玩户外游戏时，身边总会有一个成人陪伴。如果你无法陪伴孩子，还可以雇一个认真负责的高中生在课余时间替你照看孩子。

学以致用

玩耍是孩子心智成长的重要组成部分，它能帮助孩子认识世界、认识自我。同样重要的是，玩耍还能帮助孩子学习如何与他人相处。然而，要想抵挡如今这个崇尚成就的社会的主流趋势并非易事。是让孩子拥有更多的休息和自由玩耍时间，还是给他们报名最新的课程、运动或活动？你可能很难放弃后者。以下一些建议可以帮助你将游戏变成孩子和你自己生活的中心。

做游戏的倡导者。如果我们认为游戏很重要，就需要付诸行动。我们可以将幼儿园教室改造成室内游戏场，以游戏的形式鼓励、促进他们的学习。把家里作为玩耍的地方，让孩子尽情玩耍；围绕游戏安排活动日程，而不让其他活动挤占游戏时间；认识到孩子需要我们帮助他们在游戏中进步，为他们提供刺激发展的环境，以及为他们提供外部世界的重要知识。这些做法实际上传达了一个信息，即玩耍是培养健康快乐、聪明伶俐的孩子的秘诀。爱因斯坦了解这一点，相信在你的帮助下，邻里的家长也会了解这一点。

提供能够激发游戏的资源。 摆弄物体这一简单的行为其实对孩子日后的智力发展极为重要。为什么呢？因为玩具和游戏素材能够激发孩子进行各种探索，孩子能从感兴趣的事物中学到更多。玩具和游戏素材还是互动的关键：如果孩子都对玩具感兴趣，你很可能会看到孩子聚到一起，共同参与活动。比起独自游戏，我们在合作游戏时互动交流更多、创造力更强、参与度更高，这些都是学习的基础。

有几个注意事项。首先，几乎任何事物都可以成为玩具，你无须购买花哨的玩具，就能让宝宝在学习和社交互动中受益。不妨转换思路，考虑低成本的替代物，例如可以利用毯子和椅子搭建堡垒和帐篷。我们的孩子喜欢这种类型的游戏，也许是因为这类游戏能给孩子带来安全感，为他们创造了一个可控的私人空间。塑料叉子可以用来制作很多好东西；普通的、便宜的白纸盘子加一根小绳子便能制作出面具之类的东西；还可以使用塑料容器和不同数量的生米粒或豆子来制作乐器，可以做实验，看看在容器中放入不同类型或不同数量物体时会不会产生不同的声音。

《玩具总动员》(*Toy Story*)这部电影之所以深受孩子喜爱，是因为它赋予了玩具生命。毛绒玩具可以做你和孩子共同精心构思的情景中的人物。故事地点可以是操场、学校或是汽车中，任何情节都能演绎出来。旅行中收集到的海贝、老旧的乒乓球、旧校服、各种便宜的学习用品（彩色回形针非常好玩）、废纸（可以用来折纸飞机或是帽子），以及硬币（大孩子会对硬币分类非常感兴趣）都是很好的玩具。关键在于用孩子的视角观察周围的环境，从生活环境中寻找合适的玩具。对孩子而言，那些你总是告诫他们远离的事物具有永恒的吸引力。你能想出一个办法将这些事物进行改造，让它们成为孩子安全的玩具吗？或者，你能否找到一个与之相似的事物给孩子玩？

劳拉·伯克在其著作《唤醒孩子的心智》中，建议家长和照料者在购买一件玩具之前，先问自己三个问题："这个玩具能激发哪些活动？这些活动能教给孩子什么？孩子能从中学到什么样的社会规则？"[50]

我们常常购买孩子的所求之物，却没有停下来思考那个玩具对他们有没有益处。归根结底，掌握决定权的是我们，正如我们可以决定孩子要不要看电视。我们不必为遇到的或是电视上宣传的每一个益智玩具掏腰包。孩子偶尔得不到满足，并不代表我们是不称职的家长。

加入游戏。简·布罗迪（Jane Brody）是《纽约时报》的著名专栏作家，她写道："我们最好只把玩具看作玩的工具……玩具应该是孩子与家长和照料者之间互动的帮手，而不是儿童游戏中家长的替代品。"[51]

加入孩子的游戏也许是我们必须面临的最艰巨的挑战。我们也许会玩一两种棋类游戏，但是我们并不擅长融入孩子的世界。我们很容易感到无聊，如果我们没有真正认同孩子所做的事情是重要的，那么我们会要么倾向于控制游戏，要么选择退出游戏。一有机会，我们就应该加入孩子的游戏，不要抱有这种想法："噢，好极了，她一个人在玩游戏。我现在可以打那通电话了。"要想加入孩子的游戏，就需要让自己重新变成孩子，以孩子的视角看待世界。你是否记得，你小时候曾在水坑里跳来跳去，并引以为荣？是否记得曾扭开奥利奥饼干，舔掉中间的糖霜？再这样做一次吧，这绝对是值得的。

让孩子主导游戏。儿童主导型游戏可以激起孩子的兴趣和学习欲望。如果我们对游戏进行控制或是限制，将其变成任务，那么我们的孩子便会失去兴趣，我们也就因此失去了与他们分享想象世界的机会。无论在家还是在教室，我们都必须努力在提供玩具和指导孩子玩耍之间找到微妙的平衡。如果我们要孩子画画，需要让孩子自己决定画什么。我们可能会发现，当孩子处于主导地位时，他们的表现超乎想象。铭记一句箴言：重要的是过程，而不是结果。

试着成为敏锐的玩伴——从孩子发出的信号中解读他们有多希望你加入游戏。擅长做孩子玩伴的家长不会告诉孩子要做什么，不会不断提问，也不会提示孩子以何种方式玩游戏。[52]

鼓励孩子运用想象力。让孩子的想象力自由驰骋的一个方法是，设置一个假装游戏的情景，让孩子自己补全故事。例如，可以在孩子的领导下，和他一起扮演去外婆家的故事。也许你可以帮他开个头，用椅子代表车内的座椅，并鼓励他来开车载你。沿途，你们会遇到各种各样有趣的事物，甚至还会担心天气，外面正在下雪。你还可以把雪花的样子描述成小星星、奶牛或是滚球——只要你喜欢，什么都可以。此外，扮演去游泳池的游玩经历也是一个不错的选择——在严冬时节玩效果最佳！假装在地毯上游泳，在"水中"发现各种鱼类、植物、硬币、其他孩子以及其家庭成员。

本书作者之一凯西家里经常玩的一个游戏是"想象力是什么"。我们通常会一起坐在一张床上，遮住眼睛，说道："想象力是，你躺在床上，闭上双眼再睁开，就到了另一个地方。"孩子会带我们去许多想象中的地方，我们既去过动物园、丛林和月球，也在空中飞行过。我们时而是巨人，时而是蚂蚁，缩小版的我们就像置身于《亲爱的，我把孩子缩小了》书中的世界。我们每停靠一处都会短暂停留，探索一番，想继续下一段旅行时，我们只需要说："想象力是……"我们所有人会闭上双眼，在孩子的引导下前往新的地方。假装游戏不仅在孩子看来很有意思，在成人眼中也是如此。

评估孩子的结构化活动。显然，你不需要完全放弃孩子参与的所有结构化活动。但是，当你为孩子做选择时，尽量挑选那些看起来最有意思的活动。参观相关课程和活动，观察那里的孩子在做什么：孩子在活动中处于主导地位吗？孩子能够展现创造力吗？活动以孩子为中心吗？孩子参与假装游戏和社会性游戏了吗？活动氛围是否愉快？孩子的活动受到约束吗？活动井井有条是好事，但是太多的控制可不好。同时，问问自己活动的目的是什么，记住：娱乐第一，学习第二。我们在仔细审视自己选择的活动与目的之后，才能在实践中践行对孩子有益的事情。

Einstein Never Used Flash Cards

第10章

优质育儿的新方法

如果不想在育儿过程中成为一个恶人,你需要摸索、怀揣希望和爱,还要有点运气……育儿没有绝对的规则,甚至没有相对的规则——也许只有一个原则需要谨记:少即是多。培养孩子的开明方式不是一个劲地升高档位,而是用较低的档位,有时甚至是空挡。[1]

——拉尔夫·舍恩斯坦(Ralph Schoenstein)
《我的孩子是优等生,你的孩子是失败者》作者

爱因斯坦拥有伟大的头脑,不是因为他的头脑吸收了大量的信息,而是因为他是一个伟大的思想家——他的伟大在于过程。爱因斯坦的母亲是一位钢琴家,在他6岁时就为他安排了音乐课。此后几年,爱因斯坦几乎没什么进步。但13岁时,他突然对莫扎特的奏鸣曲产生了浓厚的兴趣,将拉小提琴发展为真正的特长。爱因斯坦这样评述自己的音乐成就:"热爱是比责任感更好的老师。"

另一方面，爱因斯坦几乎不需要什么鼓励，就发展出了极强的思考能力。[2] 小时候，他便展现出对真理的执着追求，完成各种任务都能持之以恒。他经常玩解谜和解决问题的游戏。他表现得尤为刻苦，用积木制作精巧的结构，后来又用卡片搭建房子。上学后，他在学校表现也很出色。在课余时间，他更喜欢把时间花在开发智力的活动上，比如玩亲戚送的一套金属建筑和蒸汽机模型。他11岁就喜欢读一些科学和哲学方面的书，而大多数同龄孩子都无法理解这类书的内容。同时，他对数学如痴如醉，决心要证明毕达哥拉斯定理。

我们能从爱因斯坦童年的这些小故事中学到什么？简单地说，爱因斯坦采取的是自主式学习。他小时候学到的很多知识都是从玩耍中学到的。父母和家人关注他的兴趣和喜好，为他提供课程、购买玩具和图书。显然，爱因斯坦可以自由地做自己喜欢的事，有独处的自由，有尝试解决自己感兴趣的问题的自由。

爱因斯坦的母亲从未让他使用过识字卡，为什么当代父母却认为他们一定要让自己的学龄前孩子了解难懂的知识，在孩子上幼儿园之前就教会他们阅读，让孩子3岁前就要会做算术？为什么很多学前教育的老师和管理者都在推行学业型课程，导致孩子几乎没有玩耍的时间？又为什么政策制定者试图找到量化学龄前儿童学习情况的方法，并将其转化为衡量孩子日后成功潜力的公式？

这些努力都是善意的。家长、教师和政策制定者抓住文化中错误的育儿思想不放，纷纷将最新的"专家建议"付诸实践。然而，这些"最新的建议"并非基于可靠的科学研究。虽然本章开头的引文充满了幽默的悲观主义，但过去30年，科学已经取得了长足的进步，揭示了很多儿童发展和学习的真相，以及作为父母和教育者的我们如何帮助儿童在发挥其智力潜能的同时获得快乐。不幸的是，这些信息在传递给家长和教育工作者时被误解、扭曲。

一旦我们了解了问题所在，就可以直接采取行动，恢复我们和孩子生活中应有的平衡。本章，我们将告诉你如何做到这一点。首先，我们必须了解推动育儿产业和政策制定的主流谬见；接着，我们讨论培养聪明快乐孩子的四大指导原则，从中你会发现科研成果很容易应用于家庭和学校。你将能够在家庭生活中获得更多的平衡，重新思考"成功"是什么，并以全新的视角看待儿童发展。当你下次走进商场，和朋友谈论最新的课程和学龄前孩子必须拥有的产品时，将能够积极反思、抵制诱惑、重新定位。

问题出在哪里

我们对儿童发展已进行了这么多研究，为什么实际应用却远远落后于科学进展？为什么研究结果没有在家庭和课堂上得到更多应用？几个因素共同造成了目前人们急功近利培养天才婴儿、脱离科学依据的现象：内疚、恐惧和断章取义的媒体科学报道。

如今大多数家庭中，父母都在外工作，而且工作时间往往比上一代人更长。父母普遍有这样的心态：如果没空养育孩子，那么要确保他们得到最好的教育，待在顶尖的班级，这样他们才不会浪费任何本该与我们一起度过的时光。父母双方都会因为没空陪伴孩子而感到内疚，希望找到一个"我们"的替身，让孩子得到他们所需要的所有教育。我们担心其他照料者做得不够好，下定决心让自己和孩子待在一起的时间变得有意义——成为"优质"时间。

我们这么做也是出于恐惧。全球经济形势越发不可预测，我们希望为孩子配备尽可能好的"武器"以避免失败。我们希望确保孩子在世界上得以生存。世界上似乎没有一份工作是稳定的——没有一条职业道路是绝对牢靠的。在这样的世界里，进攻是最好的防御，要积极主动，力争上游。

最后，我们被从媒体上听到有关科学的只言片语所左右。过去几十年，科学家发现了一些关于儿童学习方式的惊人事实，但在匆匆将科学推向媒体的过程中，新闻工作者往往会略去复杂的内容，只给我们提供醒目的信息。

问题就在这儿，如果新闻（和产品）鼓励你维持现状，那么它们就无法博人眼球。"和孩子一起玩，他们就会变得很棒""科学的方法让宝宝更聪明"这样的标题缺乏戏剧性和吸引力；而"让婴儿更聪明的科学方法"这样的标题能立即激发望子成龙的父母的想象力，安抚焦虑的父母。

社会中的四种育儿谬见

恐惧、内疚和断章取义的媒体科学报道已经引起父母和教育工作者的恐慌。这种恐慌具有传染性，导致我们的文化中产生了四种不健康的育儿谬见。这些谬见是不是听起来很熟悉？

谬见 1：越快越好

社会中的"狂奔者"普遍认为越快越好。无论是食物、燃料还是减肥产品，整个社会注重的都是速度，都是在尽可能短的时间内完成任务。

我们似乎决心要加快孩子的认知和社会性发展，这已经成为一种文化氛围。我们不仅要求他们更早开始学习各种知识，而且把他们打扮得像小大人一样，让他们穿成人服装品牌的童装。正如一些人类学家所言，我们不习惯看到孩子和自己之间的能力差异，所以采取一些补足性做法，如"自我降低"和"拔高孩子"。"自我降低"指调整自己的行为以契合孩子的水平，例如，我们尽量说孩子能理解的话。"拔高孩子"指我们会认定孩子的能力强于其实际水平，例如，我们会把婴儿的肢体动作解读为他们与我们尝试建立的早期"交流"。这些做法对孩子的发展都没有坏处，有时甚至会促进他们发展。问题是，这些做法已经失控，孩子和成人之间的差异越发被抹杀。我们安排小孩子参加补习班和社交活动，实际上是在迫使他们早熟，这些本不该是孩子关注的焦点。我们越发把孩子塑造成紧张、忙碌、焦虑、狂热的形象。

谬见 2：珍惜每时每刻

"珍惜每时每刻"是一件好事，但需要你正确地解读。对于那些焦急烦恼的父母而言，这不是一个"活在当下"的理念，而是要尽可能为孩子安排各种课程和活动。这些父母相信，如果孩子要获得成功，就不能浪费一分一秒。我们甚至都没有意识到，目前的社会文化已经不知不觉接受了哈佛大学认知研究中心的创始人、心理学家杰罗姆·布鲁纳（Jerome Bruner）所倡导的一种老旧观点。布鲁纳写道，我们可以在任何时间以一种可靠的方式教孩子任何科目。[3]

然而，深受皮亚杰和维果斯基研究影响的发展心理学研究表明，这种观点是错误的。孩子的学习方式和成人截然不同。孩子是积极的学习者，他们会建构自己的、与大人完全不同的现实观。他们不会被动地等着我们用各种关于世界的知识填充其大脑。我们普遍对孩子的发展感到焦虑，反而忽略了由来已久的智慧——大自然是"隐藏的导师"，它早已安排好孩子自然的成长，为学习做好准备。当然，充满关爱、丰富的环境对孩子的学习有所帮助。我们再次回到玩耍的重要性。幼儿通过玩耍可以学到很多重要知识，玩耍才不是浪费时间：玩耍＝学习。我们需要让孩子过自己的生活，而不是把他们生命中的每一刻都视作其未来宏大计划的一部分。生活不是什么排练，生活就是生活！

谬见 3：父母无所不能

许多父母认为，他们要对孩子的智力、运动技能、艺术修养、情绪调节和社交能力的发展负责。但真诚地说，孩子只是我们生命中的一个过客。他们作为独特的个体来到这个世界，只需要我们的养育和陪伴。家长不是万能的，充其量是陪伴孩子走过成长迷宫的搭档。无论父母尽了多少努力，他们目前为孩子提供的经历也终究不能决定孩子的未来。

我们当然不会否认童年的重要性（正如莎士比亚所说："孩子小时候的行为决定他以后成为什么样的人"），也不会否认父母和照料者的重要性，但育儿文化已然走向极端。现在，童年期只被看作成年期的基础。所有的幼稚、贪玩、捣蛋和荒诞都被认为是需要克服的疾病，而不是无忧无虑的人生阶段所应有的！大众认为，父母有责任尽快帮助孩子度过这段幼稚的时光。为什么呢？因为大众将父母看作孩子智力和能力的设计者，但事实上我们曲解了父母扮演的角色。雕塑需要雕塑家创作，但孩子却可以自主发展，雕塑自己，他们已经准备好黏土（大脑和强烈的学习动力），足够供雕塑成形。父母大可以放轻松，他们不需要成为孩子未来人生的"雕塑家"。说真的，认为自己可以主导孩子未来人生无异于自欺欺人。

谬见4：孩子都是空瓶子

如果父母是万能的，负责教导、灌输孩子未来需要的所有技能和特质，那么孩子还剩下什么可做呢？他们当然不可能掌握主导，只能沦为后座上的乘客，任由父母开车送他们去各个地方。从字面上看，这句话适用于父母大部分时间都在驱车送他们去参加各种活动的孩子，不仅如此，这句话也比喻那些被动地等待父母在自己的人生白板上涂写的孩子。孩子似乎很快乐，他们参加的活动一个接着一个，在各种课程中学习知识，但事实上我们可能正在创造一群被动的孩子，他们无法主动了解这个世界。所以，我们听到许多小学阶段的孩子抱怨："我很无聊。"无聊的孩子等着别人宣布他下一个参加的活动，他们缺乏创造力。

我们对儿童发展最重要的一点认识，就是孩子生来就会主动了解和适应世界。他们是积极的信息消费者。当然，这里的消费不是指购买，而是指吸收。孩子的求知欲永不满足。你是否注意到，孩子什么都想知道，不喜欢简单的、搪塞式的解释？一旦他们学会问"为什么"，你就要不停地回答他们没完没了的问题。虽然孩子与我们看待世界的方式大不相同，但他们正努力用我们的视角看世界，一点一点总会成功。

如果孩子像海绵一样吸收信息，那么依靠玩具和活动快速教会他们一些特定的知识有什么不好呢？一个问题是，我们主动地训练孩子，也就意味着孩子是被动学习。另一个问题是，我们为孩子提供的玩具和补习班是"刻板"学习，并不一定是真正的学习。要理解什么是真正的学习，你必须区分深层学习和表层学习。深层学习中，孩子能将知识活学活用，例如，他们学会骑车，那么骑任何自行车都应该不在话下（只要尺寸和孩子的身材匹配）；他们学会小数值加法，便可将这种运算技能应用到任何物体上。如果孩子能将学会的知识运用到原始情境之外，这种学习才是牢固的。应用所学知识的能力叫作迁移。遗憾的是，很多早教课程教授的并不是能够迁移的技能，而是仅仅局限于所学情境的浅层技能。当我们所学技能局限在特定范围时，我们就不具备创造力，没有学会以一种全新的、令人激动的方式运用所学知识。

总之，我们并不是建议父母退居幕后、放任孩子，等待孩子自己发现一切。想象一下，如果父母什么都不教孩子，从不对孩子说"不，这不合适"，或从不解释事情的运作原理或产生原因，那会产生什么后果。我们想说的是，把孩子视作空瓶子，以分秒必争的心态安排他们的生活，于孩子和我们而言都不健康。如果一有机会就教导孩子，那么离开了教导，孩子自己将什么也学不到。这些孩子开始上学时，根本没有做好自主学习的准备，可能会觉得自己如果没有得到"正确答案"就是失败者。人从失败中学到知识比得到正确答案时还要多，我们不希望培养出小完美主义者！我们应该做的是把孩子看成积极的学习者，把世界看成一个充满有趣课程的虚拟校园。试着找到一个平衡点，既能教养孩子，又能还孩子一个无拘无束的童年。要做到这一点，必须确保教学是附属性的，是玩耍的一部分（而不是专门的训练），并且为孩子提供充分的情绪支持。

这四种主要谬见让我们陷入了一种尴尬境地。一方面，我们认识到事情发展的方向有偏差。我们把童年期当作成年期的预备期，在这个快节奏、高要求的社会，孩子失去了童年的珍贵时光。我们可能会问："社会在飞速发展，难道我们不希望孩子搭上这班快车吗？"另一方面，我们和很多家长、老师一样，希望孩子能在公园里玩得不亦乐乎，希望玩耍的背后没有潜在意图，希望学校继续开设用手指涂鸦的课程。有没有办法让孩子在学习的同时仍然拥有童年？有没有办法解放父母，让他们放松下来，尽享为人父母的喜悦？教师有没有办法重新制定学前课程，体现"玩耍＝学习"，社交能力与学术技能同等重要？答案是肯定的。如果我们懂得运用已知的科学知识，就能纠正关于儿童发展的谬见，找到正确的方式培养快乐、健康、聪明的孩子。

致父母的四项原则

一旦我们认识到急功近利、加速孩子智力发展的做法都源自一些谬见，我们就可以根据以下四项原则，促进孩子健康成长。

原则 1：最好的学习是量力而行

还记得第 6 章提到的苏联心理学家维果斯基发明的术语"最近发展区"吗？这是一个伟大的概念。他认为，孩子需要父母、照料者、哥哥姐姐、朋友和老师挑战其能力的极限。家长和照料者应该帮助孩子拓展他们刚学到的技能，而不是把他们推向一个无法掌握基本概念的领域。量力而行的学习模式遵循这个理念，它提醒我们只能帮助孩子在其能力的基础上稍加延伸，学习对其生活真正有意义的知识。3 岁的孩子还不了解云朵，为什么要急于教他们关于火箭的科学知识呢？

例如，学龄前儿童在玩耍时学习数学效果最好，而不是用识字卡不断练习。他们从把玩物体的过程中学习数学，如："阿曼达，你能帮我拿两把勺子吗？""你能从洗衣篮里拿三条毛巾吗？"就连计数地板上的物体数量也是一种学习经验。这些孩子和照料者之间普通的日常互动，比任何识字卡都更能促进孩子对数字的学习。这就是量力而行的学习模式：预设一些孩子力所能及的问题，这些问题必须是在其日常生活环境中有意义的。

当我们在孩子的最近发展区内与他们互动时，我们教授恰好超出其能力范围的知识，如此一来，我们就能提高他们的积极性，帮助他们延伸能力，"更上一层楼"。我们经常提供一点点额外的帮助（比如扶住搭好的塔，以防最后一块积木掉下来），以此帮助孩子拓展知识，帮助孩子凭借正在萌芽的能力达到任务要求。量力而行的学习模式能促进孩子的认知发展，相反，如果我们要求孩子完成超出其能力范围很多的任务，孩子会产生挫折感甚至无助感。如果任务超出其能力范围，她甚至会将无法完成归因于自己不够聪明。若是孩子承受太大压力，被迫向别人展示空洞的知识和技能，这些巨大的压力甚至会让孩子感到沮丧，因为做对这些事情实属不易。

如果我们与"量力而行"原则背道而驰，教孩子一些超出其经验范围的知识，他们也许能记住我们教的知识，但他们不会真正理解；更重要的是，他们可能感到沮丧和失望，因为他们没能真正理解这些知识。量力而行的学习模式保证了学习是有意义的，孩子能学到真正的知识。

原则 2：强调过程而非结果才能激发孩子对学习的热爱

"过程比结果重要"原则说明孩子享受学习过程和家长强调学习过程的重要性。我们应该既关注孩子学什么，也关注他们如何学。我们希望孩子热爱学习，而不是像水族馆里训练有素的海豹一样被迫进行表演。重视过程（如何思考，如何得出答案），而不是结果（是否获得正确答案）。当然，正确答案很重要，随着时间的推移会越来越重要，但在学龄前阶段，孩子尚在摸索，此时答案正确与否不那么重要。我们不希望培养出的孩子因为第一次尝试失败就失去了勇气。对你和孩子而言，了解孩子如何思考问题远比坚持只有一个正确答案更有趣。

对"结果"的错误强调至少影响了 100 万名美国儿童，他们在入学前接受测试，以评估其学前教育经历是否为入学做好充分准备。作为小布什总统推动教育问责制的一部分，"开端计划"推行了对儿童入学准备情况的测试。理论上说，这是一个很好的计划。然而，实际上，这些饱受争议的测试本身强调结果，而非过程。国会规定从 13 个方面评估阅读和语言技能。学龄前儿童需要达到以下目标：认识至少 10 个字母、能从印刷文字中认出一个单词、知道手写体单词的发音。但这些为什么重要？当然，这不是很苛刻的要求。然而，许多教育工作者担心，现在老师可能会为了考试而教学，确保学生至少认识 10 个字母，而不是读故事给孩子听，或让其参与其他对于阅读学习十分重要的读写萌发活动。虽然认识字母与阅读成就存在关联，但后者不是前者的必然结果。认识字母只是阅读的附带结果，是阅读大量印刷品的附带结果，是看到人们经常通过阅读获得信息的附带结果。所以，知道字母名称并不重要，重要的是对字母原则及其与文字的关系的理解。这就是对过程的关注，能真正预测孩子未来更强的阅读能力。

还记得从前考试时的感觉吗？用"焦虑"来形容是不是最好不过？然而，我们现在却让孩子参加越来越多的考试。我们越来越专注于教孩子好好考试，而非好好思考。更糟糕的是，他们可能会因此变得害怕学习。重过程而轻结果能让孩子热爱学习；重结果而轻过程则会适得其反，老师和学生都会精疲力竭。

小学三年级老师艾米最近谈到课堂上的新课程。"猜猜孩子这周在学校里学什么？"她说，"周一，我们在为测试一做准备。周二，我们在为测试二做准备……"孩子学习记住测试中的考点，好让学校能拿出漂亮的整体测试成绩。也许我们需要开发出过程导向型方法以对学业和社会性发展进行评估。

2003 年冬天，本书作者之一凯西和几个同事一起组织举办了天普论坛，邀请了来自美国各地的著名教授，他们都是儿童数学、语言、阅读和社会技能方面的学者。参会人员达成高度共识，得出一个主要结论：测试孩子对事实性知识的掌握程度以履行学校的教育责任的做法不符合老师和孩子的最大利益。当然，我们需要确保所有学前班都教授孩子所需知识，让孩子为入学做好准备，这一点很重要，但是，还有另一种进行这种教学和测试的方式，也可以测试幼儿是否学会了一一对应原则、对话交流和基本阅读能力等基础技能。这种方式是怎样的呢？就是以玩耍体验为基础，让孩子在情境中学习。问问孩子，在生日派对上发蛋糕时，要多少个盘子才能让每个孩子都得到蛋糕，或者看孩子能否在生日派对的座位卡上写上自己的名字。如果我们注重情境学习，寓教于乐，在评估学习结果的同时评估过程，我们将更清楚地了解孩子是否已为日后的学习做好准备。对于能够发现潜在学习过程的人来说，这种另类的教学和评估方式让学习妙趣横生，也让老师从应试教育中解脱出来。

原则 3：社会情绪能力，而不仅仅是认知能力

美国许多人都是看着弗雷德·罗杰斯（Fred Rogers）的著名节目《罗杰斯先生的街坊四邻》⊖（*Mister Rogers' Neighborhood*）长大的。[5] 为什么这个节目对孩子的影响那么大？可能因为这个节目的初衷是帮助孩子调节自己的情绪。弗雷德·罗杰斯于 2003 年春天去世，悼词称赞了他对孩子产生的深远影响。弗雷德·罗杰斯为孩子提供了他们在现实生活中非常需要的东西。"世界并不总是善意的。"弗雷德·罗杰斯曾说，"这是所有孩子终将了解的，不管我们是否希望他们了解，这也是他们真正需要我们帮助其理解的内容。"各方评价罗杰斯的节目教育性很强，但它强调的是生活中的情感方面。显然，要想获得成功，不仅仅要拥有高智商。

⊖ 《罗杰斯先生的街坊四邻》是美国的儿童教育类电视节目，从 1968 年播到 2001 年。——译者注

当然，孩子达到学校课程规定的认知目标是很重要的。大部分孩子的智商都不低，教育者选择的教学科目能充分刺激和挑战其智商。但是，如果智商受到过度重视，成为"攀比游戏"中的比较对象时，我们需要退后一步，认识到智商不是成功的唯一指标，它只是某些方面的能力的反映。如果缺乏社会情绪能力、社交智慧以及实际操作能力，即使是天才也会生活得很艰难。

社会情绪能力与学业成绩之间的关联甚至在幼儿园阶段就初现端倪。研究表明，在幼儿园里很容易交到朋友、受同学欢迎的孩子，也是那些努力自学、学习能力不断精进的孩子。社会情绪能力和认知能力相辅相成。

社会性游戏可以同时培养孩子的社会情绪能力和认知能力，对情绪、认知和社交都有益处。孩子们一起玩耍时，实际上是在排练包含各种社会文化角色的情景剧本。听听两个4岁孩子之间典型的扮演故事。

吉尔：我当公交司机，你当交通引导员。

杰克：公交司机不能是女人。

吉尔：可以是女人，只是她们不能结婚。

杰克：可是塔特尔太太已经结婚了。

吉尔：不，才不是。她离婚了！

这些孩子在研究社会规则，虽然他们常常出错。孩子通过玩耍探索社会规定的各种角色，从而了解文化是怎样运作的。在他们真正成为父母、公交司机或兽医之前，他们早已对这些角色了然于胸。除了了解谁能在什么条件下扮演什么角色，想想孩子从这些平凡的互动中积累了哪些社会知识。虽然这两个孩子幼稚的分歧可能在大人眼中微不足道，但孩子正在从这种互动中获得对日后的生活至关重要的技能：与人协商。

想一想成功的协商需要什么：首先，我必须认识到你我的想法不同。接着，我必须评估你的想法，判断你是对的还是错的。如果我认为你是对的，我可能会放弃自己的想法。但如果我认为你是错的，我就需要拿出论据说服你，让你认识到自己的错误。这种心中的较量让孩子重新审视自己的想法，不再认为它是唯一答案。这会帮助孩子考虑别人的观点，认识到别人有不同的想法。这对于和同龄人及上司的相处多么重要！这就是社会情绪能力。社会情绪能力和认知能力对成功同样重要。

玩耍还能帮助孩子排解和调节情绪。你是否听到过孩子用你斥责他的口吻斥责洋娃娃？"亚历山德拉·贝丝·尼尔！别打你弟弟，现在马上回到自己房间去！"可怕的是，她对洋娃娃说的话、用的语气和你几分钟前训斥她时一模一样！她的做法帮助她转移怒火，找回自己的力量感和自尊，骂了娃娃一通之后，她感觉好很多。这对认知能力和社会情绪能力有什么帮助？玩得多的孩子往往更快乐。他们往往能更好地与同龄人交往，而这似乎又能让他们全身心投入课堂。因此，他们在学校的表现会更好！社会情绪能力和认知能力都受益于玩耍。

原则4：情境学习是真正的学习——玩耍是最好的老师

以英语为母语的孩子在听到《芝麻街》节目解释西班牙语单词和短语时，可能不会有太大兴趣记住这些知识。但是，如果他们在日托中心的新朋友来自多米尼加共和国[一]，孩子会想学习西班牙语词汇，并且在实践中运用它们。此时，语言是建立友谊的桥梁，孩子能理解其现实意义和用途。问题是，我们教给孩子的绝大多数知识（以及我们教给成人的大多数知识）似乎与生活联系并不紧密或根本没有联系。因此，他们对于这些知识兴趣索然。作为教育者和家长，我们的职责在于帮助孩子将学习融入情境，如此一来，学习不仅趣味无穷，还能激发孩子天然的好奇心和创造力。现在，你应该知道，达成这一目标最好的也是唯一的方法便是玩耍。

在玩耍的世界里，你可以做出各种尝试，不必担心后果会影响实际生活，因为一切都是虚构的。你可以扮演一座城堡的入侵者，一面城墙可能会向你倒去，但你不会感到疼痛！你可以玩兽医芭比，感受照顾动物是什么样

[一] 多米尼加共和国（The Dominican Republic）是北美洲的一个国家，官方语言是西班牙语。——译者注

的体验。孩子在游戏情境中学到的知识可以迁移到孩子的世界中，孩子可以自己做主。当想象力尽情驰骋时，学习才真正具有意义。

与情境学习背道而驰的，是学习无意义的、脱离实际的死知识，这种学习方式很受家长和老师的欢迎。对于那些死记硬背知识点、"表现"好的孩子而言，学习更多是为了博得赞赏，并非真正出于热爱。孩子只是想要取悦你，因此唯命是从。只要是你认为重要的活动，他们就会装出兴致高昂的样子。但是，如果他们能从情境中学习新知识，便可进行更深层次、更持久的学习。情境学习才是真正的学习。

对于幼儿而言，学习应该是趣味盎然的，绝不应该出现被迫学习或任务式学习的情况（纪律学习除外）。玩耍是最有利于学习的环境，能为孩子未来的学习打下基础，即使那时他们已经不需要玩耍这个调味剂就能好好学习了。犹太儿童学习希伯来语的传统方法便体现了"将玩耍作为学习的调味剂"这一做法：他们第一次接触希伯来文字时，会获得糖果。为什么呢？是为了让学习变得美好。其实我们并不需要糖果，玩耍同样能让人心甜意洽！

平衡是关键

这些信息为尽职尽责的家长带来什么启示？又为学前班老师和政策制定者带来什么启示？如果他们希望育儿工作基于科学实证，就应该遵循一套准则来实现平衡的生活。

下次你在玩具店准备购买玩具，或听到有人建议孩子报名参加各种课程和活动时，记住自己拥有选择权。当然，玩具店的玩具并非一无是处，课程并非都浪费时间。不过我们现在知道，儿童学习的关键是玩耍。不妨问问你自己："我买这个是为了让孩子提早进入成人世界，还是想要激发孩子的兴趣，适度锻炼他们的能力？"我们应该强调过程，而非结果；重要的是怎么做，而非做了什么。试着做个育儿专家，看看自己能否抵挡压力，不购买经济能力范围之外的东西。环顾家里、商城以及快餐店，看看有没有其他方法能让孩子接触图形、数字、印刷文字及道德行为规范。如果你少买点玩具，多陪陪孩子，那么你会感觉很棒，因为加入孩子的游戏是帮助他们学习的最佳方法。平衡是关键。

如果你朋友为孩子报名了活动，想让你一同报名，不妨先算算你和孩子有多少空闲时间。既然你已经意识到了孩子需要自己选择想做什么，享受无规划的时间：到处走走、放松身心、观察松鼠……那么，面对"狂奔者"的施压，你可以"坚决说不"。你不会坐立不安，因为你知道自己的选择富有教育意义——你的拒绝行为本身就是在向孩子示范如何做出好的选择。如果孩子的每时每刻都被别人安排好，长大成人后，他能做出好的选择吗？平衡是关键。

如何发现自己已偏离了目标？如果你总是匆匆忙忙、身心俱疲，无法享受为人父母的乐趣，那么平衡就打破了。急于求成的家长常常受到错误引导。你现在大概已经知道为什么爱因斯坦的父母从不使用识字卡了，不妨少做一点，别给自己那么大压力。没错，有时候，少即是多！如果你仍下定决心要培养一个天才，何不仔细观察孩子，发现他的兴趣点再有的放矢地加以培养？同样，平衡是关键。

如果你是老师或是校长，面对向你施加的增加学业课程、减少玩乐时间的压力，试着找到方法与家长沟通，帮助他们意识到学习是一个过程。怎样安排游戏活动，才能让孩子学到你想教给他们的知识，同时又能掌握自主权？我们如何才能把学前教育的重任交还给那些理解孩子，同时又能妥善处理应试压力的教师和校长？平衡是关键。

如果你是教育官员，把关学前教育质量，不妨与科研人员通力合作，确保幼教法案不是基于新闻头条，而是基于科学事实。想一想如何帮助教师理解这些科学概念，了解创造受教时刻的过程。想一想我们如何确保孩子在游戏情境中学习知识，培养他们的学习兴趣，让他们为入学做好准备。平衡是关键。

全新育儿箴言

毋庸置疑，在 21 世纪，培养一个孩子绝非易事。我们置身育儿洪流，周围充斥着各种言论建议。因此，如果你怀疑自身能力，认为自己无法实现我们所说的健康平衡，这是情有可原的。好在实现平衡的要诀非常简单，只需遵守我们在第 1 章介绍过的全新育儿箴言。

- **积极反思**。问问自己，为什么要帮 4 岁的乔尼报名某个课程？是因为乔尼真的喜欢（艺术、瑜伽、计算机科学、音乐……）吗？还是我迫于压力，想让乔尼快人一步？我是否想让乔尼的每一刻都富有意义？我是否表现得好像是他大脑的"建筑师"？如果我们多匀些时间让孩子自由玩耍，我们会不会更开心，会不会不那么狂乱？

- **抵制诱惑**。"越快越好"的言论从四面八方汹涌而来，抵制诱惑需要勇气。我们听到朋友夸耀孩子在音乐课上展露出了新天赋（通常需要付出某些代价）；贾妮带拉尔夫参加艺术班，休为菲莉丝报名儿童象棋课程，而我们却和孩子在公园里玩耍。对比之下，我们蠢蠢欲动，如坐针毡。请抵制诱惑，记住：玩耍 = 学习。你的孩子和拉尔夫、菲莉丝学到的知识一样多，而且你还不用开车送他去培训班！

- **重新定位**。结合你从本书中学到的儿童发展科学新知以及我们之前讨论的四项原则，你已经能够做出平衡健康的选择。回想一下每一章中的"最佳教育时机"，这些受教时刻不仅对孩子有利，对你也有好处。当你好好把握最佳教育时机，与孩子一同玩耍时，你就能见证孩子的发展，以一种新形式与孩子建立联系，成为细致敏锐、积极回应的家长。

可能有时你会怀疑孩子是否在进步，怀疑他了解了多少知识，不妨重新翻阅本书的"发现孩子的能力"版块，以新的视角看待孩子的能力。记住，过程比结果更重要，对于培养创新思维以及提高解决数学、阅读和语言问题的能力，重要的不是知道什么（死知识），而是怎么知道的。孩子会因为拥有休息时间而更加快乐，在休息时间中他们可以与家长和朋友建立联系。

将四项原则运用于家庭教育

每个家庭都需要团聚的时间。这些宝贵的团聚时间是学习和情感分享的绝佳时机。也许，你能做出的最大改变是和家人一起吃晚饭。研究表明，那些和家人一起吃晚饭的孩子在青春期出现的问题更少。这并不是分享食物这件事本身带来的影响，更可能是家长通过将家庭晚餐放在首要位置，无意间向孩子传达了自己的理念：我们很重要，你很重要，待在一起、互相分享很重要。这一理念至关重要，比匆匆忙忙应付晚饭，赶着去上下一节课有意义得多。

思考一下晚饭的场景。家庭成员都坐在一起，交谈时间达到 20 分钟左右。似乎并不是很久，对吗？但是这足以帮助孩子了解什么对你、对他们而言是重要的。我们坐在一起吃晚饭时，各种电话、传真和电子邮件等零碎工作都被搁置一旁，孩子得到大人的全部关注（这就意味着你不能理会工作来电）。我们谈论日常琐事，分享自己开心和失落的情绪，互相倾听，轮流诉说。这些情境都是学习环境。罗列日常琐事可以锻炼孩子的记忆力和叙述能力；观察他人的表情可以帮助孩子学习理解叙述中的情感内容。我们有时会寻求建议，说出想法，讨论在这样或那样的场合下该怎么做。对于孩子来说，看到父母互相征求意见真是最好不过了，这一行为间接但明确地向孩子传递了一个信息：我们可以依赖彼此，互帮互助。在共享晚餐时间里（即使只有短暂的 20 分钟），父母会以自己独特的方式传递信息：家庭中的每位成员以及他们所做的事情都很重要。

我们认识的一个家庭在谈话时随时备好一本字典和一个地球仪，为的是确认谈话中提到的信息并提供更多信息。事实上，我们有时会在餐桌上玩

"字典"游戏，每人需要编出一个词和定义，其他人需要猜测这个词和定义是否真实存在。我们也会一起讨论允许孩子看电视、玩电脑的时间上限。孩子聚在一起看电视、玩电脑时并不会说话，也不会想出假想游戏，甚至不会看向对方，学习解读面部表情。因此，当听到延长看电视、玩电脑时间的恳求时，我们通常会坚决说不。

在厨房或餐厅外的地方，也要腾出时间与家人待在一起。只要时间允许，尽可能多安排家庭时光。规定一个游戏之夜、阅读之夜（可以读些睡前故事以外的读物）、散步之夜（你要提前发现家附近好玩的东西——即使只是人行道旁的菌菇和鼻涕虫）。或许这听起来有点死板，但你只需在起步阶段安排不同的主题夜晚，以后一切都会顺理成章。如果孩子想在固定的夜晚开展固定的活动，不要感到惊讶，他们喜欢可预测的安排。

我们认识的另一个家庭在棒球季会开车 3 小时去巴尔的摩观看比赛。这家人是狂热的球迷吗？不是，尽管他们喜欢棒球。他们是不是喜欢自找麻烦，不愿意看当地球队，而要不远万里前往其他城市看比赛？不，他们和我们一样，并不喜欢开车。那他们这么做的原因是什么呢？原来，父母都是生活充实忙碌的上班族，他们知道一家人一起待在汽车里的 3 小时中进行的家庭活动有多重要！他们告诉我们，汽车里没人打扰他们谈话（手机关机），并且可以设计游戏，共享美好时光。没有什么环境比这更适合大孩子计算平均击球率了！

家庭需要更多无规划的空闲时间，这是眼下社会的普遍问题。《纽约客》杂志刊登过一幅漫画，描述的就是这一现象：两个 7 岁的孩子闲聊着走在人行道上，下面的配文是"玩具太多，空闲时光太少"。[6] 不要等到孩子入学后才开始安排家庭时光。不如现在就行动，趁孩子还小，你可以培养其对家庭生活的期望。我们平时忙得不可开交，常常利用周末时间赶平时未完成的育儿功课。想象一下，就算你一个月只抽出一个周末安排家庭旅行，前往附近景点或参加某个活动，孩子也会无比高兴！可以参观动物园或儿童博物馆、看电影或儿童展览，以及在公园里自由自在地散步！如果在孩子还小的时候就设置这些日程安排，那么这些活动将成为孩子翘首以待的乐趣！另一个周末，不妨创建一个所有人都参与的家庭项目，比如设计一个花园及种植计划，或者做一顿美食。即使是幼儿，也能帮忙搅拌食物。他们喜欢帮忙，享受做家庭的一分子，为家庭贡献力量。他们喜欢被需要的感觉，希望得到重视，然而这种感觉不常有，因为亲子之间的权力悬殊显而易见。最后，记得多陪陪孩子，确保孩子拥有足够的优质时光——不要一味给孩子灌输知识，而是让他们主导游戏！

将四项原则运用于学前教育

我们建议在家运用的原则同样适用于幼儿园和学前班教育。幼儿园的性质一直在改变，随着研究不断证明早教的重要性（尤其是对贫困家庭而言），社会对高质量幼教的需求十分迫切。例如，美国推行了一项针对全体学龄前儿童的新政策，各州开始要求幼儿园教师具有与小学教师同等的资格证书，学校还必须对教给幼儿的内容负责。试比较两所不同类型的幼儿园，一所叫作"学园"，另一所我们称之为"乐园"。[7]

学园里，每日课程是布告栏的核心内容。课程于上午8点准时开始，上午的安排有学前阅读技能课、艺术课（所用材料大多是预先组装好的，由老师布置任务，学生执行，最后做出可观的成果，带回家给家长看）、西班牙语课、点心时间、计算机科学课（是的，你没有看错！这门课程中，成人手把手地教孩子学用鼠标选择各种有趣图片，然后打印出来）。接下来是午餐和午睡时间，紧接着开始下午的安排。先是数学课，孩子在课上学习计数、认识数量。然后是自由玩耍和故事时间、点心时间，最后是科学课，老师会向孩子展示磁铁原理，教授自然知识等内容。学园每年会有三次测试，记录学生的进步情况。看上去，孩子似乎是开心的，但有时教室静得可怕，有时孩子会走到积木区，像是在说："够啦！我需要个人空间！"

而在乐园里，课程似乎没这么有规矩。布告栏上都是凌乱的艺术作品，作品上写有孩子的大名。绝大多数作品内容只有创作者本人才能完全辨认，不过，如果你问他们，这些小艺术家会进行一番详细解释：蓝色的那一团是妈妈（抱歉，妈妈们），红色的条纹则是妈妈的小汽车。仔细观察，我们会发现乐园里有各类区域，可供孩子参与不同的活动。这里有游戏区（有扮演类服饰）、积木区、运动区（有一个滑梯和厚厚的垫子），以及娃娃和毛绒玩具区（配有迷你服装和家具）。最精彩的是阅读区！这里满是图画本、各式枕头、儿童吊椅和小沙发。要不是这些设备有点小，成年人都可能会在里面休息看书。此外，还有一处艺术区，里面满是画架、水彩画、彩色粉笔、围裙以及一个巨大的儿童水槽。水槽里满是玩具船、塑料容器、不易摔碎的杯子和瓶子，可供孩子玩水上游戏。天气好的时候，孩子也会走出教室，去外面荡秋千，在大游戏室里或环形滑梯上玩耍。

有时，他们会去动物园或触摸博物馆进行校外旅行。在动物园里，一个孩子捡起一块卵石，老师也会和孩子一起好奇地盯着石头。老师会问："你们知道为什么这块石头这么光滑，不像学校里的石头那么粗糙吗？"此时，正是引入水的侵蚀作用，讲解基本的物理学和地质学知识的好机会，这些知识来源于孩子感兴趣的现象。老师仔细观察孩子是否已吸收了足够多的知识。她耐心、仔细，只基于孩子萌生的兴趣授课，避免孩子负担过重。

乐园的老师读故事时，会和孩子们谈论故事，和他们一起享受阅读的乐趣。一位老师先念道："'我喜欢绿鸡蛋和火腿。'萨姆这样说道！"她紧接着对孩子们说："看看我们能不能一边念一边打节拍，跟着单词的节奏打节拍！听起来就像一首歌，不是吗？你或家人喜欢吃什么不寻常的食物吗？"孩子们兴致高昂，他们嘴里喊着答案，争先恐后地抢答。老师定了规矩，大家轮流回答，每个人都有发言机会。这样一来，在一个孩子回答问题的时候，其余孩子都安静地听着。

孩子可以进行自主选择，可以犯错，甚至可以与人产生冲突，老师会指导他们用正确的方法解决冲突。乐园里没有测试，事实上，所有课程围绕着享受学习的过程，以及学习如何举止得体地展开。

与其他国家相比，美国并没有很好地为在职幼儿家长提供家事假福利、高质量儿童保育服务，以及弹性工作制度。最近研究表明，美国的高质量幼儿园数量不足。一项新研究表明，福利妈妈⊖回归工作岗位后能够很好地完成工作，但是受到工作影响，她们没有足够的时间照顾孩子。孩子可是我们最重要的资源！

怎样才能辨别你打算送孩子去的托儿所和幼儿园是否遵循上述四项原则？要做出正确评估，需要亲自去趟学校，观察其环境氛围。只要察觉学校没有遵循上述原则，你就可以不予考虑。你不能让朋友替你进行评估，因为他们想给孩子提供的环境可能与你有所不同。只要实地考察一番，你会很快感受到学校的情绪氛围。学校是否强调玩耍？孩子能否接触玩具？玩具放得高不高，他们能否够到？老师和孩子交流、与孩子一同玩耍吗？照顾孩子的老师多吗（一位老师最多照料4个婴儿或10个4岁幼儿）？老师的受教育水平如何？学校是否要求孩子提前掌握高年级课程？学校平时的日程安排如何？4～5岁孩子的字母学习是靠死记硬背还是基于读写环境？学校有图画书和拼图吗？环境是以孩子为中心还是以成人为主导？记住，以孩子为中心的环境同样有组织架构，只是成人的主导权相对减少。

如果把孩子交给幼教机构，注意美国幼儿教育协会（National Association for the Educators of Young Children）提出的以下6个指标。

1. 总的来说，机构中的孩子是否感到舒适、放松、快乐？他们是否投入游戏及其他活动？

2. 机构是否有足够多的工作人员？他们是否受过儿童早期发展和教育方面的专业培训？（孩子年龄越小，越需要个性化照料。一个班的婴儿不超过8

⊖ 福利妈妈（welfare mother）指需要抚养孩子的失业妇女。——译者注

人，2～3岁的幼儿不超过14人，4～5岁的孩子不超过20人。)

3. 工作人员会根据孩子的年龄、兴趣因材施教吗？

4. 孩子所有方面的发展都受到同等程度的重视吗？机构是否把时间和关注分配到孩子的认知发展、情绪和社交发展以及生理发展上？

5. 工作人员是否定期开会，计划和评估其工作？

6. 机构是否欢迎家长来校参观、讨论教学政策、提供建议以及参与其工作？

如果你是幼儿园老师或校长，该怎么做呢？实行改革的同时，能坚定遵循这些原则吗？当然可以！意大利北部有一座古色古香的小城，叫作瑞吉欧（Reggio Emilia）。这座国际知名城市过去25年里，一直将12%的市政预算用于为6岁及6岁以下儿童提供高质量学前教育项目。[8] 该项目有别于其他项目的关键在于，它强调儿童的"符号语言"，即他们的绘画、雕塑、假装游戏及书写能力。该项目采用以儿童为中心的教学法，涉及解决同龄人间的实际问题，为孩子提供各种发挥创造力和探索的机会。老师经常和一小组孩子一起完成长期课程，而班级的其余孩子则会参与各种各样的自选活动。那里的老师高度重视即兴发挥能力，他们会对孩子意外的经历或行为及时做出回应。成功的教学能充分激发孩子的兴趣，创造不确定性以培养孩子的创造性思维和解决问题的能力。项目开始时，老师会先观察并询问孩子感兴趣的话题，根据孩子的回答，老师再引入学习素材和问题，创造机会，鼓励孩子进一步探索话题。

这个教育项目鼓励家长参与学校政策、儿童发展以及课程规划等讨论。老师扮演学习者的角色，他们的目标是理解孩子。那里没有校长，老师之间也不存在等级关系。同一群孩子和老师会一起度过3年时光，这有助于培养孩子的集体意识，帮助孩子发展人际关系。育儿中心的每个班级配有2名教师（婴儿班12个孩子，幼儿班18个孩子，学前班24个孩子），其中一位老师受过艺术培训，再搭配几名助教。瑞吉欧的教学体系广受全球赞誉。也许，这种以儿童为中心的过程教学法才是我们应该运用的教育方法。至少我们也应该采用与之相近的教学法。以上论述传达给我们的核心信息是什么？将四项原则运用于家庭和学校是切实可行的，我们需要的只是决心。

将四项原则运用于社会实践

对于婴幼儿，我们的文化中似乎有两种相互矛盾的态度。一方面，我们声称社会以儿童为中心；另一方面，现行制度下，那些需要工作或选择工作的家长很难有充足的时间照料孩子。例如，美国《家庭和医疗休假法案》（Family and Medical Leave Act，FMLA）只允许12周的无薪休假，只是承诺保留员工职务，或是复工后更换同级别的职务。多年来，研究证据表明，婴儿从出生起就和父母建立感情，这种感情对于孩子的情绪、社交及智力发展至关重要。

如果我们希望将上述四项原则运用于生活实践，社会势必需要发生重大变革。育儿福利不能只是空谈，要付诸实践，让家长从繁重的工作中喘口气，为孩子提供高质量的养育。政策制定者必须正视这一事实：很多家庭（尤其是财力不足的家庭）正因为育儿政策缺少人道关怀、不重视亲子关系的价值而饱受折磨。最大的受害者是谁？当然是我们的孩子。我们可以做出改变，只需要有改变的决心。我们在本书中敲响了警钟，虽然我们并不是第一个做出这种尝试的人，但是我们更进一步，为读者提供了基于实证的解决方案。我们认为，我们对孩子了解越多（现在我们确实了解很多），在育儿方面就越能胸有成竹，孩子也就越能茁壮成长。

把童年还给孩子

家长、老师和政策制定者都受到文化谬见的裹挟，没有机会看到科学的真相。本书一一澄清了与儿童发展相关的谬见。通过抨击这些错误见解，基于科学对其进行评估，我们将这场关于儿童发展的对话提升到一个新境界。作为家长和教育者，在理解了什么对孩子发展而言是真正重要的，以及谬见如何误导我们以后，我们会感到如释重负，并且自信地引导孩子的智力和社会性发展。

过去30年里，科研人员不断开发新方法来探究婴幼儿的思维方式，以及他们对环境的反应模式。孩子（即使是婴儿或胎儿）所知道的东西远比我们想象的多，此类的新兴研究值得媒体作为头条报道。然而，尽管我们热诚地想让世界变得更美好，尽管媒体想要以通俗易懂的形式分享最新科研成果，但研究结果常常被曲解，最后偏离科学事实以迎合市场。可惜，真正的科学发现不适合当广告语。当务之急是正确理解这些科学发现，并将其正确运用于实践，缩小研究与实践之间的差距尤为重要。本书的撰写离不开诸多同事的合作，他们都致力于将实验室的最新研究成果运用到生活实践中。谨以本书献给希望分享其研究成果的科研人员，献给想让孩子健康成长的家长、教育者及政策制定者，献给其他在科学研究与实践运用之间搭建桥梁的人。当科学真正进入生活时，我们便能还孩子一个快乐玩耍的童年。那时，我们才能找回家庭生活与学校生活中的平衡，所有孩子才能充分发挥其潜力。

积极反思、抵制诱惑、重新定位，是时候行动起来了。

致　　谢

　　这本书是我们写的，但也是我们发展心理学的同事共同的作品。如果没有他们所做的出色研究，我们就无法促进儿童事业的发展。当我们萌生写书的想法时，就知道研究已足以证明，孩子不需要额外的课程和花哨的玩具便能学习，社会和情绪发展是成功适应生活的一个重要因素。我们需要做的，只是整理论据而已。尽管如此，我们还是寻求了很多人的帮助！每当我们告诉同事这个项目时，他们总是主动要求阅读这本书、支持它，并尽其所能地帮助我们。我们欣然接受了他们的帮助。我们撰写的每一个章节都得益于该领域的专家分享给我们的专业知识。在写作第1章时，我们得到了乔尔·戈登（Joel Gordon）和赫尔曼·韦纳（Herman Weiner）的精彩反馈；在写作第2章时，我们向约翰·布鲁埃尔（John Bruer）和桑德拉·特雷胡布（Sandra Trehub）咨询，他们快速解答了我们提出的所有问题，诺拉·纽科姆（Nora Newcombe）耐心地通读了整个章节；在第3章中，赫布·金斯伯格（Herb Ginsburg）、卡伦·维恩（Karen Wynn）、诺拉·纽科姆、詹姆斯·希伯特（James Hiebert）与南希·乔丹（Nancy Jordan）为我们提供了帮助，凯莉·米克斯（Kelly Mix）也贡献了了不起的研究；理查德·韦内斯基（Richard Venezky）通读了第5章，弗兰克·默里（Frank Murray）及南希·拉维涅（Nancy Lavigne）通读了第6章；玛莎·温劳布（Marsha Weinraub）、朱莉·哈伯德（Julie Hubbard）、卡萝尔·德韦克（Carol Dweck）和金·卡西迪（Kim Cassidy）为我们第7、第8章的写作提供了宝贵的帮助。在第 9 章中，安格利克·尼科洛普洛（Ageliki Nicolopoulou）为我们提供了大量与玩耍相关的信息。多萝西·辛格（Dorothy Singer）和苏珊·布雷德坎普（Susan Bredekamp）也为这一章提供了一些有启发性的信息。在写书的过程中，我们学到的一个教训是，限于篇幅和"可读性"要求，我们无法展开讨论所有对本书的创作做出贡献的研究。我们未能将部分同事的研究成果收录入本书，因此，我们提前向他们致以歉意。最后，我们要感谢杰夫·帕塞克（Jeff Pasek）、乔希·帕塞克（Josh Pasek）、班奇·帕塞克（Benj Pasek）和米歇尔·赖默（Michelle Reimer），他们通读了本书的部分内容，确保语言通俗有趣。

我们在本书中回顾的一些研究和写作的资金来自美国国家科学基金会（National Science Foundation）的经费及美国国家儿童健康与人类发展研究所（National Institute of Child Health and Human Development）对凯西个人的拨款。我们对这些机构表示感谢，感谢它们理解我们对于宣传自己及他人研究成果的重视，我们期望这样做能够为孩子的生活带来积极影响。另一种支持来自我们的研究生和实验室协调员，他们帮助我们收集相关文献，发挥了至关重要的作用。另外，他们还给予我们莫大的鼓励。与我们合作的人还有：梅雷迪思·迈耶（Meredith Meyer）、德德·阿迪（Dede Addy）、哈拉·彭斯（Khara Pence）、曼迪·马圭尔（Mandy Maguire）、黛安娜·德莱尼（Diane Delaney）、香农·普鲁登（Shannon Pruden）、萨拉·萨尔金德（Sara Salkind）及蕾切尔·普尔维曼（Rachel Pulverman）。与这些人合作，我们感到很愉快。罗伯塔在特拉华大学的秘书玛丽安娜·鲍尔斯（Maryanne Bowers）每当面对"我们急需这个"的迫切请求时，总是能够爽快答应并出色执行。我们还要感谢天普大学和特拉华大学的优秀学生，感谢他们所做的深刻评论。

能够找到迪亚娜·埃耶这位发展心理学家兼作家来共同创作本书，我们感到分外荣幸。埃耶在天普大学工作，工作地点离凯西很近，她本身又是一名学者兼作家，和她合作是一件愉快的事情。我们三人组成了一个很好的团队，在合作过程中，我们不断交流，不断改进彼此的文稿。

我们的经纪人芭芭拉·洛温斯坦（Barbara Lowenstein）一直秉持严苛的怀疑精神。当芭芭拉为我们亮绿灯时，我们知道本书确实值得一写！她介绍给我们一家优秀的出版社：罗德尔（Rodale）出版社，我们何其幸运！卢·辛奎诺（Lou Cinquino）、埃米·科瓦尔斯基（Amy Kovalski）和休·杜沙姆（Sue Ducharme）理解我们想要做什么，并给了我们自由和反馈，促成了本书的出版。

最后，我们不会忘记提及我们的家人。凯西的丈夫杰夫是我们无偿的法律代表和官方支持者；凯西的孩子乔希（Josh）、班奇（Benj）和迈克（Mike）为我们提供了许多趣闻逸事与帮助；她的表妹菲利莎·克拉默（Philissa Cramer）是我们至今合作过的最棒的编辑之一。罗伯塔的孩子艾莉森（Allison）和乔丹（Jordan）对她理解儿童及童年阶段贡献良多，并且他们仍在继续教她年轻人的美德。

我们非常幸运，有母亲（和祖母）作为我们的榜样。凯西的祖母海伦（Helen）理解玩耍的价值。她是第一个教凯西如何骑自行车以及吃冰淇淋汤的人。我们的母亲——琼（Joan）和安妮（Anne）是充满活力、认真负责的女性。在我们的孩提时代，她们既给予我们足够的自由去闯荡，又没有放任我们，把我们晾着不管。她们是我们的依恋"安全基地"，并将继续做我们忠实的支持者。因此，即使没有其他人喜欢这本书（当然，我们希望大家都喜欢！），至少我们的母亲们会喜欢。这种感觉真好！

注　释

第 1 章

1. [Flash cards] Baby Doolittle, Baby Van Gogh, Baby Webster, etc. Baby Einstein Company: Smallfry Productions, Atlanta, GA.
2. [Videotapes] Brainy Baby Vols. 1 and 2: Right Brain/Left Brain.
3. Werth, F. (2001). *Prenatal Parenting*. New York, NY: Regan Books.
4. CIVITAS Initiative, Zero to Three, Brio Corporation (2000). What grown-ups understand about child development. Published by CIVITAS, Brio, and Zero to Three.
5. Baby Einstein to launch juvenile products, toys, preschool TV show. (2003, April) *Home Accents Today*, 18, 4, ss28.
6. Kantrowitz, B., and Wingert, P. (2001, January) The parent trap. *Newsweek*, 29–49.
7. Berk, L. (2001) *Awakening Children's Minds*. New York, NY: Oxford University Press.
8. Lang, S. (1992, Spring): Mother's time. *Human Ecology Forum*, 27–29.
9. Lang, S. (1992) op. cit.
10. Kantrowitz, B., and Wingert, P. (2001) op. cit.
11. Newman, M. (2002, March 27). A town calls a timeout for overextended families. *The New York Times*, B1+.
12. Rousseau, J. (1957). *Emile*. New York, NY: Dutton.
13. Toffler, A. (1980). *The Third Wave*. New York, NY: Bantam.
14. Elkind, D. (2001). *The Hurried Child*. Cambridge, MA: Perseus.
15. Spock, B. (1946). *Baby and Child Care*. New York, NY: Dutton.
16. Cohen, P. (2003, April 5). Visions and revisions of child-raising experts. *The New York Times*.
17. Adams, K. (1997). *Bring Out the Genius in Your Child*. London: Sterling Publications.
18. Burton, M. R., MacDonald, S. G., and Miller, S. (1999). *365 Ways to a Smarter Preschooler*. Publications International.

19 Elkind, D. (2001) op. cit.
20 Berk, L. (2001) op. cit.
21 Schoenstein, R. (2002). *My Kid's an Honor Student, Your Kid's a Loser*. Cambridge, MA: Perseus.
22 Chua-Eoan, H. (1999, May 31). Escaping from the darkness. *Time*, 153, 44–49.
23 McDonald, A. (2001, March). The prevalence and effects of test anxiety in school children. *Educational Psychology*, 1, 89+.
24 Weingarden J. D. (2001, May/June). More than a mood. *Psychology Today*, 34, 26+.
25 Goleman, D. (1997). *Emotional Intelligence: Why It Can Matter More Than IQ*. New York, NY: Bantam.
26 Weingarden, J. D. (2001) op. cit.
27 Elkind, D. (2001) op. cit.
28 Shonkoff, J., and Phillips, D. (Eds.) (2001). *Neurons to Neighborhoods: The Science of Early Childhood Development*. Washington, DC: National Academy Press.
29 Hart, C. H., Burts, D. C., Durland, M., Charlesworth, R., DeWolf, M., and Fleegon, P. O. (1998). Stress behavior and activity type participation of preschoolers in more or less developmentally appropriate classrooms: SES and sex differences. *Journal of Research on Child Education*, 12, 176–196.

第 2 章

1 Werth, F. (2001). *Prenatal Parenting*. New York, NY: Regan Books.
2 Campbell, D. (2000). *The Mozart Effect for Children*. New York, NY: William Morrow, flyleaf, 4; *The Mozart Effect: Music for Babies*, (1998); *The Mozart Effect: Music for Children* (1997), compiled by Don Campbell, produced by The Children's Group, Inc.
3 Pope, K. (2001, March). Marketing Mozart. *Parenting*, 15, 24+.
4 Steele, K. M., Bass, K. E., and Crook, M. D. (1999, July). The mystery of the Mozart effect: failure to replicate. *Psychological Science*, 10, 366–69.
5 (1998, March). Childhood's harsh deadlines. *Joining Forces: The Magazine*, 4–5.
6 Begley, S. (1996, February 19). Your child's brain. *Newsweek*, 52.
7 Shatz, C. White House Conference in Early Childhood Development and Learning: What New Research on the Brain Tells Us about Our Youngest Children. Retrieved from http://npin.org/library/2001/n00530/IIEarlychildhood.html on 5/1/02.
8 Shatz, C. (2002) op. cit.
9 Shatz, C. *Early Childhood Development and Learning: What New Research on the Brain*

Tells Us about Our Youngest Children. White House Conference, April, 1997. Report found at http://www.ed.gov/pubs/How-Children/foreword.html.

10 Fox, N., Leavitt, L., and Warhol, J. (1999). *The role of early experience in infant development: pediatric roundtable*. Johnson and Johnson Pediatric Institute, 12–13.

11 Huttenlocher, P. R. (1979). Synaptic density in human frontal cortex—developmental changes of aging, *Brain Research*, 163: 195–205; Huttenlocher, P. R. and Dabholkar, A. S. (1997). Regional differences in synaptogenesis in human cerebral cortex, *Journal of Comparative Neurology*, 387, 167–178.

12 [TV Series] WNET 5-part series on the brain. 2001. "Secret Life of the Brain," Part 1: Dr. Heidelise Als, Harvard Medical School.

13 Hebb, D. (1947). The effects of early experience on problem solving at maturity. *American Psychologist*, 2, 737–745.

14 Renner, M. J., and Rosenzweig, M. R. (1987). *Enriched and Impoverished Environments: Effects on Brain and Behavior*. New York, NY: Springer-Verlag.

15 Greenough, W. T., and Black, J. E. (1992). Induction of brain structure by experience: substrates for cognitive development. In Gunnar, M., and Nelson, C. A., (Eds.) *Developmental Behavioral Neuroscience*. Hillsdale, NJ: Erlbaum.

16 Greenough, W.T., Black, J. E., and Wallace, C. S. (1987). Experience and brain development, *Child Development*, 58, 539–559; Greenough and Black. (1992) op. cit.

17 Bruer, J. (1999). *The Myth of the First Three Years: A New Understanding of Early Brain Development and Lifelong Learning*. New York, NY: The Free Press.

18 Shonkoff, J., and Phillips, D. (Eds.) (2001). *Neurons to Neighborhoods: The Science of Early Childhood Development*. Washington, DC: National Academy Press, 188.

19 Huttenlocher, P. R. (2002) op. cit., 204.

20 Huttenlocher, P. R. (2002) op. cit.

21 Zigler, E. F., Finn-Stevenson, M., and Hall, N.W. (2002). *The First Three Years and Beyond*. New Haven, CT: Yale University Press.

22 Johnson, J. S., and Newport, E. L. (1989). Critical period effects in second language learning: the influence of maturational state on the acquisition of English as a second language. *Cognitive Psychology*, 21, 60–99.

23 Hakuta, K., Bialystok, E., and Wiley, E. (2003). Critical evidence: a test of the critical period hypothesis for second language acquisition. *Psychological Science*, 14, 31–38.

24 Thompson, R., and Nelson, C. (2001). Developmental science and the media: early brain development. *American Psychologist*, 56, 5–15.

25 Sigel, I. E. (1987). Does hothousing rob children of their childhood? *Early Childhood*

Research Quarterly, 2, 211–225.

26　Bruer, J. (1999). *The Myth of the First Three Years:A New Understanding of Early Brain Development and Lifelong Learning*. NewYork, NY:The Free Press.

27　Hoberman, M.A. (1982). *A House Is a House for Me*. London, UK: Puffin.

第 3 章

1　Wynn, K. (1998). Psychological foundations in number: numerical competence in human infants. *Trends in Cognitive Sciences*, 2, 296–303.

2　Hauser, M. D. (1996, May). Monkey see, monkey count. *Scientific American*, 274 (5), 18.

3　Mix, K. S., Levine, S. C., and Huttenlocher, J. (1997). Numerical abstraction by infants: another look. *Developmental Psychology*, 33, 423–428. Mix, K. S., Huttenlocher, J., and Levine, S. C. (2001). *Quantitative Development in Infancy and Early Childhood*. New York, NY: Oxford University Press.

4　Pfungst, O. (1965). *Clever Hans, the Horse of Mr.Von Osten*. New York, NY: Holt, Rinehart and Winston.

5　Bruer, J. (1999). *The Myth of the First Three Years:A New Understanding of Early Brain Development and Lifelong Learning*. New York, NY: The Free Press, 84.

6　Gelman, R. (1969). Conservation acquisition: a problem of learning to attend to relevant attributes. *Journal of Experimental Child Psychology*, 7, 67–87. See also: Gelman, R. (1998). *Annual Review*; Gelman, R., and Brenneman, K. (1994). Domain specificity and cultural variation are not inconsistent. In Hirschfeld, L.A., and Gelman, S. (Eds.) *Mapping the Mind: Domain Specificity in Cognition and Culture*. New York, NY: Cambridge University Press.

7　Dehaene, S. (1997). *The Number Sense: How the Mind Creates Mathematics*. New York, NY: Oxford University Press.

8　Ginsberg, H. P., Klein,A., and Starkey, P. (1997).The development of children's mathematical thinking. In Sigel, I. E., and Renninger, K. A. (Eds.) *Handbook of Child Psychology* (5th ed., 4). New York, NY:Wiley; Ginsberg, H. P. (1989). *Children's Arithmetic: How They Learn It and How You Teach It*. Austin,TX: Pro Ed.

9　Saxe, G. B., Guberman, S. R., and Gearhart, M. (1987). Social processes in early number development. *Monographs of the Society for Research in Child Development*, 52 (Serial No. 216).

10　Vygotsky, L. S. (1978). *Mind in Society*. Cambridge, MA: Harvard University Press.

11 Freund, L .S. (1990). Maternal regulation of children's problem solving behavior and its impact on children's performance. *Child Development*, 61, 113–126.

第 4 章

Golinkoff, R. M. and Hirsh-Pasek, K. (1999). *How Babies Talk:The Magic and Mystery of Language Development in the First Three Years of Life*. New York, NY: Penguin/Dutton.

1. Golinkoff, R. M. (1986). I beg your pardon?: the preverbal negotiation of failed messages. *Journal of Child Language*, 13, 455–476.
2. Pinker, S. (1994). *The Language Instinct: How the Mind Creates Language*. New York, NY:William Morrow and Company.
3. Holowka, S., and Petitto, L. A. (2002). Left hemisphere cerebral specialization for babies while babbling. *Science*, 297, 1515.
4. Goldin-Meadow, S., and Mylander, C. (1984). Gestural communication in deaf children: the effects and noneffects of parental input on early language development. *Monographs of the Society for Research in Child Development*, 49 (Nos. 3–4).
5. Bickerton, D. (1995). *Language and Human Behavior*. Seattle, WA: University of Washington Press; Bickerton, D. (1984). The language bioprogram hypothesis. *Behavioral and Brain Science*, 7, 173–188.
6. Fifer,W., and Moon, C. (1995).The effects of fetal experience with sound. In Lecanuet, J., Fifer,W. P., Krasnegor, N., and Smotherman,W. P. (Eds.), *Fetal Development: A Psychobiological Perspective*. Hillsdale, NJ: Erlbaum.
7. Mehler, J., Jusczyk, P., Lambertz, G., Halstead, N., Bertoncini, J., and Amiel-Tison, C. (1988).A precursor of language acquisition in young infants. *Cognition*, 29, 143–178.
8. Hirsh-Pasek, K., Kemler-Nelson, D. G., Jusczyk, P. W., Wright-Cassidy, K., Druss, B., and Kennedy, L. (1987). Clauses are perceptual units for young infants. *Cognition*, 26, 269–286.
9. Mandel, D. R., Jusczyk, P. W., and Pisoni, D. B. (1995). Infants' recognition of the sound patterns of their own names. *Psychological Science*, 6, 315–318.
10. Rathbun, K., Bortfeld, H., Morgan, J., and Golinkoff, R. M. (2002, November).What's in a name: using highly familiar items to aid segmentation. Paper presented at Boston Child Language Conference, Boston, MA.
11. Jusczyk, P., and Aslin, R. (1995). Infants' detection of the sound patterns of words in fluent speech. *Cognitive Psychology*, 23, 1–29.
12. Saffran, J.,Aslin, R., and Newport, E. (1996). Statistical learning by 8-month-old infants.

Science, 274, 1926–1928.

13 Adamson, L. (1995). *Communication Development during Infancy*. Madison, WI: Brown and Benchmark.

14 Morales, M., Mundy, P., and Rojas, J. (1998). Following the direction of gaze and language development in 6-month-olds. *Infant Behavior and Development*, 21, 373–377.

15 Acredolo, L., and Goodwyn, S. (1998). *Baby Signs*. Chicago, IL: Contemporary Books.

16 Brown, R. (1973). *A First Language*. Cambridge, MA: Harvard University Press.

17 Bloom, L. (1970). *Language Development: Form and Function in Emerging Grammars*. Cambridge, MA: MIT Press.

18 Coplan, J. (1993). *Early Childhood Milestone Scale: Examiner's Manual* (2nd ed.). Austin, TX: Pro-Ed.

19 Marcus, G. F., Pinker, S., Ullman, M., Hollander, M., Rosen, T. J., and Xu, F. (1992). Overregularization in language acquisition. *Monographs of the Society for Research in Child Development*, 57 (4, Serial No. 428).

20 Berko-Gleason, J. (1958). The child's learning of English morphology. *Word*, 14, 150–177.

21 Ely, R., and Gleason, J. B. (1995). Socialization across contexts. In Fletcher, P., and MacWhinney, B. (Eds.), *The Handbook of Child Language*. Cambridge, MA: Blackwell.

22 Stein, N. L. (1988). The development of children's storytelling skill. In Franklin, M. B., and Barten, S. (Eds.), *Child Language: A Book of Readings*. New York, NY: Oxford University Press.

23 Roberts, J., and Wallace, L. (1976). Language and otitis media. In Roberts, J. E., Wallace, I. F., and Henderson, F. W. (Eds.), *Otitis Media in Young Children*. Baltimore, MD: Brookes.

24 Hart, B., and Risley, T. R. (1999). *Learning to Talk*. Baltimore, MD: Paul Brookes Publishing.

25 Hoff, E. (2002). Language development in childhood. In Lerner, R. M., Easterbrooks, M. A., and Mistoi, J. (Eds.), *Comprehensive Handbook of Psychology, Vol. 6: Developmental Psychology*. New York, NY: Wiley.

26 Hart and Risley (1999) op. cit.

27 National Institute of Child Health and Human Development Early Child Care Research Network. (2000). The relation of child care to cognitive and language development. *Child Development*, 71, 960–980.

28 DeTemple, J., and Snow, C. (in press). Learning words from books. In van Kleeck, A., Stahl, S. A., and Bauer, E. B. (Eds.), *On Reading to Children: Parents and Teachers*.

Mahwah, NJ: Erlbaum.

29   Weizman, Z., and Snow, C. (2001). Lexical input as related to children's vocabulary acquisition: effects on sophisticated exposure and support for meaning. *Developmental Psychology*, 17, 265–279.

30   Fernald, A. (1991). Prosody in speech to children: prelinguistic and linguistic functions. In Vasta, R. (Ed.), *Annals of Child Development* (*Vol.* 8). London: Kingsley.

31   Fernald, A. (1989). Intonation and communicative intent in mothers' speech to infants: is the melody the message? *Child Development*, 60, 1497–1510.

32   Huston, A., and Wright, J. (1998). Mass media and children's development. In W. Damon (Ed.), *Handbook of Child Psychology*. New York, NY: Wiley.

33   Bredekamp, S. (1999). *Developmentally appropriate practice in early childhood programs*. National Association for Education of Young Children.

第 5 章

1   Adams, M. (1990). *Beginning to Read: Thinking and Learning about Print*. Cambridge, MA: MIT Press.

2   Scarborough, H. S. (2001). Connecting early language and literacy to later reading (dis) abilities: evidence, theory, and practice. In Neuman, S. B., and Dickinson, D. K. (Eds.), *Handbook of Early Literacy Research*. New York, NY: Guilford Press.

3   Neuman, S. B., and Dickinson, D. K. (2001) Introduction. In Neuman, S. B., and Dickinson, D. K. (Eds.), *Handbook of Early Literacy Research*. New York, NY: Guilford Press. p. 3.

4   Clay, M. M. (1966). *Emergent reading behavior*. Unpublished doctoral dissertation, University of Auckland, New Zealand.

5   Whitehurst, G. J., and Lonigan, C. J. (2001). Emergent literacy: development from prereaders to readers. In Neuman, S. B., and Dickinson, D. K. (Eds.), *Handbook of Early Literacy Research*. NY: Guilford Press.

6   Venezky, R. (1998). *Reading to children in the home: practices and outcomes*. Unpublished paper, U.S. Department of Education.

7   Campbell, F., Miller-Johnson, S., Burchinal, M., Ramey, M., and Ramey, C. T. (2001). The development of cognitive and academic abilities: growth curves from an early childhood educational experiment. *Developmental Psychology*, 37, 231–242.

8   Ramey, S. L., and Ramey, C.T. (1999). What makes kids do well in school? *Work and Family Life*, 13, 2–6; Ramey, S. L., and Ramey, C.T. (in press) Intelligence and

experience. In Sternberg, R. J. (Ed.) *Environmental Effects on Intellectual Functioning*. New York, NY: Cambridge University Press.

9 Chall, J. S., Jacobs,V. A., and Baldwin, L. E. (1990). *The Reading Crisis:Why Poor Children Fall Behind*. Cambridge, MA: Harvard University Press.

10 Moerk, E. (1983). *The Mother of Eve—As a First Language Teacher*. Norwood, NJ: Ablex.

11 Engel, S. (1999). *The Stories Children Tell*. New York, NY:W.H. Freeman

12 Berman, R. A., and Slobin, D. (1994). *Relating Events in Narrative: A Cross Linguistic Developmental Study*. Hillsdale, NJ: Erlbaum.

13 Snow, C. E. (1983). Literacy and language: relationships during the preschool years. *Harvard Educational Review*, 53, 165–189.

14 Mayer, M. (1969). *Frog,Where AreYou?* New York, NY: Dial Press.

15 Juel, C., Griffith, P. L., and Gough, P. B. (1986). Acquisition of literacy: a longitudinal study of children in first and second grade. *Journal of Educational Psychology*, 78, 243–255.

16 Liberman, I. Y., Shankweiler, D., Fischer, F. W., and Carter, B. (1974). Explicit syllable and phoneme segmentation in the young child. *Journal of Experimental Child Psychology*, 18, 201–212.

17 Adams, M. (1990) op. cit.

18 DeLoache, J. S., Pierroutsakos, S. L., Utall, D. H., Rosengren, K., and Gottlieb,A. (1998). Grasping the nature of pictures. *Psychological Science*, 9, 205–210.

19 Beilin, H., and Pearlman, E. G. (1991). Children's iconic realism: object versus property realism. In Reese, H.W. (Ed.), *Advances in Child Development and Behavior* (*Vol*. 23). New York, NY: Academic Press.

20 Friedman, S. L., and Stevenson, M. B. (1975). Developmental changes in the understanding of implied motion in two-dimensional pictures. *Child Development*, 46, 773–778.

21 Clay, M. M. (1979). *The Early Detection of Reading Difficulties* (3rd ed.). Portsmouth, NH: Heinemann.

22 Baghban, M. (1984). *Our daughters learn to read and write*. Newark, DE: International Reading Association.

23 Lavine, L. O. (1977). Differentiation of letterlike forms in prereading children. *Developmental Psychology*, 13, 89–94.

24 [Speech] President Bush speaking at Pennsylvania State University, April 2002.

25 Retrieved from *Education Week*, 20 (22) online, on 2/14/01.

26 Adams, M. (2001). Alphabetic anxiety and explicit, systematic phonics instruction: a cognitive science perspective. In Neuman, S. B., and Dickinson, D. K., (Eds.), *Handbook of Early Literacy Research*. New York, NY: Guilford Press.

27 Kantrowitz, B. and Wingert, P. (2002, April 29). The right way to read. *Newsweek*.

28 Snow, C. (2002, August). Personal communication.

29 Gibson, J. J., and Yonas, P. (1968). A new theory of scribbling and drawing in children. In *The analysis of reading skill*. Final report, project 5-1213. Cornell University and Office of Education, 355–370.

30 Read, C. (1975). *Children's categorization of speech sounds in English*. (NCTE Research Report 17). Urbana, IL: National Council of Teachers of English.

31 Shivers, *Invented spelling*. Retrieved from http://hall.gresham.k12.or.us/Shspell.html on 1/17/03.

32 Sénéchal, M., and Lefevre, J. (2002) Parental involvement in the development of children's reading skill: a five-year longitudinal study. *Child Development*, 73, 2,445–460.

33 Dougherty, D. (2001). *How to Talk to Your Baby: A Guide to Maximizing Your Child's Language and Learning Skills*. New York, NY: Perigee.

34 Pikulski, J., and Tobin, A. W. (1989). Factors associated with long-term reading achievement of early readers. In McCormick, S., Zutell, J., Scharer, P., and O'Keefe, P. (Eds.), *Cognitive and social perspectives for literacy research and instruction*. Chicago, IL: National Reading Conference.

35 Silverstein, S. (1981). *A Light in the Attic*. New York: Harper and Row.

第 6 章

1 Goode, E. (2002, March 12).The uneasy fit of the precocious and the average. *The New York Times*, 1.

2 Retsinas, G. (2003, June 1) The marketing of a superbaby formula. *The New York Times*.

3 Gross, J. (2002, November 15). No talking out of preschool. *The New York Times*, 1 Metro Sec.

4 *Webster's Ninth New Collegiate Dictionary*. (1991). Springfield, MA: Merriam-Webster, 629.

5 Rescorla, L., Hyson, M., Hirsh-Pasek, K., and Cone, J. (1990). Academic expectations in parents of preschool chidren. *Early Education and Development*, 1, 165–184.

6 Berk, L. E. (2003). *Child Development*. Boston, MA: Longman, 454.

7 About Alexandra Nechita. Biographical sketch supplied by Lewis and Bond Fine Art. Retrieved from www.lewisbond.com/nechita/about on 1/22/03.
8 [TV Program] 1984. Investigation of IQ in "The IQ Myth" with Dan Rather.
9 Fagan, J., and Detterman, D. K. (1992).The Fagan Test of Infant Intelligence: a technical summary. *Journal of Applied Developmental Psychology*, 13, 173–193.
10 Fagan, J. (1989). Commentary. *Human Development*, 32, 172–176.
11 Fagan, J. and Detterman, D. K. (1992) op. cit.
12 Jacobson, S.W., Jacobson, J. L., Dowler, J. K., Fein, G. G., and Schwartz, P. M. (1983). *Sensitivity of Fagan's Recognition MemoryTest to subtle intrauterine risk*. Paper presented at the American Psychological Association Meetings, Los Angeles.
13 Bradley, R. H. (1981).The HOME Inventory: a review of findings from the Little Rock Longitudinal Study. *Infant Mental Health Journal*, 2, 198–205.
14 Berk, L. E. (2003) op. cit.
15 Jensen, R. (1972). *Genetics and Education*. New York: Harper and Row.
16 Head Start Bureau. 2000. Head Start Fact Sheet. Retrieved from www2.acf.dhhs.gov/programs/hsb/research/00–hsfs.htm on 1/13/03.
17 Royce, J. M., Darlington, R. B., and Murray, H.W. (1983). Pooled analyses: findings across studies. In Consortium for Longitudinal Studies (Ed.), *As the Twig Is Bent: Lasting Effects of Preschool Programs* (pp. 411–459). Hillsdale, NJ: Erlbaum.
18 Gardner, H. (1993). *Multiple Intelligences*. New York, NY: Basic Books.
19 Goleman, D. (1995). *Emotional Intelligence*. New York, NY: Basic Books.
20 Sternberg, R. J. (2002). Beyond g: the theory of successful intelligence. In Sternberg, R. J., and Grigorenko, E. L. (Eds.), *The General Facor of Intelligence*. Mahwah, NJ: Erlbaum; Sternberg, R. J. (1997). Educating intelligence: infusing the Triarchic Theory into school instruction. In Sternberg, R. J., and Grigorenko, E. L. (Eds.), *Intelligence, Heredity, and Environment*. New York, NY: Cambridge University Press.
21 Piaget, J. (1929). *The Child's Conception of the World*. London: Routledge and Kegan Paul.
22 Piaget, J. (1952). *The Origins of Intelligence in Children*. NY: International Universities Press.
23 Arterberry, M. E., and Bornstein, M. H. (2001). Three-month-old infants' categorization of animals and vehicles based on static and dynamic attributes. *Journal of Experimental Child Psychology*, 80, 333–346.
24 Golinkoff, R. M., Harding, C. G., Carlson-Luden,V., and Sexton, M. E. (1984).The infant's perception of causal events: the distinction between animate and inanimate

objects. In Lipsitt, L. P. (Ed.), *Advances in Infancy Research* (Vol. 3). Norwood, NJ: Ablex.

25 Gelman, R. (1969). Conservation acquisition: a problem of learning to attend to relevant attributes. *Journal of Experimental Child Psychology*, 7, 67–87.

26 Mandler, J. M., and McDonough, L. (1998). Studies in inductive inference in infancy. *Cognitive Psychology*, 37, 60–96.

27 Mandler, J. M. and McDonough, L. (1996). Drinking and driving don't mix: inductive generalization in infancy. *Cognition*, 59, 307–335.

28 Vygotsky, L. S. (1978). *Mind in Society*. Cambridge, MA: Harvard University Press.

29 Bruner, J. (1983). *Child's Talk: Learning to Use Language*. New York, NY: Norton.

30 Hopkins, G. (2000, February 7). How can teachers develop students' motivation—and success? Interview with Carol Dweck. *Education World*; Dweck, C. (1989). Motivation. In Lesgold, A., and Glaser, R. (Eds.), *Foundations for a Psychology of Education*. Hillsdale, NJ: Erlbaum.

第 7 章

1 Watson, J. B. (1928). *Psychological care of infant and child*. As cited in Beekman, D. (1977). *The Mechanical Baby*. New York, NY: New American Library, 145–146.

2 Harter, S. (1999). *The Cognitive and Social Construction of the Developing Self*. New York, NY: Guilford Press.

3 Ruble, D. N., Grosovsky, E. H., Frey, K. S., and Cohen, R. (1992). Developmental changes in competence assessment. In Boggiano, A. K., and Pittman, T. S. (Eds.), *Achievement and Motivation: A Social Developmental Perspective*. New York, NY: Cambridge University Press.

4 Seligman, M., Reivich, K, Jaycox, L., and Gillham, J. (1995). *The Optimistic Child*. New York, NY: Houghton Mifflin.

5 Rochat, P., and Hespos, S. J. (1997). Differential rooting response by neonates: evidence for an early sense of self. *Early Development and Parenting*, 6, 105–112; Rochat, P. (2001). *The Infant's World*. Cambridge, MA: Harvard University Press, 40.

6 Bahrick, L. E., Moss, L., and Fadil, C. (1996). Development of visual self-recognition in infancy. *Ecological Psychology*, 8, 189–208.

7 Lewis, M., and Brooks-Gunn, J. (1979). *Social Cognition and the Acquisition of Self*. New York, NY: Plenum Press.

8 Condry, J., and Condry, S. (1976). Sex differences: a study of the eye of the beholder.

Child Development, 47, 812–819.

9   Caldera, Y. M., Huston, A. C., and O'Brien, M. (1989). Social interaction and play patterns of parents and toddlers with feminine, masculine, and neutral toys. *Child Development*, 60, 70–76.

10 Rheingold, H. L., and Cook, K. C. (1975). The contents of boys' and girls' rooms as a function of parents' behavior. *Child Development*, 46, 445–463.

11 Ruble, D. N., Alvarez, J., Bachman, M., Cameron, J., Fuligni, A., Coll, C. G., and Rhee, E. (in press).The development of a sense of a "we": the emergence and implications of children's collective identity. In Bennett, M., and Sani, F. (Eds.), *The Development of the Social Self*. East Sussex, England: Psychology Press; Katz, P. A., and Kofkin, J. A. (1997). Race, gender, and young children. In Luthar, S. S., Burack, J.A., Cicchetti, D., and Weisz, J. (Eds.), *Developmental Psychopathology: Perspectives on Adjustment, Risk, and Disorder*. New York, NY: Academic Press; Martin, C. L., Eisenbud, L., and Rose, H. (1995). Children's gender-based reasoning about toys. *Child Development*, 66, 1453–1471.

12 Cole, M. and Cole, S. R. (1996). *The Development of Children* (3rd ed.). New York, NY:W. H. Freeman, 62; Slaby, R. G., and Frey, K. S. (1975). Development of gender constancy and selective attention to same-sex models. *Child Development*, 46, 849–856.

13 Ruble, D. N., and Martin, C. L. (1998). Gender development. In Damon, D.W. (Overall ed.), *Handbook of Child Psychology* (5th ed.,Vol. 3). New York, NY:Wiley.

14 Katz, P. A., and Kofkin, J. A. (1997) op. cit.

15 Ruble, D. N., and Martin, C. L. (1998) op. cit.

16 Ruble, D. N. et al. (in press)

17 Katz, P. A., and Kofkin, J. A. (1997) op. cit.

18 Condry, J., and Condry, S. (1976) op. cit.

19 Rhee, E., Cameron, J. A., and Ruble, D. N. (2002). Development of racial and gender constancy in European American and racial minority children. Unpublished manuscript, University of Delaware; Leinbach, M. D., and Fagot, B. I.(1986). Acquisition of gender labeling: a test for toddlers. *Sex Roles*, 15, 655–666.

20 Eisenberg, N., Cumberland, A., and Spinrad, T. L. (1998). Parental socialization of emotion. *Psychological Inquiry*, 9, 241–273.

21 Weill, B.C. (1930). Are you training your child to be happy? Lessons Material in Child Management. *Infant Care Bulletin*,Washington, D.C.: U. S. Government Printing Office, 1; Watson, J. B. (1928). *Psychological Care of Infant and Child*.

22 Bell, S., and Ainsworth, M. (1972). Infant crying and maternal responsiveness. *Child*

Development, 43, 1171–1190.

23 Rothbart, M. K., and Bates, J. E. (1998).Temperament. In Eisenberg, N. (Ed.) *Handbook of Child Psychology*, (Vol. 3). Social, emotional, and personality development (5th ed., pp. 105–176). New York, NY:Wiley.

24 Thomas, A., and Chess, S. (1977). *Temperament and Development*. New York, NY: Brunner/Mazel.

25 Dunn, J. (1987).The beginnings of moral understanding: development in the second year. In Kagan, J., and Lamb, S. (Eds.), *The Emergence of Morality in Young Children*. Chicago, IL: University of Chicago Press.

26 Stipek, D., Rosenblatt, L., and DiRocco, L. (1994). Making parents your allies. *Young Children*, 49, 4–9.

27 Thompson, R. A. (1994). Emotion regulation: A theme in search of definition. In Fox, N. A. (Ed.) The development of emotion regulation. *Monographs of the Society for Research in Child Development*, 59 (2–3, Serial No. 240).

28 Stern, D. (1985). *The Interpersonal World of the Infant*. New York, NY: Basic Books, 101–106; Lagattuta, K. H., and Wellman, H. (2002). Differences in early parent-child conversations about negative versus positive emotions: implications for the development of psychological understanding. *Developmental Psychology*, 38, 564–580.

29 Burhans, K. K., and Dweck, C. C. (1995). Helplessness in early childhood: the role of contingent worth. *Child Development*, 66, 1719–1738; Heyman, G. D., Dweck, C. C., and Cain, K. M. (1992).Young children's vulnerability to self-blame and helplessness: relationship to beliefs about goodness. *Child Development*, 63, 401–415.

30 Bear, G. G., Minke, K. M., Griffin, S. M., and Deemer, S.A. (1997). Self-concept. In Bear, G. G., Minke, K. M., and Thomas,A. (Eds.), *Children's Needs II*: *Development, Problems, and Alternatives*. Bethesda, MD: National Association of School Psychologists.

31 Dweck, C. S., and Mueller, C. M. (1996). *Implicit Theories of Intelligence*: *Relation of Parental Beliefs to Children's Expectations*. Presented at the Third National Research Convention of Head Start,Washington, D.C.

32 Dweck, C. S. (1999, Spring). Caution—praise can be dangerous. *American Educator*, 4–9.

33 Dweck, C. S. (1999) op. cit.

34 Kamins, M., and Dweck, C. S. (1999). Person versus process praise and criticism: implications for contingent self-worth and coping. *Developmental Psychology*, 35, 835.

35 Berk, L. E. (2002). *Infants and Children* (4th ed.). New York, NY: Allyn and Bacon,

266–267, 370–386.
36   Berk, L. E. (2000) op. cit 370.
37   Dweck, C. S. (1999) op. cit.

第 8 章

1   Bronson, M. (2000). *Self-Regulation in Early Childhood*. New York, NY: The Guilford Press, 74–75.
2   Pellegrini, A. S. (1992). Kindergarten children's social cognitive status as a predictor of first-grade success. *Early Childhood Research Quarterly*, 7, 565–577; Lazar, I., and Darlington, R. (1982). Lasting effects of early education: a report from the Consortium for Longitudinal Studies. *Monograph of the Society for Research in Child Development*, 47 (2–3, Serial No. 195); Bronson, M. B., Pierson, D. E., and Tivnan, T. (1984). The effects of early education on children's competence in elementary school. *Evaluation Review*, 8, 615–629.
3   Ladd, G., Price, J., and Hart, C. (1988). Predicting preschoolers' peer status from their playground behaviors. *Child Development*, 59, 986–992; Pellegrini, A. S. (1992). Kindergarten children's social cognitive status as a predictor of first-grade success. *Early Childhood Research Quarterly*, 7, 565–577; Bronson, M. B., Pierson, D. E., and Tivnan, T. (1984). The effects of early education on children's competence in elementary school. *Evaluation Review*, 8, 615–629.
4   Gibson, E. J. (1969). *Principles of Perceptual Learning and Development*. New York, NY: Appleton-Century-Crofts.
5   Meltzoff, A. N., and Moore, M. K. (1977). Imitation of facial and manual gestures by human neonates. *Science*, 198, 75–78.
6   Golinkoff, R. M., and Hirsh-Pasek, K. (2000). *How Babies Talk: The Magic and Mystery of Language in the First Three Years of Life*. New York, NY: Dutton, 30-31.
7   Zahn-Waxler, C., Radke-Yarrow, M., and King, R. M. (1979). Childrearing and children's prosocial initiations toward victims of distress. *Child Development*, 50, 319–330.
8   Harlow, H. F. (1958). The nature of love. *American Psychologist*, 13, 673–685.
9   Bowlby, J. (1969). *Attachment and Loss. Vol. 1: Attachment*. New York: Basic Books; Bowlby, J. (1973). *Attachment and Loss. Vol. 2: Separation*. New York, NY: Basic Books.
10 Elicker, J., Englund, M., and Sroufe, L. A. (1992). Predicting peer competence and

peer relationships in childhood from early parent-child relationships. In Parke, R. D., and Ladd, G.W. (Eds.), *Family-Peer Relationships: Modes of Linkage*. Hillsdale, NJ: Erlbaum.

11 Lamb, M. E., Thompson, R. A., Gardner, W., Charnov, E. L., and Connell, J. P. (1985). *Infant-Mother Attachment: The Origins and Developmental Significance of Individual Differences in Strange Situation Behavior*. Hillsdale, NJ: Erlbaum.

12 Vaughn, B. E., Egeland, B., Sroufe, L. A., and Waters, E. (1979). Individual differences in infant-mother attachment at 12 and 18 months: stability and change in families under stress. *Child Development*, 50, 971–975.

13 Eyer, D. (1996). *Motherguilt: How Our Culture Blames Mothers for What's Wrong with Society*. New York, NY: Random House, 8.

14 NICHD Early Child Care Research Network. (1997).The effects of infant child care on infant-mother attachment security: results of the NICHD Study of Early Child Care. *Child Development*.

15 NICHD Early Child Care Research Network (in press). Does amount of time spent in child care predict socioemotional adjustment during the transition to kindergarten? *Child Development*.

16 Morris, A. S., and Silk, J. Parental influences on children's regulation of anger and sadness. Paper presented at the biennial meeting of the Society for Research in Child Development, Minneapolis, MN, April, 2001.

17 CIVITAS Initiative, Zero to Three, Brio Corporation. (2000).What grown-ups understand about child development. Pubished by CIVITAS, Brio, and Zero to Three.

18 Repacholi, B. M., and Gopnik,A. (1997). Early reasoning about desires: evidence from 14- and 18-month-olds. *Developmental Psychology*, 33, 12–21.

19 Dunn, J., Brown, J., and Beardsall, L. (1991). Family talk about feeling states and children's later understanding of others' emotions. *Developmental Psychology*, 27, 448–455.

20 Gopnik, A., Meltzoff, A. N., and Kuhl, P. K. (1999). *The Scientist in the Crib*. New York, NY: Morrow.

21 *Zero to Three* (2000) op. cit.

22 Gopnik,A., Meltzoff,A. N., and Kuhl, P. K. (1999) op. cit.; Burk, L. (2002). *Infants and Children* (4th ed.). (1989) New York, NY: Allyn and Bacon, 500.

23 Shure, M. B. Preschool Interpersonal Problem Solving (PIPS) Test: Manual, 1974. 2nd edition, 1989 (revised, 1992).Alternative solutions for 4- to 6-year-olds.

24 Greenberg, M.T. (2003). Schooling for the good heart. In Coleman, D. (Ed.), *Destructive*

Emotions: How Can We Overcome Them? New York, NY: Bantam Books.
25　Dunn, J., Brown, J., and Beardsall, L. (1991). op. cit; Shure, M. (1992). *I Can Problem Solve (ICPS): An Interpersonal Cognitive Problem Solving Program*. Champaign, IL: Research Press.
26　Rubin, K., with Thompson, A. (2002) *The Friendship Factor*. New York, NY: Viking, 142–153; Perry, D. G., Williard, J. C., and Perry, L. C. (1990). Peers' perceptions of the consequences that victimized children provide aggressors. *Child Development*, 61, 1310–1325; Hodges, E.V. E. et al., (1999). The power of friendship: protection against an escalating cycle of peer victimization. *Developmental Psychology*, 35, 94–101.
27　Gottman, J. M., Katz, L. F., and Hooven, C. (1996). *MetaEmotion: How Families Communicate Emotionally*. Mahwah, NJ: Erlbaum, 23; Pellegrini, A. S. (1992) op. cit.
28　Hodges et al. (1999) op. cit.
29　Coalition for Children, Inc.; Sherryll Kraizer, Ph.D.; and the Levi Company (1996–2000). Retrieved from www.safechild.org/bullies.htm on 2/23/03.
30　Raver, C. (2002). Emotions matter: Making the case for the role of young children's emotional development for early school readiness. *Society for Research in Child Development: Social Policy Report*. (Vol. XVI, no. 3).

第9章

Singer, D., and Singer, J. (Eds.). (2002). *Handbook of Children and the Media*. New York, NY: Sage.
Singer, D., and Singer, J. (Eds.) (1992). *The House of Make Believe*. Cambridge, MA: Harvard University Press.
1　Rubin, K., Fein, G., and Vandenberg, B. (1983). Play. In Mussen, P. (Ed.), *Handbook of Child Psychology,Vol. 4: Socialization, Personality, and Social Development*. New York, NY:Wiley; Berk, L. E. (2001). *Awakening Children's Minds: How Parents and Teachers Can Make a Difference*. New York, NY: Oxford University Press; Collins, W. A. (Ed.). (1984). *Development during Middle Childhood:The Years from Six to Twelve*. Washington, DC: National Academy Press.
2　Sylva, K. (1977). Play and learning. In Tizard, B., and Harvey, D. (Eds.), *Biology of Play*. London, England: Heinemann; Cheyne, J. A., and Rubin, K. H. (1983). Playful precursors of problem solving in preschoolers. *Developmental Psychology*, 19, 577–584; Hughes, F. P. (1999). *Children, Play, and Development*. Boston, MA: Allyn and Bacon; Jarrell, R. H. (1998). Play and its influence on the development of young children's

mathematical thinking. In Fromberg, D. P., and Bergen, D. (Eds.), *Play from Birth to Twelve and Beyond*. New York, NY: Garland Publishing.

3   Athey, I. (1984). Contributions of play to development. In Yawkey, T. D., and Pellegrini, A. D. (Eds.), *Child's Play: Developmental and Applied*. Hillsdale, NJ: Erlbaum; Rubin, K. (1982). Nonsocial play in preschoolers: necessarily evil? *Child Development*, 53, 651–657.

4   O'Connell, B., and Bretherton, I. (1984). Toddlers' play, alone and with mother: the role of maternal guidance. In Bretherton, I. (Ed.), *Symbolic Play:The Development of Social Understanding*. Orlando, FL: Academic Press.

5   Friese, B. (1990). Playful relationships: a contextual analysis of mother-toddler interaction and symbolic play. *Child Development*, 61, 1648–1656; Moyles, J. R. (1994). *The Excellence of Play*. Buckingham, UK: Open University Press; Manning, K. and Sharp,A. (1977). *Structuring Play in the EarlyYears at School*. London, England:Ward Lock Educational.

6   McCune, L. (1995). A normative study of representational play at the transition to language. *Developmental Psychology*, 31, 198–206.

7   Garvey, C. (1977). *Play*. Cambridge, MA: Harvard University Press.

8   King, N. R. (1979). Play: the kindergartner's perspective. *Elementary School Journal*, 80, 81–87.

9   Pereira, J. (2002, November 27). Parents turn toys that teach into hot sellers. *The Wall Street Journal*.

10 Marino, G. (2003, January 26). In (self-)defense of the fanatical sports parent. *The New York Times Magazine*.

11 Bredekamp, S. (1999). *Developmentally appropriate practice in early childhood programs*. National Association for Education of Young Children.

12 Rescorla, L., Hyson, M., and Hirsh-Pasek, K. (Eds.) (1991). Academic instruction in early childhood: challenge or pressure? In Damon,W. , (Gen. Ed.) *New Directions in Developmental Psychology*, 53, NewYork: Jossey-Bass.

13 Singer, D. (2003) Personal communication.

14 Azar, B. (2002, March). It's more than fun and games. *Monitor on Psychology*, 50–51.

15 Azar, B. (2002) op. cit.

16 Azar, B. (2002) op. cit.; also see: Ladd, G.W., Birch, S. H., and Buhs, E. S. (1999). Children's social and scholastic lives in kindergarten: related spheres of influence? *Child Development*, 70, 910–929; Ladd, G.W., Kochenderfer, B. J., and Coleman, C.C. (1997). Classroom peer acceptance, friendship, and victimization: distinct relational

systems that contribute uniquely to children's school adjustment? *Child Development*, 68, 1181–1197.

17 Piers, M. (Ed.)(1973). *Play and Development*. New York, NY: Norton.

18 CIVITAS Initiative, Zero to Three, Brio Corporation. (2000). What grown-ups understand about child development. Published by CIVITAS, Brio, and Zero to Three.

19 Ruff, H. (1984). Infants' manipulative exploration of objects: effects of age and object characteristics. *Developmental Psychology*, 20, 9–20.

20 Hughes, F. P. (1999) op. cit.

21 Hughes, F. P. (1999) op. cit.

22 Vondra, J., and Belsky, J. (1989). Exploration and play in social context: developments from infancy to childhood. In Lockman, J. J., and Hazen, N. L. (Eds.), *Action in Social Context: Perspectives on Early Development*. New York, NY: Plenum.

23 Baldwin, D.A., Markman, E. M., and Melartin, R.L. (1994). Infants' ability to draw inferences about nonobvious object properties: evidence from exploratory play. *Child Development*, 64, 711–728.

24 Hughes, F. P. (1999) op. cit; Rubenstein, J. L. (1976). Concordance of visual and manipulative responsiveness to novel and familiar stimuli: a function of test procedures or of prior experience? *Child Development*, 47, 1197–1199.

25 Bradley, R. (1986). Play materials and intellectual development. In Gottfried, A., and Brown, C. C. (Eds.) *Play Interactions:The Contribution of Play Material and Parental Involvement to Children's Development*. Lexington, MA: Lexington Books; Rheingold, H., and Cook, K.V. (1975).The contents of boys' and girls' rooms as an index of parents' behavior. *Child Development*, 46, 459–463; Hartup,W.W. (1999). Peer experience and its developmental significance. In Bennett, M. (Ed.), *Developmental Psychology: Achievements and Prospects*. Philadelphia, PA: Psychology Press.

26 Bradley, R. (1986) op. cit.

27 Hughes, F. P. (1999) op. cit.

28 Pepler, D. J., and Ross, H. S. (1981).The effects of play on convergent and divergent problem-solving. *Child Development*, 52, 1202–1210.

29 Hughes, F. P. (1999) op. cit.

30 Pepler, D. J., and Ross, H. S. (1981) op. cit.

31 Dansky, J. L. (1980). Make-believe: a mediator of the relationship between play and associative fluency. *Child Development*, 51, 576–579.

32 Rubin et al., (1983) op. cit.

33 McCune, L. (1995). A normative study of representation play at the transition to

language. *Developmental Psychology*, 31, 198–206; Spencer, P. E., and Meadow-Orlans, K. P. (1996). Play, language, and maternal responsiveness: a longitudinal study of deaf and hearing infants. *Child Development*, 67, 3176–3191.

34 Unger, J.A., Zelazo, P. P., Kearsley, R. B., and O'Leary, K. (1981). Developmental changes in the representation of objects in symbolic play from 18 to 34 months of age. *Child Development*, 52, 186–195.

35 Flavell, J. H., Green, F. L., and Flavell, E. R. (1987). Development of knowledge about the appearance-reality distinction. *Monographs of the Society for Research in Child Development*, 51, serial no. 212.

36 Elkind, D. (2001). *The Hurried Child*. Cambridge, MA: Perseus.

37 Bodrova, E., and Leong, D. J. (1998). Adult influences on play. In Fromberg, D. P., and Bergen, D. (Eds.), *Play from Birth to Twelve and Beyond*. New York, NY: Garland.

38 Garvey, C. (1977). *Play*. Cambridge, MA: Harvard University Press.

39 Bodrova, E., and Leong, D. J. (1996). *Tools of the Mind:The Vygotskyan Approach to Early Childhood Education*. Englewood Cliffs, NJ: Prentice Hall.

40 Vygotsky, L. S. (1967). Play and its role in the mental development of the child. *Soviet Psychology*, 12, 6–18;Vygotsky, L. S. (1978). *Mind and Society: The Development of Higher Mental Processes*. Cambridge, MA: Harvard University Press.

41 Bodrova and Leong (1996) op. cit.

42 Vygotsky, L. S. (1967) op. cit.

43 Goncu, A., and Klein, E. L. (2001). Children in play, story, and school: a tribute to Greta Fein. In Goncu, A., and Klein, E. L. (Eds.), *Children in Play, Story, and School*. New York: Guilford.

44 Vygotsky, L. S. (1967), op. cit.

45 Taylor, M. (1999). *Imaginary Companions and the Children Who Create Them*. New York, NY: Oxford University Press.

46 Quereau,T., and Zimmerman,T. (1992). *The New Game Plan for Recovery: Rediscovering the Positive Power of Play*. New York, NY: Ballantine.

47 Nicolopoulou, A. (1993). Play, cognitive development and the social world: Piaget,Vygotsky, and beyond. *Human Development*, 36, 1–23.

48 Santrock, J. (2001). *Life-Span Development*. New York, NY: McGraw Hill, 142.

49 Collins,W. A. (Ed.) (1984). *Development during Middle Childhood:TheYears from Six to Twelve*. Washington, DC: National Academy Press.

50 Berk, L. (2001). *Awakening Children's Minds*. New York, NY: Oxford University Press.

51 Brody, J. (1992, October 21). Personal health. *The NewYork Times*.

52 Hughes, F. P. (1999) op. cit.

第 10 章

1. Schoenstein, R. (2002). *My Kid's an Honor Student, Your Kid's a Loser*. Cambridge, MA: Perseus.
2. Retrieved from www.einstein-website.de/biography on 5/28/03.
3. Bruner, J. (1961). *The Process of Education*. Cambridge, MA: Harvard University Press.
4. Ginsburg, H., and Opper, S. (1988). *Piaget's Theory of Intellectual Development* (3rd ed.). Englewood Cliffs, NJ: Prentice Hall.
5. Rothbart, D. (2003, February 28). A friend in the neighborhood. *The New York Times*.
6. Cheney. (2002, September 23). *The New Yorker*.
7. National Association for the Education of Young Children (NAEYC) position statement. Early learning standards: creating the conditions for success. Retrieved from www.naeyc.org. on 3/13/03.
8. Reggio Emilia: Some Lessons for U.S. Educators by Rebecca S. New. Retrieved from http://ericeece.org/pubs/digests/1993/new93.html on 3/14/03.

科学教养

硅谷超级家长课
教出硅谷三女杰的 TRICK 教养法
978-7-111-66562-5

自驱型成长
如何科学有效地培养孩子的自律
978-7-111-63688-5

父母的语言
3000 万词汇塑造更强大的学习型大脑
978-7-111-57154-4

有条理的孩子更成功
如何让孩子学会整理物品、管理时间和制订计划
978-7-111-65707-1

聪明却混乱的孩子
利用"执行技能训练"提升孩子学习力和专注力
978-7-111-66339-3

欢迎来到青春期
9~18 岁孩子正向教养指南
978-7-111-68159-5

学会自我接纳
帮孩子超越自卑,走向自信
978-7-111-65908-2

叛逆不是孩子的错
不打、不骂、不动气的温暖教养术
(原书第 2 版)
978-7-111-57562-7

养育有安全感的孩子
978-7-111-65801-6